소송과 분쟁으로 보는
조선사회

조선사회를 보는
또 다른 눈을 찾아서

국학자료
심층연구 총서
12

김성갑 전경목 박성호 최연숙 김건우 정긍식

소송과 분쟁으로 보는 조선사회

조선사회를 보는
또 다른 눈을 찾아서

한국국학진흥원 연구부 기획

새물결

소송과 분쟁으로 보는 조선사회
조선사회를 보는 또 다른 눈을 찾아서

지은이   김성갑, 전경목, 박성호, 최연숙, 김건우, 정긍식
기획   한국국학진흥원 연구부
펴낸이   조형준
펴낸곳   새물결 출판사
1판 1쇄   2017년 12월 27일
등록   서울 제15-52호(1989.11.9)
주소   서울특별시 마포구 포은로 5길 46 2층 121-822
전화   (편집부) 3141-8696 (영업부) 3141-8697 팩스 3141-1778
이메일   saemulgyul@gmail.com
ISBN   978-89-5559-411-9(93900)

ⓒ 한국국학진흥원 연구부, 문화체육관광부

이 책의 한국어판 저작권은 한국국학진흥원, 문화체육관광부와 새물결 출판사에 있습니다.
신저작권법에 의해 보호받는 저작물이므로 무단 전재와 복제를 금합니다.

책머리에 ____ 9

1장   소송 제도와 절차에 대한 스토리적 담론 ____ 13
   1   말과 글로 싸우는 뜨락, 송정의 재구성 ____ 15
   2   조선시대의 소송, 종류와 담당 기관에 대해 ____ 22
   3   소송의 시작과 심리 ____ 27
   4   소송의 판결과 그 이후 ____ 45
   5   맺음말 – 프로세스와 개성 사이에서 ____ 59

2장   조선말기 청원서에 나타난 민의 청원 전략과 수사법 ____ 65
   1   서론 ____ 67
   2   김해의 증직 청원서와 인물 소개 ____ 69
   3   상황 분석과 청원 전략 수립 ____ 73
   4   수사법을 동원한 1차 청원서 작성 ____ 80
   5   2차와 3차 청원서 작성 시의 전략 수정과 수사법 ____ 91
   6   결론 ____ 114

3장   조선전기의 소송 사례를 통해 본 제도와 사회 관념의 변화 ____ 123
   1   들어가며 ____ 125
   2   1560년 경주부의 재판 ____ 127
   3   1583년 의성현의 재판 ____ 141
   4   공방 속에 드러난 소송 당사자들의 법정 논리 ____ 149
   5   제도와 사회 관념의 변화 ____ 151
   6   조선사회의 변화: 의리와 명분의 사회로 ____ 153

4장 조선중기 토지 분쟁과 관의 대응 —— 157

1 들어가며 —— 159
2 조선시대의 법률서와 소송 법규 —— 161
3 토지 소송의 사례들 —— 180
4 나가며 —— 193

5장 영해 무안박씨와 산송, 그 끝없는 분쟁 —— 195

1 머리말 —— 197
2 종산을 확보하고 수호하기 위한 노력 —— 199
3 남씨, 권씨, 신씨 세 집안과의 산송 —— 203
4 향리층의 투장 —— 215
5 하층민의 투장 —— 219
6 맺음말 —— 221

6장 조선후기 소지에 나타난 민의 청원 전략 —— 225

1 머리말 —— 227
2 후조당 소장 소지류의 특징 —— 230
3 후조당 소장 고문서의 현황과 소지류의 특징 —— 234
4 소지의 내용별 분석 —— 244
5 맺음말 —— 268

일러두기

1. 단행본이나 학술지, 잡지는 『 』로, 논문과 시, 단편 소설은 「 」로 표시했다.

책머리에

　인간은 사회적 동물이다. 나면서부터 어딘가에 소속될 수밖에 없으며, 서로 부딪히기도 하고 어울리기도 하며 살아간다. 작게는 가족 구성원에서 사회의 일원으로 성장하는 동안 무수한 갈등을 감내한다. 본서에서는 이러한 일반론을 조선시대의 '분쟁과 소송'에 대입해 당대 사람들은 그와 같은 갈등을 어떤 식으로 해소해왔는지를 살펴보려고 한다.
　이번에 6명의 연구자는 우리보다 앞선 조선시대에는 어떤 갈등 요소들이 존재했는지 그리고 당대 사람들은 그와 같은 갈등에 어떤 방식으로 접근했는지를 함께 고민해보았다. 1년 동안 함께 공부하면서 당시의 갈등 요소들에 대한 일정한 틀을 발견하고, 그 결과물을 이번에 책으로 내게 되었다.

　한국국학진흥원은 2017년 현재 50만 점에 가까운 전통기록유산을 기탁 받아 보관, 관리하고 있다. 대부분 고서, 고문서, 책판, 현판 등 조선시대 중심의 귀중한 자료로, 이 안에는 당대인들의 삶의 흔적이 고스란히 담겨있다.

이 자료들을 다양한 시각에서 연구하자는 고민 하에 2011년부터 소장 자료를 대상으로 심층연구포럼을 진행해오고 있다. 다양한 전공자로 구성된 연구자들은 1년 동안 함께 자료를 검토해 성과물을 다음 해에 단행본으로 발간해오고 있다.

연구는 크게는 서원 자료와 일기 자료, 고문서 자료를 중심으로 진행되고 있는데, 2011년에 도산서원 자료와 음식조리서를 대상으로 포럼을 시작했다. 2015년까지 도산서원 자료를 갖고 '도산서원과 지식의 탄생', '조선 서원을 움직인 사람들', '도산서원을 통해 본 조선후기 사회사', '조선후기 서원의 위상'을 단행본으로 발간했다. 그리고 일기 자료를 갖고는 '일기를 통해 본 조선후기 사회사', '임진왜란과 지방 사회의 재건', '일기에서 역사를 엿보다'를 간행했다. 이 외에도 목판 자료를 통해 '목판의 행간에서 조선의 지식문화를 읽다'를, 음식조리서에 나타난 선비의 풍미를 다룬 '선비의 멋, 규방의 맛'을, 조선시대 이단을 바라보는 유학자들의 시각을 담은 '조선 유학의 이단 비판'을 간행했다.

이 책은 조선시대에 사람들 사이에 벌어진 '분쟁과 소송'을 중심으로 당대를 바라보는 또 다른 눈을 하나 마련해보기 위한 목적에서 진행된 2017년도 포럼의 성과물로 모두 6장으로 구성되어 있다.

김성갑은 1장에서 조선시대에 소송이 어떠한 개념이었고, 국가 차원의 사법 제도 속에서 어떻게 운용되었는지와 세부 절차를 다루었으며, 전경목은 2장에서 경상도 예안의 유림이 제출한 청원서를 분석하고 있다. 그는 특히 청원인 입장에서 어떤 전략을 세우고 이를 달성하기 위한 전략을 어떻게 실행에 옮겼는지를 살피고 있다.

3장에서 박성호는 조선전기의 소송 문서를 분석해 고려시대로부터 조선시대로 이어진 사회 관습과 새로운 국가에서 정립해 놓은 제도가 당대인들의 실생활에서 어떠한 변화를 불러일으켰는지를 살피고 있다. 4장에서 최연숙은 조선중기의 소송 문서를 분석해 토지 분쟁을 둘러싸고 벌어진 관官과 민民의 대응 양상들을 살펴보고 있다.

5장에서 김건우는 영해 무안박씨 무의공 박의장 가문에서 일어난 산송을 중심으로 그것의 전개 과정과 사회상을 살펴보고 있다. 그의 논문은 조선후기 향리층의 성장과 결속의 일단을 살피는 가운데 양반 가문이 종산을 확대하는 과정에서 산송이 이어질 수밖에 없던 조선후기 사회의 구조를 문서를 통해 잘 보여주고 있다. 마지막으로 6장에서 정긍식은 경상도 지방의 소지류의 현황과 특성을 소개하는 가운데 소지의 형식과 민원의 내용 등을 전반적으로 검토하면서 민원을 해결하기 위해 동원한 방법과 시기에 따른 '권리 수호, 공공성과 부세, 조상 현양'을 살펴보고 있다.

다양한 시각을 갖고 함께 모여 연구했지만 여전히 미흡한 부분이 많으며 앞으로 연구해야 할 과제가 많다는 것을 뼈저리게 느낀다. 그러나 이러한 시도들이 모여 연구 결과로 축적되면서 조선시대 사람들의 삶의 진면목에 보다 가까이 다가갈 수 있다는 확신이 생긴 것 또한 사실이다. 앞으로도 한국국학진흥원은 전통 기록 자료에 대한 연구를 지속적으로 진행해 우리의 소중한 문화를 더 많은 사람이 함께 향유할 수 있도록 하는데 노력을 게을리 하지 않을 것이다. 소소함이 모여 큰 힘이 된다는 것을 우리는 역사를 통해 배웠으므로.

2017년 12월
한국국학진흥원 연구부

1장

소송 제도와 절차에 대한 스토리적 담론
— 조선시대 민사소송을 중심으로

김성갑

1 ____ 말과 글로 싸우는 뜨락, 송정의 재구성

조선시대의 '소송 제도와 절차'라는, 어찌 보면 손에도 잡히지 않는 큰 추상적인 테마를 구체적이고 쉽고 재미있게 풀어내는 일은 대단히 어려운 작업이다. 이 테마 전체를 보여줄 수는 없지만 그래도 그 시작을 조선후기에 그려진 두 폭의 그림으로 풀어내보면 좋을 듯싶다. 하나는 저잣거리가 재판정이고, 두 번째 것은 관아가 재판정이다. 당시에는 법원이나 재판정을 송정訟庭이라고 했다. 그때의 송정은 어디에나 있었고, 어디에나 없었다. 뜨악한 일이 생겼고, 거기에 뜰이 있으면, 뜰에 나가, 서류를 제출하고선 떠들어대 보는 것만이 능사였던 시대, 저 오래된 미래, 매캐한 듯 향기로운 속내음을 살며시 킁킁거려 보자.

1) 술 취한 붓 끄트머리에 매달린 승패
조선후기인 18세기, 어느 계절의 맑은 날이었고, 일은 한 고을 입구에서 벌어졌다.
고을 수령으로 보이는 사람과 아전들, 노속들이 꽃놀이인지 단풍놀이인지 소풍을 나갔다가 돌아오는 길이다. 놀러나갔다 돌아오는 수령의 행차, 모습은 전혀 초라하지 않다. 단거리용 작은 가마인 견여肩輿를 가마꾼

〈그림 1〉 김홍도의 『행려풍속도병』 중 〈취중송사醉中訟事〉. 국립중앙박물관 소장본

이 앞뒤에서 메고, 먹고 남은 음식과 그릇이 든 함지박을 머리에 이고 있는 색동치마 저고리의 어린 관기官妓와 긴 담뱃대에, 가체加髢를 머리에 짊어지고 있는 나이 든 관기, 안주로 고기를 구워 먹었는지 불씨를 담은 화로를 손에 들고 돗자리를 등에 짊어진 어린 관노官奴, 햇빛을 가리기 위한 큼지막한 일산日傘을 삐뚜름히 들고 옆을 그림자처럼 따르는 벙거지 쓴 사령使令, 그리고 이호예병형공의 육방 중 몇몇, 이들이 모두 수령의 행차를 사위에서 호위하고 있기 때문이다.

'쉬~ 물렀거라!' 수령이 행차하는 피마避馬 소리에 겁을 먹고 송덕비 뒤편으로 몸을 숨긴 동네 아이도 있을 정도였으니 수령의 행차, 지엄하기 그지없다. 허나, 그러한 지엄함도 무엄할 수 있는 일이다. 소풍 나갔다 돌아오는 길이니, 당연지사 일행은 너나할 것 없이 술 한 잔씩 걸치고 거나하게 취한 행색이다. 구슬로 치장한 갓끈은 취기에 이미 한쪽이 떨어져버렸는지 왼쪽 귓바퀴에 두어 번 감아 놓은 수령은 취기를 감추며 근엄한 눈으로 지긋이 아래를 내려다보며 가마를 타고 있다.

이 때였다. 감히 지체 높은 수령의 행차를 막고 두 사람이 튀어나와

넙죽 엎드리는 것이다. 외모를 보아하니 한 사람은 도포에 갓을 쓴 선비차림이요, 한 사람은 상투 튼 머리에 맨발로 다니는 양인인지 노비인지 분간이 안 가는 사람이다. 둘은 가마 앞 다섯 보 정도 앞에서 무릎만 구부리고 꿇어앉았는지, 쭈그리고 앉았는지, 고을 원님인 수령 앞임에도 불구하고 계속해서 옥신각신, 티격태격, 왈가왈부, 이러쿵저러쿵 다투고 있다. 이들도 사람이라, 수령의 행차에서 나는 지독한 술 냄새를 맡고서 이미 긴장은 풀어진 탓인 터이다.

 이들이 자기 사연과 주장을 강경하면서도 소상히 적어 올린 '소지所志(곧 소장訴狀)'를 형방이 받아 가마 맨 앞의 땅바닥에 펼친 채 엎드리고 있다. 휴대용 지필묵연紙筆墨硯이 든 필통을 열어 붓을 꺼내 잡은 뒤, 수령이 구두口頭로 내리는 처분處分 내용을 기록하려는 찰나이다. 헌데 형방이 눌러 쓰고 있는 갓의 위치가 약간 이상하다. 아닌 게 아니라, 갓이 왼쪽으로 지나치게 삐뚤어진 게 아닌가. 이는 무엇을 말하는 걸까? 오호라! 아니나 다를까, 형방도 낮에 먹은 술에 어지간히 취해 자기가 쓴 갓의 매무새도 알지 못하고 있는 상태인 것이다. 이들이 고을 입구의 홍살문紅箭門을 통과해 들어올 무렵부터, 길가에 노닐던 흑돼지 두 마리는 음식 냄새를 맡고 쿨쿨 소리를 내며 뒤를 따르고 있다. 돼지 냄새와 술 냄새, 음식 냄새……이러한 내음들의 무게는, 웃기다기엔 무겁고, 우울하다기엔 가볍다.

* * *

〈취중송사醉中訟事〉라는 이름으로 알려진 이 그림은 18세기의 유명한 화가 단원 김홍도가 그린 『행려풍속도병行旅風俗圖屛』에 포함되어 있는 그림 중 한 폭이다. 조선후기 한 고을에서 소풍을 다녀오는 수령 일행 앞에,

어떤 일로 다툼을 하고 있는 두 사람이 억울함이나 요청이 담긴 소장을 올렸고 이에 대해 한 아전이 그에 대한 처분 사항을 기록해주는 순간을 포착해 그린 그림이다. 거나하게 취기가 오른 이들 수령 일행은 소장을 올린 사람들의 억울함에 대해 제대로 된 판결을 내려 주었을까? 열이면 열, '아니올시다'라고 하겠다.

그림 상단에는 김홍도의 스승으로 유명한 표암 강세황이 쓴 그림에 대한 평가, 즉 화평畵評이 유려한 필체로 기재되어 있는데, 내용이 이 그림이 가진 풍자적 면모를 잘 짚어주고 있다.

供給之人 各執其物 後先於肩輿前 太守行色 甚不草草
村氓來訴 刑吏題牒 乘醉呼寫 能無誤決

豹菴 評

물품을 공급하는 이들이 각기 자기 물건을 들고 가마 앞뒤에 있으니, 태수의 행색이 초라하지 않다. 시골사람이 나서서 진정서를 올리고 형리가 판결문을 쓰는데, 술 취한 가운데 부르고 쓰니 능히 오판이나 없을는지.

표암(강세황) 평

2) 흔들리는 벼루 속, 먹물의 파고波高

맑은 가을날이다. 추분이 끝나기 무섭게, 고을 동헌 관아 앞은 각자의 답답한 송사를 아뢰기 위한 인사들로 인해 아침나절부터 심히 부산스럽다. 이즈음 관아 앞으로 몰려드는 사람들은 이 양반, 저 양반할 것 없이 저마다 솜씨 좋은 다림질과 풀 먹임을 한 도포를 번듯하게 차려 입고, 갓끈을 나비모양으로 단정히 동여맨 채 차례를 기다리고 있다. 이윽고 관가의 큰 대문이 열리기가 무섭게 냅다 두 사람이 뛰어들 듯 동헌 마당 안으로 들어와 사또가 앉아 있는 마루로부터 대여섯 걸음 되는 흙바닥에 쭈그리고 앉는다. 둘은 이러저러한 시급한 사연이 있지만 일단 허리와 고개를 깊숙이 숙여 사또에게 읍揖을 올리고 나서, 힘겹게 구구절절 써내려간 소지를 두 손으로 올렸다. 소지를 올리는 척하면서 내심 혹여 사또와 눈이라도 마주쳐 자기의 간절함을 전할 수 있을까하는 기대를 가지며, 치켜든 소지 종이 가장자리 옆 틈으로 사또가 앉아 있는 곳을 슬쩍슬쩍 곁눈으로 쳐다보기도 한다. 쾌자快子에 벙거지를 쓴 포졸 하나가 타박타박 다가와 이들이 두 손으로 높이 든 소지를 받아 형방에게 전달한다. 소지를 건네받은 형방은 직사각형으로 빳빳하게, 그러나 정확하게 접혀 있는 소지와 쭈그려 앉는 양반네를 번갈아 보며 속으론 '참나, 오늘은 무슨 또 잡소리들을 늘어놓으려고 ……'라며 접혀 있는 소지를 귀찮은 듯 척척 풀어 펼쳤다. 그러나 형방의 속내는 그렇다손 치더라도, 그래도 사또어른 앞이고 원고나 피고가 고생해 적어 올리는 글귀였기에 대충대충 읽을 수는 없는 노릇이다. '만날 겪는 일이지만, 그래도 일은 일이니까, 어흠.' 형방은 관아의 위엄을 보이기 위해 점잔을 빼며, 헛기침 몇 번하고, 펼쳐 든 소지를 잡은 두 손을 뻗어 멀찌감치 보면서, 제법 장중한 목소리로 내용을 읽어 내려가기 시작한다. 사또는 편한 듯 엄정한 자세로 내용에 귀를 기울이는 듯 오른쪽 귀를 형방의 목소리가 들리는 쪽으로 기울이기 시작한다.

'에~ 아무면面 아무촌村에 사는 화민化民 아무개가 올립니다. 삼가 소지를 올려 말씀드리고자 하는 사연은 다음과 같습니다. 에헴, 에~.'

형방이 대략 4~5분 동안 읽어 내린 긴 소지의 사연이 끝나고, 소지는 다시 사또의 방 문지방 바로 밖 마루 위에 무릎을 꿇고 지필묵연을 곁에 두고 있는 이방에게로 전달된다. 이방은 소지를 마룻바닥에다 정갈하게 잘 펴두고서는 사또가 내릴 처분이자 판결 내용인 제사題辭(혹은 뎨김題音)가 어떻게 떨어질지 귀 기울이며 벼루 옆에 놓인 몽당붓을 손에 쥐고 있다. 사또가 제사 내용을 말하기가 무섭게 내용을 요약, 정리해 예전부터 내려오는 관행과 투식套式에 맞추어 초서草書로 소지에 신속하게 적어야 했던 것이다. 소지의 사연에 대해 사또는 방안에 서 있던 아들과 약간의 짧은 대화를 나누곤, 곧바로 사또의 입술이 달싹거리기 시작한다. 비로소 오늘의 첫 송사, 첫 소지에 대한 중간 판결을 내리려는 것이다.

그 순간 붓을 쥔 오른손에 살짝 힘을 주며 소지를 제 몸 쪽으로 바짝 당겨 붙여 첫 판결 내용을 소지 하단 좌측 부분에 쓰려는 이방의 몸 추임새로 인해 마루에 약간의 흔들림이 전해졌고, 그와 같은 흔들림은 벼루에 담긴 먹물에도 그대로 전해진다. 먹물 수면에 물결이 일며 거기에 비친 관아 위 가을하늘과 흰 구름 하나가 우쭐거리다 멈춘다. 그렇다! 저 검은 파도의 각도와 높이에 따라 누군가는 울 것이고, 누군가는 히죽거릴 것이다. 이 또한 웃기다기엔 무겁고, 우울하다기엔 가볍다.

* * *

이 그림은 조선후기 일재 김윤보가 그린 『형정도첩刑政圖帖』 중 〈정소지어관가呈訴志於官家〉라는 제목의 그림이다.1) 앞서 본 김홍도의 그림보다는 단순화시켜 그린 그림이라 세밀한 상황과 표정 묘사는 나타나 있지 않지만 그래도 당시 관아에서 일어나는 소송의 한 측면을 간단명료하게 그린 좋은 자료로 평가받고 있다. 다만 그림 좌측 상단에 노란 첨지籤紙로 붙어 있는 그림의 표제에서 '정소지어관가'라고 되어 있는 부분은 '관가에 소지를 올리다'라는 글귀지만 정작 조선시대에 소장 또는 청원서 기능을 했던 문서인 '소지'의 한자는 '소지訴志'가 아닌 '소지所志'였다. 그러나 이를 오기誤記라고 보기에는 약간의 무리가 있으니 재판정에 제출하는 '소

1) 『계간 미술』 39호, 중앙일보사, 1986년 수록.

장'이라는 본래 의미에는 별반 차이가 없기 때문이다. 간혹 소송 문서에서도 같은 표기의 사례가 발견되기도 한다.

〈그림 2〉 김윤보의 『형정도첩刑政圖帖』 중 〈정소지어관가〉'

어쨌거나 위 스토리텔링에서처럼 원고 혹은 민원인이 소장을 관아에 올렸을 때 포졸(혹은 사령)이나 형방, 이방 등이 실제로 그와 같은 역할을 했는가에 대해서는 구체적 기록이 아직 발견되지 않아 불명확하다. 다만 독자의 이해를 돕기 위해 이 그림에 근거한 필자의 추론이며 상상일 뿐이다. 이러한 송정의 상황을 묘사할만한 직접적인 관련 기록이 발굴되면 좋겠다.

그러면 이제부터는 조선시대에 소송이 어떤 개념이었고, 국가 차원의 사법 제도 속에서 어떻게 운용되고 있었는지, 그리고 세부 절차는 어떠했는지를 살펴보기로 한다. 다만 소송 제도와 절차에 대해서는 선학들의 충분한 조사와 연구가 이미 있었고, 연구의 심도 또한 깊고 정치하기 때문에 부득이하게 이 글에서는 그동안의 연구 성과를 십분 참고해 정리하는 수준에서 서술할 수밖에 없음을 밝힌다.2)

2 조선시대의 소송, 종류와 담당 기관에 대해

1) 소송의 종류와 대상

요즘은 소송의 구분이 민사소송과 형사소송, 행정소송 등으로 나뉘어져 있지만 조선시대에는 지금처럼 구분되어 있지 않았다. 그러나 당시에는 어떤 소송이 진행되면 분쟁의 원인을 제공하고 반사회적이고 불법적인 행위를 한 것으로 패소판결을 받은 당사자에 대해 때때로 형벌이 가해지기도 했기 때문에 엄밀히는 당시 소송이 형사소송의 성격을 갖고 있었다고 말할 수 있다. 그러나 반드시 다 그런 건 아니었다. 즉 형벌을 내리지 않고, 소송 당사자 상호 간의 권리나 재산에 대해 판결하거나 이해관계를 조정해주고, 화해도 시켜주는 순수 민사소송적인 사례도 매우 많이 존재했다.

전통시대에는 지금의 민사소송을 '사송詞訟'이라고 불렀는데, 여기서 '사詞'는 '문서로 관청에 고소, 제소한다'는 뜻이고 '송訟'은 '논리적인 말로 서로 다툰다'는 의미를 갖고 있었다. 이 사송이라는 말은, 일반 백성의 시시비비를 듣고 재판해주어야 하는 국가와 관청 입장에서는 '청송聽訟' 또는 '청리聽理'라는 용어로도 불렀고, 조선시대 각종 국가 법전과 소송 편람서에서는 이 용어가 더 많이 발견된다.

---

2) 소송 제도와 절차에 대한 기존 연구 성과로 대표적인 것은 아래와 같으며, 필자는 해당 연구의 내용을 요약, 정리 및 부가적인 기술을 했다.
  박병호, 『한국법제사고』, 法文社, 1974년.
  박병호, 『한국법제사특수연구』, 韓國硏究叢書 第4輯, 韓國硏究圖書館, 1960년.
  박병호, 『한국의 법』, 세종대왕기념사업회, 1974년.
  박병호, 『한국의 전통사회와 법』, 서울대학교출판부, 1985년 외 다수.
  임상혁, 『조선전기 민사소송과 소송이론의 전개』, 서울대학교 박사학위논문, 2000년.

한편 형사소송에 대해서는 '옥송獄訟'이라고 불렀다. 이는 범죄자에 대한 소송의 진행이나 판결의 결과로 피의자에게 형벌을 내리기 위해서는 반드시 그를 감옥에 수감해야 하는 점을 든 것으로 볼 수 있다.

사람의 욕심과 욕망은 끝이 없다. 다툼과 싸움의 대상, 즉 목적물(혹은 계쟁물係爭物)이 되는 거의 모든 것은, 눈에 보이는 재화든 잘 보이지 않는 권리든 인간의 오래된 욕망의 대상이자 삶의 수단이라고 생각되는 것이다(가끔 목적이라고 생각하는 경우도 많다). 그렇기 때문에 소송 대상의 종류는 전통시대건 현대사회건 크게 다르지 않게 나타난다. 그러나 지금과는 달리 주로 농경사회였던 조선시대에는 식량을 얻을 수 있는 논밭, 땔감을 얻을 수 있는 임야 등에 관련한 토지소송이 빈번했다. 토지소송과 유사하긴 하지만 사회의 이념과 가문의 신념이 개입되어 있는 소송도 있었다. 즉 조상의 산소가 있는 곳이 명당이라면 이에 대한 타자의 탐욕에 의해 상호 침범하는 일로 인해 산송山訟이라는 소송도 매우 많았다. 아울러 당시는 신분사회였기 때문에 상전上典에게 복속되어 있는 노비의 소유권에 관한, 또는 신분 자체의 확인에 대한 소송도 많았다. 남의 돈을 빌리고는 빚을 갚지 않아 일어나는 소비대차 소송인 채송債訟도 있었다. 앞의 여러 가지 재산과 권리에 대한 다툼과 관련해 복합적인 성격을 가진 소송도 있었다. 즉 어떤 문제로 몇 번 말로 다투다가 각자의 애꿎은 체면과 짓밟힌 자존심 때문에 서로 욕하며 치고 박고 싸워 사상자가 생기면서 야기되는 투송鬪訟도 다수 있었다.

이상의 소송들은 거의 모두 민사소송인 사송의 목적물들이지만 분노와 억울함에서 소송을 제기하는 원고 측에서는 거의 대부분 피고 측에 대한 수감과 형벌을 요구하고, 그렇기 때문에 민사와 형사가 혼합된 소송으로 이어졌다. 그러나 원고의 요구가 형사 처벌을 원하는 것이더라도 내용이 순수하게 민사적 소송인 경우 관청에서 실제로 형벌을 내려 처벌하는 경우는 많지 않았다. 즉 원고 측 요구와 소송 제기 방향은 항시 민형사적인 것이었지만 그에 대한 판결은 전적으로 소송 담당 기관의 판단과 의지에 달려 있었다. 원고의 붉으락푸르락 터질 듯한 홍안紅顏을 소송 담당 기관은 법에 따라 또는 정의情誼에 따라 함께 불을 지펴주기도, 때론 식혀주기도 했던 것이다.

2) 소송 담당 기관

한국사회가 근대화되기 전까지는 일반적으로 사법과 행정이 명확하게 구분되어 있지 않아 하나의 기관이 행정도 보고, 소송을 담당해 재판도 했다. 현재의 민주국가는 대부분 법률을 제정하는 '입법', 정책을 집행하는 '행정', 법률을 적용하는 '사법'의 근대적 삼권분립 체계로 운영되고 있다. 각각의 관할 관청을 명확히 구분하면서 아울러 의사 결정에 대해서도 국회의 '의결', 법원의 '판결'과 행정청의 '재결' 같은 용어로 구분하기도 하지만 사실 현대사회에서도 명확한 삼권분립의 원리란 어떤 면에서는 대단히 모호하고 중첩적으로 인지되어 실현되는 경우가 많다. 특히 각 관청의 실무상에서는 더욱 그러하다. 예컨대 사법부인 법원이 민원인으로부터 행정 신청(제반 영수증, 증명서 발급 신청 등)이나 청원(소송서류 제출 절차의 간소화 청원 등)을 받아 처리하게 되면 이는 '사법상의 행정적 행위'인 '사법행정'으로 볼 수 있다. 입법부인 국회에서 이런 사무가 발생할 경우 그것은 '입법행정'이라고 볼 수 있다. 이런 식으로 사법행정과 입법행정, 행정사법과 입법사법, 행정입법과 사법입법 등의 개념이 어디든 존재하며, 행정, 입법, 사법의 교차 영역에서 실무가 겹치는 것을 쉽게 찾아볼 수 있다. 이 사실은 전통시기와 근대시기 한국의 각 관청에서도 지속적으로 발생하고 있던 것으로 조사되며, 현재에도 계속 혼합적 성격의 문서가 수없이 생산, 수수, 처리, 소멸되고 있는 중이다.

이와 같은 인식하에 바라본다면 당시 행정, 사법 등의 구분 자체가 모호했던 이유에 대해 좀 더 열린 시각에서 접근이 가능하지 않을까 생각된다.

기록에 따르면 우리나라에는 초기 부족사회부터 여러 다양한 소송 담당 관련 조직과 기관이 존재했는데, 본격적으로는 관료사회, 왕권국가가 성립되는 삼국시대 이래 율령律令이 제정, 정비되면서 우선 지방관이 소송을 담당해 해결했고, 현대적 의미에서 항소를 하게 되면 다시 상부기관에, 그리고 최고, 최종 단계에서는 왕의 판결이 이뤄졌다. 고려시대에 들어서면서 소송의 대상과 종류에 따라 소송 담당 기관은 임시적이지만 상당히 세분되기도 했다.

조선시대에는 소송 담당 기관이 확고한 제도로 설치되었는데, 우선 지방의 목민관인 수령 즉, 부사, 목사, 군수, 현령, 현감 등이 모든 소송 사건을 처리했다. 단 이들은 백성으로부터 최초로 소송 사건을 접수받아 처리하는 기관으로 지금의 소송 제도로 치면 심급제審級制에서 1심에 해당되었다. 여기서는 민사소송 전체와 태형笞刑 이하의 형사소송을 담당해 처리할 권한이 있었다. 1심인 수령이 송관訟官(지금의 재판관 또는 법관으로 당시 소송 담당 기관의 기관장을 주로 의미했다)인 소송에서 패소하면 상급기관인 관찰사觀察使(곧 감사監司)에게 항소할 수 있었는데, 관찰사에 대한 항소를 일반적으로 '의송議送'이라고 불렀고, 관찰사 아래에는 도사都事, 검률檢律, 형방서리刑房胥吏 등이 실무를 담당해 소송 업무를 처리했다. 2심 소송 기관인 관찰사는 수령의 판결에 대해 불복해 항소된 소송 사건에 대해 증거의 조사 방향, 방법과 처리 기준을 판결해 수령에게 하달해 수령이 다시금 판결을 내리는 데 참고하도록 하는 역할을 했다. 만일 당사자인 백성이 관찰사의 판결에도 승복하지 못할 경우에는 중앙 기관인 형조, 장예원掌隸院, 사헌부, 한성부는 물론 간혹 사건에 따라 호조, 병조 등 관련 중앙아문에도 상소할 수 있었다. 이러한 심급제의 기본적인 틀에서는 현대의 3심제처럼 지방법원 — 고등법원 — 대법원의 구조와 크게 차이가 나지 않을 만큼 합리적으로 운영되고 있었다고 볼 수 있다.

3심 기관을 좀 더 자세히 살펴보면, 형조는 중앙의 사건이나 지방에서 올라오는 법률 사건, 형사 사건을 위주로 했으며 아울러 일부 민사소송까지 담당했다. 사법행정의 감독 기관인 동시에 수령이 관장하는 일반 사건의 상소심으로 기능했다. 별도로 조선전기부터 중앙과 지방의 노비 관련 소송을 전담하는 기관인 장예원도 있었으나 이후 18세기 후반 형조의 소속 기관으로 통합되었다. 사헌부는 원래 지금의 검찰 같은 기능을 한 기관으로 행정 감찰 등 관리의 부정부패를 처벌할 수 있었기 때문에 만일 소송을 처리하는 담당 수령이 편파적이고, 부정한 행위를 했을 경우 이에 대해 사헌부가 상소를 받아 처리하기도 했다. 즉 소송 진행의 정당성이 위협받을 경우 이를 검토해 왕의 명령에 따라 담당관을 재조정해주는 기능을 했다. 한성부는 지금의 서울시청 역할을 한 행정 기관이었지만 한성부 내의 토지와 주택에 대한 소송은 물론 지방에서 문제되어 올라온 토지와 주택 소송도 1심 혹은 2심으로 담당하기도 했으며, 차차 형조와 대등한 소송 기관으로 승격되어 갔다.

이외 기타 여러 중앙아문을 거치더라도 판결에 불복하는 경우 최상위에는 국왕의 판결이 남아 있었다. 국왕에게 올리는 상소를 상언上言이라고 했고, 이는 국왕의 행차 시 징을 치며 이뤄지는 격쟁원정擊錚原情 등의 방식으로 노상에서도 이뤄지기도 했다.

이처럼 소송 담당 기관 간에 심급 제도의 일정한 구조적 층위가 정해진 것은 당연히 당시 법전에 규정되어 있던 사항으로 엄격히 준수되었고, 준수되지 않을 경우 소송 자체가 받아들여지지 않는 조치, 즉 지금 소송 용어로 '각하却下'되었지만 조선후기로 접어들수록 실제 운영에서는 소송이 접수되어 탄력적으로 처리되기도 했다.

만일 소송 담당 기관 기관장이 소송 당사자와 친밀한 관계라면 어떻게 해야 할까? 이를 위해 상피相避 제도라는 것이 있었다. 만일 송관이 소송 당사자인 원고나 피고와 친족 관계가 있을 경우 공정한 재판이 되기 어려울 가능성이 높았다. 따라서 소송 과정의 공정성을 확보하기 위해서는 친족 관계인 송관과 당사자가 서로 피해야 하는데, 이는 송관이 당해 사건을 담당하지 않거나 사건을 아예 유관한 다른 관청으로 옮기는 방식으로 이루어졌다. 고려시대부터 있던 이 제도는 상피해야 할 친족 범위가 부모님 쪽으로 4촌, 아내 쪽으로는 3촌 범위였고, 조선시대에는 이보다 더 확대시켜 소송의 공정성을 더욱 강하게 도모하고자 했다. 이해관계 있는 법관에 대한 제척除斥, 기피忌避, 회피回避 등 현대의 개념과 유사하다고 하겠다.

3 소송의 시작과 심리

1) 소송과 시간 문제
(1) 소송을 제기할 수 있는 기한
현대의 소송제도상에서는 제소 기간 또는 소멸 시효라는 규정으로 소송 사건에 대해 소를 제기할 수 있는 기간을 정해두고 있다. 사건 발생 이후 해당 기간이 지나면 누구도 옳고 그름을 불문하고 해당 사건에 대해 더 이상 소를 제기할 수 없도록 한 것이다. 이는 당사자 간에 분쟁이 발생한 이후 시간을 무한정으로 놔두고 소송을 제기할 수 있게 할 경우 소송 진행의 효율성이 떨어지고 관련 권리 관계가 장기간 불안정해지는 폐단이 있었기 때문이다. '권리 위에서 잠자는 자'는 보호받지 못한다는 법의식이 구체화된 것이라고도 할 수 있고, 소송 진행의 속도와 권리 안정 문제를 실체적 진실보다 소송 실무상 더 중요시한 조처이기도 했다.

조선시대에도 이러한 시효와 유사한 개념의 '정소기한呈訴期限'이 있었고, 이를 '송한訟限'이라고도 불렀다. 소송 대상 중 가장 분쟁이 빈번했던 재산인 토지, 주택, 노비 등에 관한 소송은 분쟁 발생 시기부터 5년 내에 소송을 제기해야만 하며 5년을 넘길 시에는 사건 심리는 물론 소장 접수조차 불가능했다. 또한 소장을 제출, 접수했더라도 그로부터 5년 동안 재판정에 나오지 않을 경우[불입송不立訟]에는 심리하지 않고 기각했다(『경국대전』 호전 전택조).

그러나 여기에도 예외는 있었다. 토지나 주택을 도매盜賣(소유자 몰래 다른 사람이 사고파는 범죄)당한 경우, 토지나 주택 관련 소송에서 아직까지 확정 판결이 나지 않은 경우, 상속재산을 자식들이 균등하게 나눠 가져야 하는데 나누지 않고 자식 중 누군가가 홀로 독식한 경우, 소작인이 지주에게 토지를 돌려주지 않고 자기 소유로 만든 경우, 셋집에 세 들어 사는 임차인이 집

〈그림 3〉 소송을 제기할 수 있는 시간과 예외를 규정한 『경국대전』 호전 전택조田宅條

주인에게 집을 비워 주지 않고 자기 것으로 삼은 경우에는 매우 중대한 불법행위로 관념해 5년의 정소기한에 구속되지 않고 언제든지 소송을 제기할 수 있도록 했다. 즉 권리 관계가 표면적으로는 불안정해 보이더라도 실체적 진실을 속도와 효율보다 더 중시한 단서 조항인 것이다.

그러나 이후에도 백성의 사정과 위정자들의 인식은 계속 변화해 1516년 11월부터는 도매 문제, 상속재산 독식 문제만 기한이 지나도 다시금 소송할 수 있도록 했고, 그 이외 사안은 30년 기한이 넘은 옛일이면 원칙적으로 소송을 접수하지 못하도록 했다.3)

(2) 느림보 소송에 채찍을 ……

소송을 제기한 후 어느덧 송사가 흘러가는 상황을 잘 살펴보면 간혹 자기에게 약간이라도 불리하게 소송이 진행될 때가 반드시 생기게 마련이다. 이때 해당 당사자가 할 수 있는 것은 두문불출, 행방불명 등 꼬리를 내리고, 종적을 감춰 송정에 출석하지 않는 것이 상책이라고 생각할지도 모르겠다. 일단 송정에 나가지 않아야 불리한 진술을 하지도 듣지도 않게 될 것이고, 추가적 반증들을 모을 수 있으며, 소송 전략과 전술을 궁리하는 등 시간을 벌 수 있기 때문이다. 그러나 이렇게 되면 소송이 중단되고 속수무책으로 늘어지게 되어 상대방이나 관청이 곤욕을 겪고 피해를 보게 될 것은 불 보듯 뻔한 일이다.

이와 같은 사태를 방지하기 위해 일정 기간 동안 출석하지 않는 당사자는 패소시키고, 성실히 출석해 대기한 당사자에게 사리의 옳고 그름을 더 이상 따지지 않고 승소하게 해주는 제도가 있었는데, 이를 '취송기한就訟期限' 혹은 '친착결절법親着決折法'이라고 했다. 즉 고의적인 소송 연기 행위에 대한 예방책으로 소송을 최대한 신속히 종결지어 불리하니 나오지 않는 상대방을 패소시키고, 정정당당하니 매번 나오는 권리자의 권리를 보호하려고 한 것이다. 이 또한 실체적 진실보다는 표면적인 신의성실의 징표를 근거로 속도와 효율 중심으로 판결을 내리는 방식이었다. 지금의 '소송촉진 등에 관한 특례법' 등의 취지와도 유사하다고 할 수 있다.

조선초기에는 송정으로부터 당사자의 거주지까지 거리에 따라 20일, 1개월, 2개월, 3개월 등으로 취송 기간을 정했고, 이후 송정에 나와 서명하는 것까지 규정되게 되었다. 양 당사자 중 누구라도 출석한 때는 자기 성명과 사인을 직접 하도록 했는데 이를 '친착親着'이라고 불렀고, 그에

---

3) 박병호, 『근세의 법과 법사상』, 진원, 1996년 참조.

따라 판결하는 것을 '결절決折'이라고 했다. 이는 여러 차례의 변화를 거쳐『속대전續大典』형전刑典 청리조聽理條에서 정리된 바로는, 소송이 개시되어 50일이 되도록 이유 없이 그간 30일이 넘게 불출석하면 계속 출석한 자에게 승소 판결을 내리도록 했다. 이 50일의 기간 중에는 관청이 개정하지 않은 날을 뺐다. 이 규정에서 50일, 30일 등의 계산 방법은, 예컨대 갑甲이 30일이 지날 때까지 출석하지 않으면 을乙의 출석 일수가 만 30일이 되지 않더라도 을이 승소하는 식으로 이루어졌다. 즉 을이 출석해 사인하는 일수가 반드시 21일이 되고 갑의 불출석 일수가 만 30일이 된 경우에는 을이 승소하는 것이다. 그리해 을의 21일과 갑의 30일은 갑과 을이 다 같이 출석하지 않은 일수도 포함해서 계산했다.

(3) 송사訟事와 농사農事 사이에서 ……

위와 같이 소송 과정의 신속성과 효율성도 중요하긴 했지만 어떤 측면에서는 반드시 소송이 정지되어야만 하는 경우가 있었다. 소송 시간은 어떻게 정지될까? 이는 당시가 농경사회였다는 점에서 답을 찾을 수 있다. 소송의 정지를 정송停訟이라고 불렀는데, 농번기에는 농사를 짓는 백성이 송사에 매달리느라 농사를 망치지 않도록 하기 위해 제소를 금지했고, 만일 소송이 진행 중이라면 정지시키도록 했다.

연중 농번기인 춘분부터 추분 사이에는 소송 업무를 일시 중단했고, 이를 무정務停이라고 불렀다. 그리고 다시 추분부터 춘분까지의 농한기에는 제소를 받거나 소송 업무를 속개시켰는데, 이를 무개務開라고 했다. 그럼에도 불구하고 민사소송의 원인으로 타인의 토지를 훔치거나 도매하거나 무단 점유한 사건에 대해서는 소송이 정지되지 않았다.

어쨌거나 같은 정송이라도 민간에서는 다시는 서로 소송을 하지 않겠으며, 그리고 여타의 이해관계인으로부터 이의를 제기 받지 않겠다는 취지에서 사적으로 각서를 작성하는 경우도 더러 있었다. 희귀한 사례이긴 하나 정송을 하기 위해서는 당사자 간에 합의가 필요했고, 이에 대해 작성한 정송명문이라는 것이 있는데, 사례를 보면 아래와 같다.

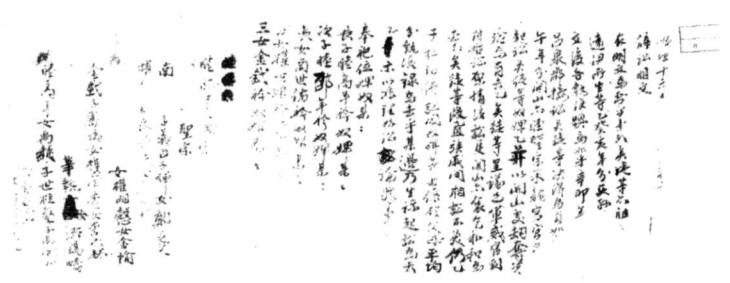

〈그림 4〉 1656년에 노비 소송을 정지할 것을 합의한 정송명문(하회 풍산 류씨편)

'정송명문'이라는 명칭으로 시작되는 이 문서는 1656년에 작성되었으며, 문서의 결락과 손상이 많아 당사자를 확인하기 힘들지만 문서 작성자가 기존에 소유하고 있는 노비의 소유권과 관련해 여러 차례 소송이 있었고, 결국 친족인 사람과도 소송을 하게 되었음을 알 수 있다. 그러나 소송 과정 중 친족 측에서 자기 잘못을 인정하며 화해하기를 요청했고, 이에 대해 문서 작성자는 친족 간 분쟁의 불미스러움을 들며 화해 요청을 받아들이며 소송을 종료하기에 이르렀는데, 이 소송의 종료를 상호 간에 확정하면서 차후 더 이상 자기 소유의 노비에 대해 왈가왈부하는 일이 없기를 바란다며, 조상으로부터 물려받은 자기 소유의 노비의 명단을 마지막으로 적고 있다. 여기서 '정송'이라는 말은 법률상의 정송, 즉 농번기에는 소송을 잠시 정지한다는 의미의 정송을 가리키는 것이 아니라 해당 소송의 종료를 원고와 피고 상호 간에 인정하고, 자기의 소유권을 확정해 그에 대한 여타의 침해를 더 이상 허용하지 않는다는 방어적 의미에서 사적 합의서를 작성한 것이라고 할 수 있다.

이를 통해 당시 사용되던 법률 용어에 대해 다음과 같은 사실을 알 수 있다. 즉 관청이든 사적 개인이든 자기의 주장과 판결 등을 위해 공통의 법률 용어를 사용했지만 동시에 사적 문서의 '증거력'을 높이기 위해 법전에서 쓰는 용어를 사적으로 원용하기도 했다는 사실을 말이다. 가치는 해석에 의해 결정되고, 활용된다. 이 정송명문의 작성자는 자기 소유인 노비라는 재산을 여타의 침탈로부터 보호하기 위해 법률 용어를 재해석해 사문서를 창출해낸 것이라고 할 수 있다.

소송에서 속도와 효율 문제가 보다 중시되면서 시간은, 실제로는 정당하지만 '느리'거나 '둔한' 권리자에게는 가혹한 것이 되기도 했다. 그러므로 신속성 혹은 효율성과 실체적 진실성은 끊임없이 소송절차법 상에서도 대치되고 있었다. 신속한 불법과 지둔한 정법, 어느 것이 옳은지 가리는 것은 아주 오래되고, 또 오래 갈 논쟁거리이다.

2) 누가 누가 다투나?

현재는 소송에서 서로 다투는 사람, 즉 소송 당사자를 원고와 피고라고 부른다. 즉 소송을 먼저 시작해 소장을 낸 사람을 원고, 이에 대해 소송 제기를 당한 상대방을 피고라고 부른다. 조선시대에는 지금의 원고를 다른 한자로 '원고元告'라고 했고, 피고는 피론, 피론被論, 원척元隻, 척隻, 원고와 피고를 함께 부를 때는 원척元隻, 또는 양척兩隻이라고 했다.

신분사회였음에도 불구하고 당시에는 양반, 상민, 천민의 구별 없이 소송을 제기할 수 있었다. 천민이나 상민이 양반을 상대로 소송을 제기하거나 응소應訴하는 일도 빈번했다. 이 사실은 사회적 신분 계급을 넘어 법률 소송에서는 바름과 그름을 제대로 판결해 백성 모두에게 법치를 실현하려 했던 국가 차원의 노력과 아울러 백성 간에도 일반적 권리의식이 기본적으로 존재했음을 반영하는 것이었다.

하지만 양반 또는 양반이 아니더라도 자기 노비를 가질 경제적 능력이 되는 사람은 소송을 위해 직접 관청에 출두하는 것 자체는 꺼려하기도 해 자기가 소유한 노비(주로 집사격의 노비, 즉 호노戶奴나 수노首奴)를 지금의 소송 대리인으로 삼아 소송하는 관행, 곧 대송代訟이 다수 있었다. 법전 역시 양반의 부녀자들을 배려해 아들, 손자, 사위, 조카, 노비로 하여금 대리 소송할 수 있도록 규정하고 있었다. 한편 여러 사람이나 단체가 주체가 되어 한번에 소송을 제기하는 경우에는 '등장等狀'이라고 하는 소장을 사용해 공동으로 소송을 제기할 수도 있었다.

즉 조선시대에 소송을 제기할 수 있는 법적 환경은 자유로웠다. 다시 말해, 조선사회가 신분제를 표방했든 아니면 영조 대와 갑오개혁 시기에 신분제를 공식적으로나마 조정 또는 폐지했든 실제로 일반 백성이 소송을 제기하거나 응소하며 누리는 법적 지위나 행동의 보장은 상당히 안정적이었다. 사대부와 상민 사이에서 벌어지는 소송에서도 원칙적으로 재판권은 법리와 사회적 상식에 입각해 공정성을 확보하고 있었다.[4] 다만 개개인별의 경제적 상황, 당사자의 사회적 평판과 소송 담당 관청, 관원, 서리 등과의 정치적 네트워크 등에 의해 간접적으로 공정성에 굴곡을 줄 영향은 항시 있던 것으로 추정된다.

3) 말로 또는 글로 ……

우선 소송을 제기하기 위해서는 원고가 관행적인 법률 서식에 따라 작성한 소장을 관청에 제출했는데, 현대적 의미에서의 이 소장을 당시에는 대개 '소지'라고 불렀다. 특히 양반이 작성해 제출할 경우 '상서上書'나 '단자單子'라는 용어로도 불렀다. 말, 즉 구두로도 소송의 제기는 가능했으

---

[4] 박병호, 「공정성의 개념과 실천」, 『조선양반의 생활세계』, 백산서당, 2004년 참조.

나 이후 반드시 문서에 내용을 작성해 소지 형태로 제출해야 했는데, 이것을 '발괄白活'이라고 불렀다. 여러 명이 자기 성명을 기재해 공동 소송을 제기할 경우 '등장等狀'이라는 소장 용어를 사용했다. 1심 판결에 불복할 경우 관찰사에게 재심 청구의 소장을 다시금 제출했는데, 이런 행위나 해당 소장을 통틀어 '의송議送'이라고 불렀다.

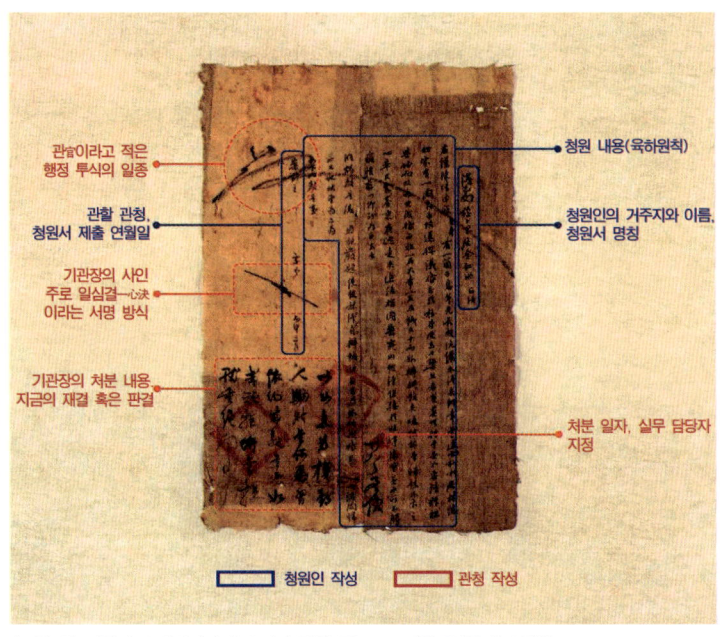

〈그림 5〉 지금의 소장격이었던 소지의 작성 구조. 토지주택박물관 소장본

일반적인 소장인 '소지'의 작성 구조는, 맨 먼저 원고와 피고의 거주지와 성명(성명 다음에 사인을 하기도 했다)을 기재하고, 다음으로 소송의 취지, 청구 원인을 비롯한 사실 관계가 육하원칙에 따라 서술되었다. 이때에는 증거와 증인 그리고 증언도 일부 적게 되며, 마지막으로 송관에게 '판결을 잘 부탁드린다, 선처를 바란다'는 투식적인 문구를 적고 난 뒤, 작성한 연월일을 기재해 마무리했다.

이렇게 소지나 상서 등의 소장이 소송 담당 기관인 관할 수령이나 관찰사 등에게 제출되면 해당 관리가 그에 대한 1차적 조치나 지시, 처분 내용을 같은 종이의 좌측 하단, 또는 지면이 모자랄 경우에는 뒷면에까지 기재해 원고 측에게 돌려주었다. 이때 관청에서 적어준 판결과 처분의 내용을 '제사題辭' 혹은 '뎨김'이라고 불렀고, 뒷면에 적은 제사는 '배제背題'라고 불렀다. 이는 종국적이고 확정적인 판결의 성격이 아니라 그에 이르는 과정에 있는 중간 조치라고 할 수 있었다. 즉 주로 원고 측이 제출한 소지의 내용에 대한 재조사, 피고의 소환과 출석 등을 지시하는 것이 일반적이었다. 그렇게 해야 양 당사자가 송정에 출정해 정식으로 소송의 심리를 본격적으로 시작할 수 있었기 때문이다. 그러나 이러한 중간 결정적인 제사도 관청의 판결적 성격이 있었기 때문에 제사가 적힌 소지를 되돌려 받은 당사자는 이를 증거 자료로 보관하고 필요시 특정 권한을 행사할 수 있었다.5)

다음으로 제사의 마지막에는 처분을 내린 날짜와 해당 처분을 실행할 담당자를 지정하고, 문서의 좌측 상단에 '착관着官'이라고 하였다. 소송 담당 기관이 수령일 경우 '관官' 또는 '부사府使' 등의 직함을 초서로 적고 아래에 기관장의 사인인 '서압署押'을 했으며, 마지막으로 기관(장)의 직함이 각인된 '관인官印'을 문서상에 일정 관행에 따라 날인한 뒤 원고 측에 되돌려주었다.

소장으로 사용된 소지의 종이 규격과 관련해서는 당시 거의 대부분 소송 당사자의 경제적·사회적 여건에 따라 품질이나 크기가 달랐다. 관청은 이를 규제하거나 특정한 형태를 권고하지는 않았던 것처럼 보인다. 그리고 그러한 소송 문서 양식은 각 시기의 소송 당사자나 관련 관청의 전임前

---

5) 이영훈 외, 『古文書 資料 飜譯 및 解題』, 국립민속박물관 학술연구용역보고서, 1998년 참고.

任 서리들이 작성한 문서에 의거해 전승되며 행용行用되어 오다가 조선후기에『유서필지儒胥必知』등 소위 문서 양식 편람서를 통해 정리되어 보급된 것을 활용하기도 했다. 그러나 조선시대 소송 문서의 종류나 쓰임이 전국적으로 혹은 시기적으로 일률되게 명확한 원칙과 기준 아래 구분되어진 것은 아니었다. 작성 시기와 지역과 주체에 따라 통설적 원칙에서 벗어난 예외적이거나 다종多種의 문서 양식이 교차된 문서, 즉 소위 '격외格外' 문서가 생산, 행용되고 있던 것 또한 사실이다.

근대시기 갑오개혁 후에는 국가에서 정하는 통일된 양식과 크기의 소장을 사용하게 되었다. 각종 행정 문서를 비롯해 소송 문서로 사용되는 용지에서는 용지의 사이즈가 정확히 일정해진 점, 붉은 괘선이 인출된 점, 관할 관청이나 사용 용도에 따라 판심제版心題가 달라진 점 등이 가장 괄목할 만한 변화였다. 간혹 괘선지 상에 수수료 및 비용 규정에 대한 내용까지 규격 크기로, 용지의 우측 중하단에 날인되어 있는 경우도 있다. 이러한 현상은 한마디로 산업혁명과 그로 인한 대량생산 체재에서 산출된 인쇄 혁명의 결과라고 할 수 있을 것이다.6)

4) 피고 찾아 삼만 리

앞서 언급했듯이, 원고 측이 제출한 1차 소장인 소지에 대해 소송 담당 기관은 중간적 조치로 우선 피고 측을 송정에 출석시키기 위한 지시인 제사를 내렸다. 이러한 제사의 내용은 주로 '피고를 성화星火처럼 잡아 데려오라'라는 말로 축약될 수 있었다. 여기서 '성화'는 별똥별, 즉 유성을 말하는데, 별똥별이 하늘에서 떨어지듯이 신속하라는 의미이다. 이는 소송 관청이 적극적으로 사건을 해결해나가겠다는 의지를 표명한 것처럼 보

---

6) 김건우, 「조선시대 청원서의 종류와 변천」, 『청하고 원하다(청원서에 담긴 조선시대 세금이야기)』, 국세청 조세박물관 도록, 2011년 참고.

이지만 실제로는 그렇지 않았다. 왜? '잡아 데려오라.' 이 문구는 현대적 관점에서 보면 관청에서 공권력을 실행하는 포졸이나 누군가를 보내주겠거니 생각되지만 실제로는 소지를 제출한 원고 측 당사자가 직접 피고를 데리고 와야 했다. 그에 대한 해답은 다음 용어에 있다. 즉 제사 중 처분일과 처분의 실행 담당자를 기재하는 부분에 통상 적는 '장민狀民'이라는 용어가 그것이다. 장민이란 해당 소장, 즉 소지를 제출한 사람인 원고를 가리키는 말로, 이것으로써 원고 측이 직접 피고를 잡아서 대령하라는 지시임을 알 수 있다. 조선시대에는 소송 대부분이 이러한 당사자주의 원칙하에 진행되었다. 마찬가지로 항소와 재심의 시작과 진행의 중심에도 원고가 있었다.

상식적으로 생각해보자. 원고가 피고를 찾아가 관청의 지시가 적힌 소장을 제시하며 송정으로 출석할 것을 요구했을 때 과연 피고는 그에 응했을까? '네, 얼른 같이 가서 시비곡직을 따져 보시지요!'라고 하지는 않을 것이다. 아마도 또는 분명히 피고는 원고를 피해 이미 자기 집에서 자취를 감추었을지 모를 일이다. 그리하여 어디 사는지는 알고 있으나 어디로 갔는지 모를 '피고 찾아 삼만 리'가 시작되는 것이다. 다급해진 원고 측은 몇 번이고 피고를 불러들이기 위해 노력할 테지만 연기처럼 자취를 감춘 피고를 원고의 자력으로 찾고 잡아 송정으로 데려오는 일은 녹록치 않았다.

그래서 이런 경우 원고는 몇 차례 피고를 찾아보았으나 출석에 응하거나 협조하지 않고 있다는 사실을 재차 소지로 제출해 관청에 보고하며, 공권력의 조력을 구하게 되었다. 그러면 그제야 관청은 피고 소환의 담당자로 '면주인面主人'이나 '두민頭民', '유향소留鄕所' 등을 지정해주었는데, 이들은 피고가 거주하는 면리 단위의 행정과 민정, 풍속을 담당하는 사람이나 단체였다. 그러나 이들의 소환에도 피고가 응하지 않을 경우 관청에서는 최종적으로 범인 체포나 조세 체납자를 소환하는 등의 업무를 보는 '차

差使'를 발령해주어 피고를 송정으로 잡아들이게 했다.

이와 관련해 1868년에 경북의 영해 지역에 살던 박시찬 등은 선산에 김성근이라는 자가 조상을 몰래 암장한 사건에 대해 유향소 등을 동원해 피고인 김성근을 데려오려고 했으나 여러 차례 계속 실패하자 차사를 대동해 피고를 강제 구인하도록 요청한 사례가 있다.[7]

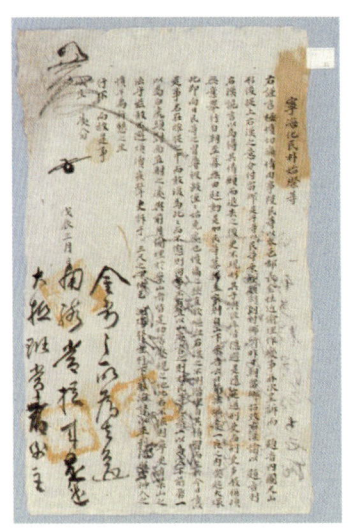
〈그림 6〉 1868년 박시찬 등 소지(차사발령요청), 영해 무안박씨 고문서

경우에 따라서는 추가로 '패牌'라는 증서를 발급해주었다. 그것을 들고 피고를 찾아 강제 소환할 수 있는 확인증이었다. 1721년 4월에 안동에 살던 이상진은 선산을 지키는 산지기[산직山直]인 귀선이라는 자가 토지조사 사업인 양전量田 시에 선산 일부를 제 것으로 허위 등록해 침탈하려고 한 사건에 대해 귀선을 송정으로 불러들여 소송하려 했으나 귀선이 송정에 출석하지 않자 패를 발급해줄 것[발패發牌]을 관청에 요청했다. 이에 대해 관할 관청인 안동대도호부에서는 조그만 종이로 패를 발급해주었다. 이 패는 관련된 소지에 함께 부착되어 현전하고 있다.[8]

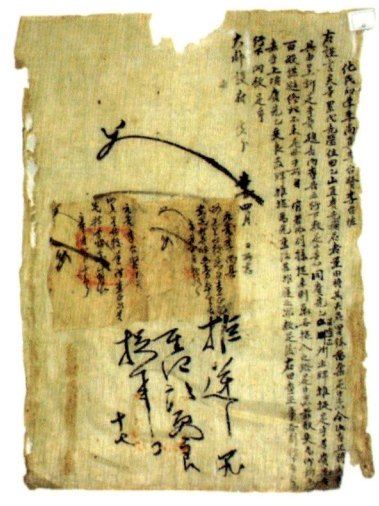
〈그림 7〉 1721년의 이상진 등의 소지. (피고 불출석으로 패를 발급받음), 안동 주촌 진성이씨 고문서

---

7) 1868년의 박시찬 등의 소지(차사발령요청) – 차사발령요청 소지, 『고문서집성 82 – 영해 무안박씨(I): 무의공(박의장) 종택』(한국학중앙연구원, 2008년).

8) 1721년의 이상진 등의 소지(피고 불출석), 『고문서집성 41 – 안동 주촌 진성이씨편(I)』국정

그렇다면 피고가 같은 고을이 아니라 아주 먼 곳에 있는 경우에는 어땠을까?

조선후기의 주된 소송이던 산소 즉 분묘와 부지 관련 소송, 산송에서 원고와 피고 양 당사자가 서로 멀리 떨어져 있는 경우도 있었다. 즉 산지의 기존 소유자인 원고와 불법적으로 투장(偸葬)(타인 소유의 분묘 주변에 몰래 조상을 매장하는 일)한 당사자 즉 피고가 사는 곳이 먼 경우 해당 산지가 있는 지역을 관할하는 수령에게 요청해 피고를 잡아들여 원고의 관할 지역 송정으로 송치시켜 서로 대질심문을 하도록 해야 했다. 즉 원고가 소지를 자기 관할에 올렸을 때 그에 대해 송관은 피고를 소환하라는 내용의 제사를 써주며 소송의 대상물인 산지가 있는 곳의 관할 수령에게 전달할 것을 지시했다. 이때 '산재관(山在官)' 혹은 '척재관(隻在官)'이라는 용어를 써주었다. 그러나 그러한 처분에 따라 해당 관할 수령의 요구에도 피고 측이 나오지 않을 경우 이를 적극 해결하려는 송관은 소송 사건과 관련한 공문을 산재관 측에 발송했다. 이때 사용된 문서가 현대의 관공서 간에 주고받는 공문 비슷한 것으로, 조선시대에는 이를 '관문(關文)(혹은 관關)'이라고 불렀다. 이러한 상황에서 작성, 발송된 관문의 사례를 살펴보면 아래와 같다.

1804년 밀양의 임곡 지역에 거주하는 김상집이 죽은 아버지를 경북 청도에 사는 이주영의 선산에 몰래 묻었다. 이주영 측은 원고로서 이에 대한 해결을 요구하며 소송을 제기했다. 소 제기를 받은

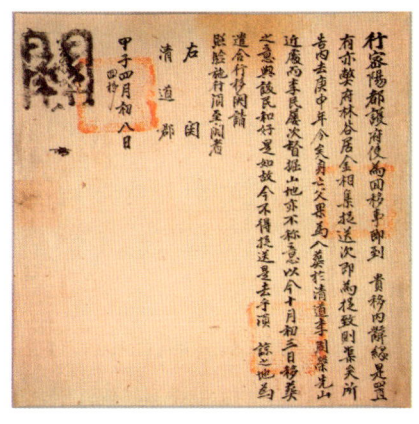

〈그림 8〉 1804년 밀양도호부사가 청도군수에게 보낸 관문. 토지주택박물관 소장본

신문화연구원, 1999년).

경북 청도군에서는 이 사안을 밀양부사에게 전해 피고인 김상집을 잡아들여 청도군으로 이송해달라고 요청했다. 밀양부사는 김상집에게 시신을 스스로 파내갈 것을 지시했다. 하지만 김상집은 이를 듣지 않다가 마침내 기한을 정해 이장하겠다며, 원고와 피고가 서로 화해하게 되었다. 그래서 밀양부사는 이미 원고와 피고 사이에 화해和好했다고 하니 구태여 피고인 김상집을 잡아들여 청도로 이송할 필요가 없다고 판단했다. 그리고 그와 같은 내용의 전말을 간략히 적은 이 관문을 청도군으로 발송하게 되었던 것이다. 즉 피고의 소환 작업이 대부분 어렵긴 하지만 간혹 이와 같이 화해를 요구하며, 자체로 소송이 해결되는 경우도 종종 있었다.

다음으로 원고와 송관의 소환에 응해 피고가 송정에 출석하면 원고의 소장에 대해 응소하겠다는 답변서를 받았다. 그와 같은 상황을 '시송始訟'이라고 했다. 시송 시에는 원고와 피고 양 당사자가 소송에 앞서 소송의 지연을 방지하는 친착결절법을 준수하며, 송정에 출석해 성실하게 소송에 임하겠다는 내용을 상호 합의해 문서로 작성하게 되었다. 이는 곧 피고 측의 응소 답변서 역할을 했으며, 이를 '시송다짐始訟侤音'이라고 불렀다. 다시 말해 소송에 임함에 있어 신의와 성실을 다하도록 하겠다는 취지의 내용으로, 재판의 공식적인 개시를 선언한 것이었다. 그리고 시송다짐을 한 날이 소송 기간 산정의 기산점이 되었다.

5) 끊임없는 변론과 증거 제출
(1) 변론과 증거

이렇게 원고와 피고, 양 당사자의 출석과 합의에 의해 시송다짐이 작성, 제출되고 나면 본격적으로 자기의 주장을 펼치며, 이를 뒷받침하기 위해 현대적 의미에서의 변론과 증거 제출이 진행되었다.

변론은 구두든 서면이든 무방했으나 대부분 서면으로 이루어졌다. 시송다짐 이후에는 원고와 피고가 자기의 주장을 논리적으로 정리한 최초의 변론서를 제출했는데, 그것을 가리켜 '원정原情'이라고 불렀다.9) 이 원정에서 당사자 각자가 주장하는 사실 관계에 대해 자유롭게 증거를 제출할 수 있었는데, 증거의 종류로는 사람인 증인과 증거 문서인 서증書證 등이 있었다. 원정 이후에도 양 당사자는 자기 주장의 합법성과 정당성을 확보하기 위해 추가로 제출하는 변론서인 '추정소지追呈所志' 등으로 주장을 펼쳤고 더 이상의 변론과 증거가 없을 때까지 소지와 서증이 제출되었다. 이어 증인들이 소환되어 진술한 내용을 담은 초사招辭 문서가 작성되어, 송관의 판단 기준으로 검토되었다. 이처럼 끊임없이 수많은 '문서'가 생산되었다.

실제로 증거로 제출되는 것은 문서인 서증이 대부분을 차지했다. 이 사실은 당시 소송 대상의 대부분을 차지한 재산인 토지나 노비 등이 거래되거나 증여, 상속되면 반드시 관련 문서가 작성되던 전통적 관행 또는 문서 생활에 기반하고 있었다. 즉 토지와 주택이나 노비 등의 분재分財나 매매시 작성되는 모든 분재기分財記나 매매명문賣買明文 말미에는 차후 분쟁이 있을 때 당해 문서를 증거로 삼을 것을 명기해두었다. 이는 당시 재화에 대한 사적 소유에서 권리 관념이 매우 강했던 것을 반증하고 있다. 아울러 이뿐만 아니라 해당 분재 행위나 거래 행위, 특정 권한 등을 관청으로부터 공증 받은 경우 공증을 신청해 발급받은 공문서인 사급입안斜給立案, 입지立旨, 완문完文 등은 물론 노비나 토지의 조사 기록이 담긴 호적戶籍이나 양안量案, 노비안奴婢案, 전답안田畓案 등도 서증으로 제시되기도 했다. 또한 해당 소송 과정이 재심이라면 1심의 판결문까지도 서증에 포함되었다. 어쨌거나 이러한 연유로 인해 서증으로서의 분재기나 매매명문, 각종

---

9) 원정은 소송의 개시 이후 최초로 제출되는 경우도 있었지만 조선후기에는 소송 제기 시에 제출하는 소지의 경우도 원정이라고 하는 경우도 있었다.

공문서 등은 소송에서 소송법상의 증거 능력과 증거력을 동시에 지니고 소송의 종국적 판결에 결정적인 영향을 미치는 중요한 판단 기준으로 자리 잡고 있었다.

증거 중 증인으로는 주로 삼겨린三切隣, 증인, 필집筆執 등이 있었다. 이들은 위에서 말한 서증으로서의 문서가 작성될 때 현장에 있거나 사정을 잘 아는 주변 이웃사람 또는 관련자가 대부분이었다. 즉 삼겨린이란 소송 대상의 사정을 아는 이웃의 세 사람을 말하며, 증인과 필집은 관련된 분재기나 매매명문이 작성될 때 말 그대로 해당 행위의 증인이나 대서인으로 참석해 문서상 '증인' 또는 '필집'으로 기재된 사람을 가리켰다. 해당 문서의 진위 여부를 증언해줄 수 있는 사람이었던 것이다.

그러나 거의 모든 소송의 종국적인 확정 판결은 서증인 '문서'에 의해 결정되는 것이 거의 절대적이었다. 다시 말해 당시 소송법상의 격언인 '종문권시행從文券施行'이라는 말이 소장이나 판결문을 비롯한 연대기 사료 등에서 빈번히 발견되고 있는 것으로 볼 때 그만큼 서증이 판결의 확고한 기준이 되었던 것이다. 이러한 모습은 현대사회의 재판 모습과 거의 다르지 않다. 그리고 소송 대상물이 각자에게 얼마만큼의 중요성을 가졌든 승소하기 위해 진행한 적극 변론과 증거 제시의 행태는 당시 일반 백성의 권리의식이 얼마나 성장해 있었는지를 알려주는 징표라고 할 수 있다.

(2) 거짓 문서 판별법, 결송유취보決訟類聚補

그렇다면 당사자가 제출한 서증 중 진실성이 결여된 문서, 즉 위조나 변조된 거짓 문서는 소송 실무적으로 어떻게 판별했을까? 이에 대해서는 조선후기의 소송 업무 편람서 격의 서적이던 『결송유취보』를 통해 살펴볼 수 있다. 이 책에는 여러 가지 소송 관련 규정이 정리되어 있다. 우리나라의 현존하는 최고最古의 통합 법전인 『경국대전經國大典』의 규정을 비롯해 그 이

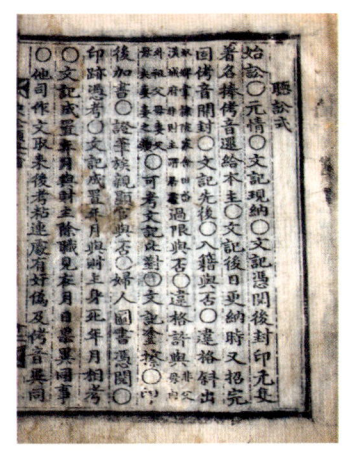

〈그림 9〉『결송유취보』 청송식 일부. 토지주택박물관 소장본

후 발생한 법률과 판례까지 매우 다양한 소송 실무상의 규정과 지식이 수록되어 있다. '결송'이란 소송(주로 민사재판)을 판결한다는 의미이고, '유취보類聚補'란 관련 참고 자료를 수집한 것을 다시 보충했다는 말이다.

내용 중 '청송식聽訟式'은 소송의 시작부터 증거 문서의 위변조를 판별하는 방법까지 세부적인 소송 절차를 정리한 것이다. 그와 같은 내용이 남아있다는 사실은 당시에도 거짓 증거 문서를 법정에 제출해 소송을 어지럽히는 사례가 많았음을 반증하는 것이라고 할 수 있다. 청송식 중 문서 위변조와 관련된 부분을 살펴보면 아래와 같다. 치밀하게 문서를 조사한 것에 대해 짐짓 놀라게 된다.

1. 관련 증거 문서인 문기의 접수 및 검토.

1. 문서를 본 후 봉인한 다음 원고와 피고가 서명하면 각서를 받고 최종 판결 후에 원주인에게 돌려줌.

1. 문서 작성 시기의 선후를 확인.

1. (군적, 호적 등의) 입적入籍 여부 확인.

1. 제출한 증거 문서가 격식에 따라 정확한 공인을 받았는지(노비는 장예원, 주택과 전답은 한성부 또는 지역 관청, 소유주의 관할 구역) 확인.

1. 약정 혹은 법정 기한을 도과했는지 여부 조사.

1. 격식을 어긴 증여인지(문서상 기록된 부모, 조부모, 남편, 본처, 첩 등 본인 여부 확인).

1. 문서에 붓으로 덧칠했거나 칼로 긁어낸 흔적 조사.

1 소송 제도와 절차에 대한 스토리적 담론

1. 관인官印의 진위 여부 및 관인을 받은 뒤에 위에 추가로 기재 여부 조사.

1. 문서가 만들어진 날짜와 소유주가 죽은 날짜를 비교 검토.

1. 문서가 만들어진 날짜와 소유주가 관직에 임명되어 재직한 날짜가 같은지 다른지 조사.

1. 여러 장의 문서를 풀로 붙인 부분에 조작이 없는지 조사.

1. 공증문서 내에 결재한 당상관과 낭청이 관직에 있던 연월과 이름, 서명을 조사.

1. 가옥의 통호수와 토지대장 조사.

1. 소장 제출일, 인증서 발급일, 모든 문서의 서명한 날들이 국기일國忌日이나 일이 생겨 업무를 보지 않은 날에 해당하는지 조사.

1. 농번기에 소송을 중지할 때 문서에는 원고와 피고가 동봉하고 각서를 받은 곳에 이름을 쓰고 사인을 한 다음 관인 찍음.

게다가 금전소비대차 관련 소송인 채송債訟의 경우 아무리 돈을 빌려 준 증서가 있더라도 그것이 언문諺文, 즉 한글로 쓰이거나, 증인 및 필집이 기록되어 있지 않다면 증거로 채택하지 않도록 규정했다(『속대전』호전 징채조). 해당 증서에 쓰인 글이 한글인 경우 한자漢字보다 변조가 용이했고, 증인과 필집이 없는 증서는 증거력이 현저히 떨어지기 때문에 아예 증거로서의 자격 즉 증거 능력을 인정하지 않는다는 취지에서였다.

이상의 규정과 지침을 바탕으로 볼 때, 소송 담당 기관이 제출된 서증 문서의 위변조를 판별하고자 노력했음을 알 수 있다. 지금 보아도 나름 치밀하고 다양한 기준과 방법으로 서증에 대한 조사를 진행했으며, 이같이 서증에 대한 세심한 검토를 통해 결과적으로 소송 과정에서 혹여 발생할 수 있는 오판誤判을 예방하고자 했던 것이다.

4   소송의 판결과 그 이후

1) 판결과 판결문

원고와 피고인 당사자가 서로 변론과 증거 제출 등을 통해 상호 간의 공방이 끝나면 종국적으로 해당 심급 소송 담당 기관에서 판결을 내려주게 되었다. 이때는 양 당사자가 서로 더 이상 변론할 것이 없고, 제출할 증거가 없음에 합의하면서 판결을 구하는 요청을 하고 그에 의거해 판결을 내리는 것이 일반적이었다. 하지만 간혹 경우에 따라서는 소송 담당 기관의 직권으로 곧바로 판결하기도 했다. 소송에서 이기는 일, 즉 승소 판결을 받는 일을 '득송得訟' 혹은 '결득決得'이라고 불렀다. 반면 소송에서 패하는 것에 대해서는, 우선 합법적이고 합리적인 법리와 이치에 대한 변론과 논쟁에서 지게 되는 것은 '이굴理屈'이라고 불렀고, 이굴에 의거해 소송에서 종국적으로 패소 판결을 받는 것을 '낙과落科'라고 불렀다.

당시 소송의 판결문은 입안, 단결입안斷決立案, 결송입안決訟立案, 결절입안決折立案 혹은 결입안決立案이라고 불렀고, 현재는 고문서학 분야의 일반 명칭인 '결송입안'으로 통일해 불리고 있다. 본래 '입안'이란 우리나라 고유의 용어로, 토지, 가옥, 노비의 매매 및 상속의 경우, 양자 입양의 경우와 도난품에 관한 증명이 필요한 경우 등에 관한 『경국대전』 등 당대의 법전 규정에 근거해 관청이 발급하는 증명, 허가, 판결 기능을 했던 조선시대 공문서를 말하는 것이었다. 매매, 상속의 경우 사급입안斜給立案, 입양의 경우에는 계후입안繼後立案 또는 입후입안立後立案, 판결의 경우에는 결송입안이라고 불렀던 것이다.

그중 결송입안이란 중앙은 물론 지방의 각 관아에서 서류로 청구된 개개의 분쟁에 대해 당사자들이 제출한 증거문서와 증인·참고인의 진술을 수합·정리·심리해 해당 관아가 청구인 등에게 작성해주는 재판 사건의

최종 판결문이라고 정리할 수 있다.10)

특히 대부분의 결송입안은 어지러운 초서체인 난초亂草로 작성되어 있어 판독이 어렵고, 분쟁 기간과 제출된 증거의 분량, 판결 내용 또한 방대해 현존하는 가장 긴 한국의 결송입안은 37m에 달하는 것도 있다(안동 하회 풍산류씨 양진당 소장). 아울러 우리 고유의 이두吏讀와 한국식 한문문체를 사용하고 있으며, 고법전 속의 법률 규정과 소송 세칙, 당시 관청 용어에 대한 지식이 없으면 오역하기가 매우 쉽다. 그래서 고문서학에서는 조선시대의 법률과 행정학에 대한 이해와 행서와 초서의 탈초정서화 능력을 보유해야 하는 '결송입안'을 소위 '한국 고문서학의 꽃'으로 부르며, 연구의 최정점으로 평가하기도 한다.

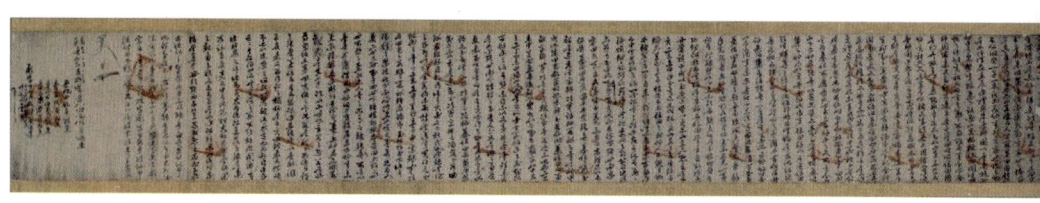

〈그림 10〉 1768년의 김약롱 묘위전 전답 소송 관련 결송입안. 예안 광산김씨 후조당 고문서

우선 결송입안은 법전에 규정된 양식(『경국대전』 예전 입안식)에 따라 문서로 작성한 후 관할 심급의 송관이 승소한 당사자에게 발급해주었다. 결송입안의 내용은 해당 사건에 대한 판결 사항만 간략히 기재하는 것은 아니었다. 소송의 시작 시점에서 원고가 제출한 소지의 본문 내용과 그에 대한 관청의 중간 처분인 제사에서부터 원고와 피고가 제출한 일체의 변론 관련 문서와 서증, 증인의 진술인 초사까지 제출된 순서대로 모두 다 수록해 기재했고, 맨 마지막 부분에 최종적인 판결 사항을 기록했다. 판결

---

10) 김성갑, 「19세기 扶安金氏家舍田莊 遷退紛爭 – 扶安金氏家의 決訟立案을 中心으로」, 2004년, 한국학중앙연구원 참조.

문에서는 소송을 제기한 소지를 '고장告狀'이라고 명명하기도 한다. 물론 소송 과정상에서 제출된 문서와 진술의 내용이 토씨 하나 틀리지 않고 기재되는 것은 아니었고, 투식적이거나 형식적인 문구 등은 생략되기도 했다. 그러나 대부분의 결송입안에는 소송 전반에서 나온 내용이 모두 빠짐없이 기록되었으므로 한 편의 결송입안을 통해 해당 소송 사건의 사실 관계와 당사자들의 주장과 증서 제출, 증인들의 진술의 전말을 모두 객관적으로 파악할 수 있는 대단히 중요한 자료이자 차후 관련한 분쟁 시 결송입안 자체도 재차 증거문서가 되었다.

결송입안으로 최종판결이 내려지면 그 사건은 종결되게 되며 해당 판결은 법적 강제력을 갖고 당사자들과 이해관계인들을 규율했다. 판결은 원칙적으로 법률에 의거해 내려져야 하는 것이 당연하지만 우리 속담에 '원님 재판하듯'이라는 냉소적인 표현이 있듯이, 조선시대 소송판결이 대충대충 났다고 생각하는 것은 큰 오해이다. 이 속담에 대들듯, 철저하게 사실 관계에 대한 치밀한 조사를 거친 후 법률에 근거해, 그것도 최신 법률에 의거해 내려진 결송입안이 있는데, 아래에 소개하고자 한다.

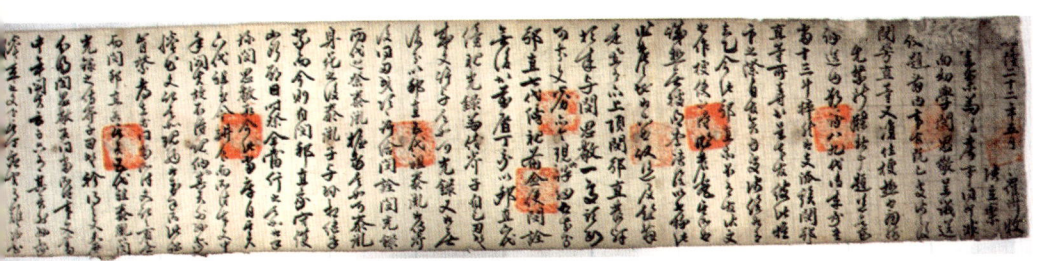

〈그림 11〉 1757년 나주목 결송입안 일부. 토지주택박물관 소장본

1757년 5월에 나주목羅州牧에서 작성해 발급한 이 결송입안은 나주에 거주하던 민씨閔氏 가문에서 발생한 전답 소유권 분쟁 사건에 대한 판결문

이다. 나주 비음면非音面에 소재한 13마지기 논에 대해 민씨 가문에서 서로 소유권을 주장하는 것이 소송의 시작이었고, 각자 지파支派인 당사자가 자신의 소유임을 증명하기 위해 멀게는 170여년 전의 상속문서까지 동원하고 있다.

원고 측에서는 자신이 6대조부터 갈아먹어오던 곳이라며 현재도 사실적인 점유를 하고 있다는 점을 들고, 피고 측에서는 6대조 이후에는 후손이 없어 양자를 들였으며 당시에 해당 전답에 대한 상속문서를 증거로 들면서, 피고 자신의 고조高祖 이후로는 해당 토지에 있는 산소에서 기일마다 제사를 모시고 있다는 사실을 소유권 주장의 근거로 들었다. 이에 대해 나주목에서는 조선 영조 때의 판례법전인 『속대전』 형전의 규정 중 "전답·노비에 대한 소송에서 사건이 60년 전에 발생한 경우에는 현재의 점유자에게 소유권이 있다(…… 田民相訟 …… 事在六十年前者 以時執者爲主)"라는 조문을 근거로 6대조 이후 계속에서 논을 갈아먹고 있는 원고 측 손을 들어주었다. 지금으로 말하자면 부동산소유권소멸시효나 제소 기한의 제한 등을 적용한 것으로 볼 수 있다.

이 결송입안은 지방 고을에서의 재판이 해당 목민관의 독단적이고 자의적인 판단에 따라 이뤄졌다는 기존의 통념을 뒤집고, 당시 최신 개정 법전이라고 할 수 있는 속대전과 그 안의 가장 직접적인 조항을 적극적으로 사건에 적용해 판결한 사례이다. 기존 통념에서는 조선사회의 통치 이념으로 유교와 예치禮治의 측면이 부각되어 있지만, 이와 같은 판결문을 통해 통합법전의 체계적인 정리와 그에 기반을 둔 법치주의 또한 조선사회의 한 일면이었음을 말해주는 주요한 자료로 평가되고 있다.

2) 쓰러진 자의 마지막 각서, 다짐

이렇게 판결이 내려지면, 패소자는 다시는 승소자의 권리나 이익을 침해하지 못하며 만약 침해한 경우에는 어떤 처벌이라도 달게 받겠다는 지금의 각서인 '다짐[고음侤音]'을 문서로 제출했다. 이 다짐 문서의 사례를 살펴보면 아래와 같다.

조선후기 어느 기유년 11월에 작성된 이 문서는 경북 성주목에 거주하던 41세의 윤태순이라는 사람이 박씨 양반과의 산송山訟에서 낙과落科, 즉 패소하게 되었으므로 투장偸葬한 부모의

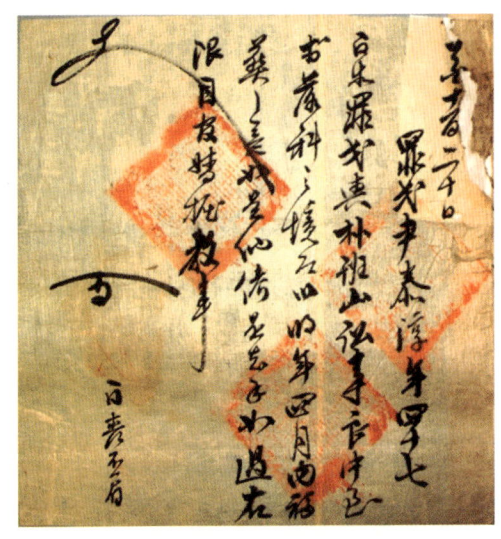

〈그림 12〉 성주목의 산송에 패소한 윤태순의 다짐문서. 토지주택박물관 소장본

시신을 동년 4월 안으로 자발적으로 이장 조치를 하고 만약 기한을 넘기게 될 경우에는 관할 관청에서 강제로 이장하는 것에 이의가 없다는 내용의 다짐, 즉 각서를 작성해 제출한 것이다. 다만 자신의 호칭을 '죄민罪民'이라고 명명한 것은 소송에서 패해서가 아니라, 부모의 상喪을 당해 거상居喪 중이기 때문임을 혼돈해서는 안 된다. 말미에 쓰인 '상불착喪不着'이라는 용어도 거상 중이기 때문에 문서상에 서명을 별도로 하지 않는 관행 때문에 쓴 표기이다.

3) 승패보다는, 조정과 화해

위와 같이 소송에서 결과가 승과 패로 확실하게 나뉘는 경우도 있었지만 그렇지 않은 경우도 있었다. 담당 송관에 의해 적정한 조정을 받기도 하고 당사자 간에 화해를 유도하기도 했다. 이 중 서로 화해한 소송의 사례가 있어 아래에 소개한다. 바로 1798년 2월 경북 의흥현에서 내려진 판

결인 결송입안의 내용이다. 소송까지 갈 수밖에 없었던 문제의 발단은 아마도 이랬을 것이다.

처남: 매제, 돈 좀 빌려 주게.~
매제: 아니, 처남~ 도대체 이게 벌써 몇 번째냐? 안 돼!
처남: 아, 마지막으로 딱 한 번만 더 부탁하네.
매제: 안 돼~ 안 된다, 더 이상은 ……
처남: 아니, 돈이 그리도 많으시면서 정말 처남 매제 사이에 이러실 건가?
매제: 그래, 말 한번 잘했다. 처남 매제 간에 너야말로 이럴 거냐? 네가 문젠지, 내가 문젠지? 고을 원님 앞에서 한번 따져보자, 이 놈!
처남: 허참, 누가 눈 하나 깜짝할 줄 아나? 좋소. 어디 한번 따져보자구. 가! 가자구!

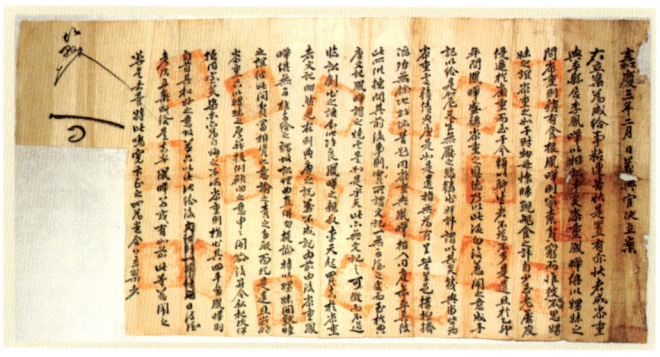

〈그림 13〉 1798년 경북 의흥관 결송입안, 토지주택박물관 소장본

이렇게 해 의흥현감에게 찾아간 이 처남과 매제는 아래와 같은 판결을 받았다.

원고는 성태중이고 피고는 이봉엽이었는데, 이들은 서로 처남매제 간이다. 성태중은 본래 생계를 유지할만한 밑천이 있었고, 이봉엽은 가계가 빈궁했다. 그런데 이봉엽은 처남매제 간의 의리를 생각하지 않고 성태중이 소유한 약간의 재물에 대해, 매번 마음에 두고 넘보며 엿보아[기첨覬覦] 빌붙어 먹을 계략만 세웠는데, 젊을 때부터 나이 들어서까지 여러 차례 성태중의 재산을 침탈했다. 그리고 지금까지 성태중에게 기대어 의지하며 산 바가 적지 않았고, 또 지난 을묘년(1795년)에는 갑자기 이봉엽이 성태중의 은덕을 칭찬하고 곧바로 차후에는 다시금 귀찮게 하거나 시끄럽게 하지 않겠다는 뜻으로 각서[수기手記]까지 써주었는데, 또다시 거리낌 없는 욕심이 발동해 간악한 계책을 짜내어 놓게 되었다고 한다. 즉 이봉엽의 가진 돈과 논밭은 모두 성태중에게 진 빚으로 인해 저당 잡혔다라고 하며, 없는 사실을 있다고 떠벌였던 것이다. 이와 관련해 이봉엽은 경상도 관찰사에게는 물론 해당 현감에게도 청원서를 올렸는데 글을 허위로 꾸미고 보태어 여지없이 [성태중을] 해하고 위기에 빠뜨렸던 것이다.

이와 관련한 관찰사의 재결에 따라 성태중과 이봉엽을 의흥현 관아에 불러들여 대질심문을 하고 양자의 진술을 받아 그 전후 사실을 심문했다. 그러나 소위 증빙할 수 있는 것이라고는 문서 한 장이 없었고, 전당 문서에 관해서는 이봉엽이 불에 타 잃어버렸다고 하니 이 역시 증빙 서류가 없다는 것이다. 이는 소송에 임해서 진부하게 지어내는 이야기에 지나지 않을 뿐이며, [분쟁이 된 논에 대해서는] 이봉엽의 친삼촌인 이천기李天起가 성태중으로부터 매입했다는 문서가 현존하고 있으니 '저당 잡혔다'며 운운하는 것은 어불성설일 뿐이다. 전후의 사정을 생각할 때 성태중과 이봉엽 사이에는 모두 서로 주고받을 것이 없으므로 소송의 이치와 곡직을 모두 논할 것이 없다. 그러나 특히 처남매제 간에는 두터운 화목이 있어야 마땅하니 피차간에 빈부貧富를 서로 함께하라는 취지로 타이르고 나무라며 여러 번 대면해 말하고 다시금 엄히 다스렸다. 다만 [재산이 비교적 많은] 성태중에게는 처남매제 간의 두터운 의리를 알아 [이봉엽을] 돕는 데 힘을 기울이도록 신신당부했다. 이후 양자 모두에게 화해[사화私和]할 것을 명령하고자 한방에 불러 모았더니, 양자 모두가 스스로 자신들의 염치없음을 후회했다.

 [결론적으로] 성태중은 그의 4마지기 논을 내어 놓아[연출捐出] [이봉엽에게 주었고], 이봉엽은 이제 사이좋게 지내겠다고 고했다. 이 모두를 통틀어 이로써 판결한 후 나중에 증빙하기 위해 판결문[결송입안]을 작성해 발급하므로, 이봉엽이 만약에 전과 같이 시끄럽게 다투는 작태를 또 일으킬 경우 이 판결문을 갖고 그 억울함을 바로잡는 데에 사용할 것이다. 이상과 같이 판결문을 시행함.

4) '삼세판은 해봐야' vs '삼세판 이상은 No!'

 판결은 났지만, 억울하다. 도저히 납득이 되지 않는다. 내가 왜 이 소송에서 진 걸까? 울화가 치밀 때가 분명 있을 것이고, 소송을 십수 번이고 더 해보고 싶은 심정일 것이다. 이러한 법감정 때문에 소송의 판결에 억울한 자는 다시금 항소해 시비를 가려볼 수 있도록 해야 할 것이다. 또한 한편으로는 일방의 당사자가 아무리 억울하다고 해도, 재차 소송을 계속해도 한 쪽의 패소가 지속되고 있는 상황이라면 이에 대한 항소를 무한정 계속할 수는 없는 노릇이다. 그래서 현대사회에서 법원은 삼심제三審制를 원칙으로 하고 있다.

 실은 조선시대에도 삼심제가 있었다. 이를 '삼도득신三度得伸'이라고 불렀는데, 한편이 세 차례 승소를 하게 되면 패소한 당사자는 다시는 제소하지 못하게끔 했던 제도이다. 이는 앞서 이야기한 정소기한呈訴期限과 비슷한 취지로, 터무니없는 논리로 계속해서 제소하길 즐기며 비리호송非理好訟해 한없이 소송의 빈도와 분쟁의 기간을 늘리거나 풍속을 흐리는 일을 일삼는 것을 예방하기 위한 대책이었다.

 본래 조선초기에는 이도득신二度得伸 즉 한 사건에 대해 두 번만 이기게 되면 해당 사건을 종결되는 것으로 했으나 두 번으로는 공정한 소송 판결이 어려운 점을 들어『경국대전』에서는 삼도득신으로 바뀌게 되었다. 즉 이러한 삼심제는 초심, 재심, 삼심에서 모두 모두 승소해야 하는 것으로 보았지만 기록에 따르면 1651년부터는 세 번 소송에서 두 번만 승소하면 패소한 측은 다시는 소송을 제기할 수 없는 것으로 보았고, 마지막 확정 판결로 소송은 종료되었다. 우리나라 사람들, 역시 깨끗하게 삼세판이다.

5) 로이어lawyer? 라이어liar? 조선시대의 변호사들

그렇다면 조선시대에도 변호사가 있었을까? 답은 '물론'이다. 지금도 그러하지만 당시 소송의 시작을 하는 소지 작성부터 소송 진행 과정에서 제출되는 추정소지 등 각종 문서는 그냥 쉽게 쓰일 수 있는 성격의 것이 아니었다. 공자 맹자 등의 사서삼경四書三經을 통달하도록 읽었다고 해서 되는 것은 아니었다. 당시 소송은 반드시 법적인 실무상의 문서로서 모든 과정이 진행되었다고 해도 과언이 아닌 철저한 문서주의 원칙을 고수하고 있는 상황에서 소송에서 행용되는 문서 작성의 난이도 또한 높았다. 즉 당시의 법전, 법률은 물론 오랜 기간 관청에서 써 오던 관용어官用語에 대한 지식,

〈그림 14〉일재 김윤보『형정도첩』중에서

그리고 소송 과정 전반에 대한 경험이 깊은 사람만이 작성할 수 있는 것이 소송 문서였다. 그렇기 때문에 그러한 지식과 경험이 없는 사람이나 처음

소송을 겪는 사람들은 관련 전문가라고 하는 사람들에게 조언을 받거나 문서를 대신 작성 받는 대필의 도움을 청할 수밖에 없었다. 소송 문서 전문가라고 할 수 있는 사람들은 고을에서 소송을 해본 유생이나 노인, 면식이 있는 아전들이 될 수 있었다. 조선후기에 『유서필지儒胥必知』라는 각종 실용 문서의 서식과 내용에 대한 편람서 격의 책자가 대량 인쇄되어 유통되었는데, 이 책의 내용 중에는 각종 소지와 원정原情 등 소송 문서의 양식과 예시 부분도 함께 수록되어 있었다. 대량 유통된 서적에 소송 문서 양식이 다수 수록되었던 점은 그만큼 당시 다양한 종류의 소송이 빈번했었던 사회 분위기를 이해할 수 있도록 해주는 것은 물론 해당 편람서를 보면서 소송 문서를 작성해야 할 만큼 소송 문서의 작성이 곧 고난이도의 작업이었음을 반증하고 있다.

실은 조선전기부터 '외지부外知部'라는 전문 변호사 집단이 존재했었다. 이들은 소송 담당 기관인 관청 주변에서 자리 잡고서 소송에 지식이 없지만 소송을 해야만 하는 사람들의 사정을 구두로 듣고 이를 소지로 작성한다든가, 필요하면 대신 소송에 참가하는 소송대리인으로서 역할을 하며 말 그대로 대송代訟을 해주는 사람들이었다. 이들을 외지부라고 부르는 이유는 예전에 노비에 관련한 분쟁이 폭주할 무렵 관련된 수많은 소송을 담당하는 장예원의 옛 명칭이 도관지부都官知部였고, 공식적인 관청이나 관인 계열이 아닌 속칭 장외에서 활동하는 소송 전문가라고 해 말 그대로 외지부라고 불렀던 것에서 연유한다.11)

그러나 이들은 국가로부터 환영받지 못했다. 이들은 소송 제기의 유도, 지연과 혼란의 주모자들로 여겨졌기 때문이다. 기록에 따르면 소송 관련 법률과 관행에 대한 그들의 지식은 진정한 권리자인 당사자를 보호하

---

11) 박병호 『한국의 전통사회와 법』 참조.

기보다는 시비곡직을 떠나 자기가 의뢰받은 의뢰인의 이익만을 위해 소송 과정을 의뢰인 앞뒤에서 조종하는 데 이용되었다. 그들이 행한 사실 관계 조작, 증거 인멸과 위조, 여러 방법을 동원한 소송 지연 행태들을 송관과 송정, 송리訟理까지 모독한 것으로 위정자들은 판단했던 것이다. 그래서 16세기 이후에는 외지부업을 하는 것 자체가 국가적으로 금지되었고, 소송 지연 등을 위해 의뢰인을 교사하거나 소송 과정을 고의적으로 호도하는 경우에는 장杖 1백대 및 전가사변全家徙邊의 무거운 형벌에 처했다. 당시 소송법의 이상이자 목표였던, 소송을 사라지게 한다는 단송斷訟, 소송을 신속히 처리하고 판결해 법적인 혼란을 예방하기 위한 속결速決 등을 방해하며 비리호송非理好訟의 일등주자로서 사회 혼란을 조장한다는 이유에서였다. 그러나 국가적인 금지에도 불구하고 외지부와 같은 소송법규와 소송 문서 전문가는 계속해서 장외에서 실력을 구가하며, 호가의 수임료를 받아먹으며 살지 않았을까? 혹은 작은 일이라도 선량한 마음을 베풀며 법률적인 도탄에 빠진 어려운 이웃들을 성심껏 도우며 살았을까? 이들은 과연 로이어? 라이어?

6) 돈. 돈? 돈! 소송비용 스토리

판결이 나도 결송입안의 발급은 그냥 이루어지지 않았다. 소송이 종료되는 시점에서 판결문을 받기 위해서는 '돈'이 들었다. 아니, 소송의 시작과 진행 과정에서 소송 전반에서 드는 것은 당연지사 '돈'이었다.

조선시대에 소송비용으로 법으로 정해진 대표적인 것으로 '질지'가 있었다. '작지作紙'라고 쓰고 '질지'라고 읽는 이유는 다름 아닌 '지을 작作'자가 문서의 뜻을 나타낼 때는 '질'이라고 읽혔기 때문이다. 한 예로 관청에서 각종 행정 서류를 생성해내는 관리들이 업무를 보는 곳을 '질청作廳'이라고 불렀다. 일제시대 간행된 『조선어사전朝鮮語辭典』에 의하면 질지는 두 가지 의미가 있는데, 첫째 '세목稅目의 하나로 문서 작성 시에 요구하는 지대紙代로 징수하는 금전 또는 미곡의 명칭'이라고 했고, 둘째 '관아의 용지'라고 풀이하고 있다. 또한 『조선부동산용어약해朝鮮不動産用語略解』에 따르면 '질지는 호조戶曹와 경각창역인京各倉役人(경성의 각 창고에서 일하는 인부)의 임금을 지급하기 위해 설정된 것'으로 풀이하기도 한다.

사실 수수료인 질지의 개념은 『세종실록』에 처음으로 그에 대한 의미를 주석으로 풀이해 놓았다. 즉 한성부가 질지를 과중하게 부과해 그로 인해 피해를 본 사람이 사헌부에 신고한 사건에서 '무릇 관부에서 재판 시에 소비되는 지필紙筆값을 승소한 자로부터 수수하는데 이를 질지라고 한다'라고 기록하고 있다. 또한 '수령이 송사를 잘 해결한다면 반드시 받는 것' 또는 '재판관이 받는 것을 법에 정해놓은 것' 그리고 '무릇 소송이나 매매한 대상물에 대해 관에서 공증서나 판결문을 발급해 줄 때 받는 문서의 종이 값'이다.

즉 이상을 근거로 본다면 질지는 일반 세금 중 특히 관청에서 각종 청원 사항을 사법행정적으로 처리해주는 과정에서 소요되는 종이 및 처리 제반 비용에 충당되는 소송 비용, 즉 지금의 '민사소송비용법'에서 규정하고 있는 '인지액印紙額' 및 '서기료書記料'와 같이 특정되고 한정된 개념이었던 것이다.

세종 대부터 언급된 소송비용으로서의 질지는 성종 대에 와서 그에 대한 활발한 논의가 처음으로 제기되었다. 『경국대전』에서는 소송 시에 쓰이는 용지의 한도를 규정하지 못해 계속해서 그에 대한 과다징수 등 남징이 성행하자 이를 규율하기 위해 논의를 시작한 것이었다. 이후 『성종실록』의 기사에 의하면 전답·노비·가옥에 관한 매매나 분쟁을 공증하고 판결함에 있어서 그 대상물이 많고 적은 것으로써 차등을 두어 수납하는 지침을 만들도록 승정원에 지시했는데, 승정원에서는 "가옥을 소송해 승소하면 기와집 한 칸에는 백지 2권, 초가 한 칸에는 백지 1권이고, 매매에 대한 공증은 기와집 한 칸에는 1권, 초가 한 칸에는 10장이며, 전답을 소송해 승소하면 10부負(1부는 지게로 1짐의 곡식이 수확될만한 면적을 말함)에 2권이고 그 매매 공증은 10부에 1권이며, 노비 소송에 승소 판결을 얻으면 1명에 3권이고 노비 매매는 1명에 1권으로 하되 모두 다 합해도 20권을 넘지 못하도록 함"이라는 지침을 내놓았고 성종은 이를 윤허해 경외의 관리들에게 알리도록 했다.

이와 같은 논의가 후에 정리된 사항이 『경국대전』의 추록 법전격인 『대전속록大典續錄』의 호전戶典 잡령雜令 조항에 규정되는데, 논의가 법정되면서 약간의 변화가 있게 된다. 즉 성종 21년(1490년)에 질지로 수납하는 종이를 백지로 사용한 반면 2년 뒤인 1492년에 『대전속록』 간행 시기에 와서는 닥나무로 만든 '저주지楮注紙'로 바뀌었던 것이다. 저주지 1장의 크기도 가로세로 길이(1자6치×1자4치)를 법정해 질지 수납에 공정을 기했다. 위의 논의를 정리하면 다음 표와 같다.

【조선시대 공증과 소송 대상물에 따른 질지의 납부량】

구분	가옥		전답(10부)	노비(1명)
소송의 승소 시	기와집 1칸	초가 1칸	2권	3권
	2권	1권		
거래의 공증 시	1권	10장(반권)	1권	1권

* 가옥, 전답, 노비의 수량에 관계없이 질지 20권을 넘지 못함(1권은 20장)
* 종이의 종류는 본래 백지 → 저주지楮注紙로 개정

그래도 계속 20권을 넘게 징수하거나 종이가 아닌 포布로 수납하는 일까지 발생하게 되자 결국 영조 대의 『속대전』에서 다시 법정화되게 된다. 우선 호전 매매한 조에서 전답, 가옥, 노비 매매의 경우 그 공증을 받는 절차상에 쓰이는 종이인 질지를 먼저 수납한 후에 입안을 작성해주도록 했다. 그리고 관련 세부지침인 위 표의 내용을 '결송해용지決訟該用紙'라는 조항으로 동 법전 형전에 규정함으로써 그 위반 사례를 형사적으로 다스리게 했다. 아울러 '공대空垈' 즉 주택 용지지만 건물이 없는 공터에 대한 소송도 빈번해지자 그 4칸의 면적은 기와집 1칸의 수수료와 동일하게 취급한다는 규정을 추가하게 되었다.

이상과 같이 판결문을 발급받을 때 납부해야하는 법정 수수료인 질지뿐만 아니라 소송의 시작부터 종료 시점까지 당사자들이 져야 하는 제반 비용의 개인적인 부담이 매우 컸던 것으로 추정된다. 앞서 살펴보았듯이 조선시대 소송의 진행은 거의 철저하게 당사자주의 원칙을 견지하고 있었기 때문에 증거의 수집 · 제출, 상대방의 소환, 송정에 제출해야 할 각종 소송 문서의 종이를 구하고 그 내용을 쓰는 일까지 모두 소송 당사자들에게 일임되어 있었다. 분쟁 발생 후 소송행위를 시작하면서부터 해당 재판이 종료될 때까지 거의 모든 과정이 당사자의 적극적인 노력 없이는 승소는커녕 자신의 최소한의 권리도 찾을 수 없던 것이다. 더욱이 소송의 지연을 방지해 당사자들의 권리의무 관계를 신속하게 안정화하려는 국가적 목적에서 관할 재판정인 고을 관아로 나온 출석 일수를 따져 이로써 당사자들의 신의성실 여부는 물론 시비 진위까지 추정해 승패를 가름하는 친착결절법의 운용으로 인해 제법 먼 곳에 거주하는 당사자라도 꼬박꼬박 노잣돈과 숙식비를 소요해 가며 송정에 출석해야 하는 상황이었다.

조선시대에 각종 소송에서는 위와 같은 당사자 간의 기본적인 출석 문제 외에도 당사자가 적극적으로 행해야 할 일들이 많았다. 우선 소송에 사용되는 소장 문서를 작성해야 할 종이를 구입함은 물론 법정 소송비용인 질지를 납부하기 위해 백지 · 저주지 등을 개인적으로 입수해야만 했다. 그리고 송사와 관련된 사람인 거래 문서를 작성할 때 참여한 증인, 소송의 단서나 거래의 증거가 된 문서를 작성해준 필집 등은 물론 유사시에 관련 문제에 대해 연대보증 책임을 지기로 약속한 증보證保 또는 연대 책임이 법정된 기타 가족까지도 모두 당사자 측에서 연락을 하고 수소문을 해서 직접 찾아가 법정에 출두해주기를 간곡히 부탁하거나 부탁을 들어주지 않으면 가능한 위력威力은 모두 행사하기도 했다. 그리고 상대방 및 관련된 증인·참고인에 대한 출석뿐만 아니라 원고 자신의 권익과 주장을 뒷받침해줄 여러 사람에게 행해야 했던 갖가지 불법적인 청탁과 교사까지 이루어지는 경우도 있었다. 그러한 과정에서 주가酒價, 식가食價, 고가雇價, 노자路資 등의 명칭으로 금전이 소요되었고, 이는 현대의 소송비용에서 말하는 교통비, 식비, 여비, 숙박비, 일당 등과 동일한 성격이었다. 이 모든 일에 소요되는 비용을 '질지'라는 법정 소송비용과 대별해 '법외비용法外費用'이라고 부를 수 있었는데, 이것이 곧 소송에 쓰이는 부비浮費, 혹은 잡비雜費 명목의 비용인 것이다. 그러나 조선시대에는 현대와는 달리 승소하더라도 승소인 자신이 소요한 제반 경비 등에 대해 패소한 상대방에게 구체적이고 적극적으로 청구할 수가 없는 것이었다. 울며 겨자를 먹어야만 했던 것이다.

5 맺음말 — 프로세스와 개성 사이에서

이상에서 조선시대 소송 제도와 절차를 민사소송에 한해 살펴보았다. 조선시대 소송의 의미와 종류, 대상 그리고 소송을 담당하는 국가 기관과 지방 기관, 소송에 관련되는 기간, 소송 당사자, 소송 제기 방식과 당사자들을 소환하는 절차, 그리고 변론과 증거 제출, 이후 그에 근거한 판결과 판결문 작성, 패소자의 다짐, 승패를 넘어선 조정과 화해, 억울함을 풀 삼세판, 조선의 변호사들, 마지막으로 소송비용에 대해서까지 제법 긴 내용을 다루었기 때문에 적이 지루하고 무료한 여정이었는지도 모른다. 소송으로까지 번진 다양한 다툼, 그리고 그 속에서 나타나는 개별적이고 구체적인 인간상, 혹은 인간 군상의 역동적 측면을 흥미롭게 분석하는 내용이 아니라 제도와 절차의 큰 프로세스를 개관하는 내용이기 때문이다. 그러므로 이 글은, 이 책에 수록된 상세하고 흥미로운 소송 사례와 관련된 글들을 읽고 이해하기 위한 밑바탕의 정보적인 측면에서 서술된 것이라는 점을 양지해주길 바란다.

그러나 우리는 왜 지금 조선시대의 소송 제도와 절차를 이야기하고 있는지 좀 더 다른 시각에서 생각해보지 않을 수 없다.

조선은 소송의 왕국이었다. 소송의 대량생산 시스템을 탑재한 공업단지였다. 그렇게 수많은 소송을 해결하기 위해 운용되었던 소송 제도와 절차를 비유적으로 설명한다면, 역동적이고 개성적인 인간 군상이 각양각색의 재화와 인격을 두고 벌이는 다채로운 분쟁을 해결하기 위해 '소송'이라는 큰 공장을 지어놓은 것이 소송 제도이며, 그와 같은 공장 속에서 돌아가는 컨베이어벨트는 시간 순으로 합리적으로 재배열시켜 놓은 소송 절차라고 할 수 있다. 거기서 생산되는 제품의 종류는 실로 다양한데, 종류에 따라 컨베이어벨트 위에는 다른 재료, 다른 부품, 다른 설계도면, 다른 작업자가 투입되었다. 그러나 공장의 감독자, 곧 송관은 다양한 재료, 부품, 도면과 피고용자들은 물론 생산품을 주문한 의뢰인들의 정보와 성향까지 잘 파악해야만 좋은 제품을 결과물로 내어놓을 수 있었다. 생산품들은 시장을 돌며 다양한 소비자들의 호불호에 따라 구입, 폐기될 것이고 그에 따른 수익성과 평가에 따라 다시 공장을 리모델링하고, 컨베이어 벨트를 교체해야 하는 상황도 맞이하게 될 것이다. 조선시대의 소송 제도와 절차가 정립되며 고정된 듯 보여도, 사회경제적 변화와 맞물려 계속해서 개정되는 법률과 궤를 같이하며 변천해왔다.

이즈음에서 네덜란드의 저명한 역사가인 요한 하위징아의 말이 떠오른다.

우리들이 역사(그것은 논리에 의해 맺어진 의상만을 입고 있지는 않다)를 있는 그대로의 것으로 파악한다면, 역사 속에 모든 등장인물은 '개성'을 지니고 있다. 우리들의 흥미를 끄는 것은, **공허한 프로세스**가 아니라 '**인간의 행위**'인 것이다. 중요한 것은, 대상을 균일화하면 이해하기는 쉬우나, 그처럼 형태가 없는 것으로 이해하지 말고, 주체(인간과 그 행위)를 그 개체의 (변화무쌍한) 상태에서 이해하는 것이다.

하위징아Johan Huizinga, 「역사개념의 미적 요소」 중에서

하위징아의 글에서 소송 제도 및 절차와 관련해 필자의 눈에 띄는 말은 '공허한 프로세스'라는 말이다. 물론 위에서 이야기했듯 역사 속 인간의 개성과 행위는 일단 흥미롭다. 그러나 지금의 우리에게 프로세스는 과연 '공허空虛'한 것인가? 다시 말해 소송 제도와 절차는 공허한 것이기에 인간의 개성과 행위와 과연 별개의 것으로 치부할 수 있는 것인가? 결국 제도와 인간은, 절차적 규범과 인간의 개성은 상호작용을 전혀 할 수 없는 딴 세계의 이야기인가라는 의문이 든다.

답은 물론 소송 제도와 절차가 절대적으로 공허하다고 할 수는 없다는 것이다. 거기에는 인간이 빠질 수 없기 때문이다. 실로 이 점은, 소송 관련 법 규범이나 관행들이 어떤 과정과 연유로 만들어지는지에 대한 고민과 통찰, 더 나아가 애정만 있다면 쉽게 알 수 있는 일이기도 하다.

우선 지금도 마찬가지지만 조선시대 소송 제도를 만들어내는 주체 역시 구체적인 인간이었다. 당시 그 주체였던 위정자들은 고래의 전범들을 참고하며, 소송 제도와 절차를 규정하기 위해 사회의 통치 질서 및 지배적

인 이념과 철학, 소송 절차와 관련한 현실과 현황, 나아가서는 진정한 권리자 보호, 시간적 효율성 제고, 구체적 타당성과 법적 안정성 등 상호 모순적인 가치들을 최대한 적정하게 조화시켜야만 했다. 그렇기 때문에 앞에서 살펴본 것처럼 소송 규범과 관행들은 매우 복잡 난해한 구조를 갖고 있었다. 소지 한 장 제대로 쓰기 어렵다 했지 않는가. 용어 하나 일반 민들이 이해하기 어렵다 하지 않는가.

조선시대 사람들은 누군가는 소송 규정을 만드는 위정자로서, 누군가는 송관으로서, 누군가는 원고와 피고인 당사자로서 협조, 견제를 직간접적으로 지속했던 것이다. 그럼으로써 소송과 관련된 사회적 분위기와 여론을 계속해서 변개시켜 나갔고, 그 흐름이 프로세스를, 소송 규범을 고치게 하는 동기가 되었으며, 위정자는 다시 법을 개정·개선해나갔던 것이다. 개선된 프로세스에서 다시금 소송과 관련된 인간과 그 개성들은 보호·보장받았고, 혹은 다시금 억압받았고, 변화의 욕구를 표현해 나갔던 것이다. 프로세스와 개성은 전혀 공허하지 않게 서로 손잡고 있었다. 그와 관련된 내용들을 이 책의 다른 분들의 좋은 글에서 만나게 될 것으로 기대한다.

한 장의 초서체로 휘갈겨 써진 한문으로 된 누렇고 장황한 고문서, 그래서 쉽사리 읽기는커녕 내용의 이해는 더욱더 오리무중! 쳐다보는 것조차 포기해버릴 수 있는 이 먼지 쌓인 옛 문서의 묘한 내음 속에는 근세 조선의 소송법은 물론 관련 관행과 용어 등이 숨어 있고, 그 너머에는 전통사회 속에서 벌어진 힘겨루기와 또 무언가 모를 여러 이야기가 꼭꼭 숨어 있다. 이 책의 다른 글들에서 만나게 될 고문서에 등장하는 한 사람, 한 사람……. 그들도 우리처럼 똑같이 숨 쉬고 먹고 자고 걷고 웃고 울고 했던 가슴 뜨거운 사람들이었다는 점을 구체적으로 느낄 수 있다면 고문서는 단순한 '고문서'로서 죽어가는 것이 아니라 우리 곁에 새로운 현재들을 만들어나가는 세포로 분열의 분열을 거듭해 더 나은 미래를 위해 더 가치 있는 일들을 하게 될 것이다. 살아나게 될 것이고, 사람들을 '살아야 겠음'의 희망의 세계로 인도할 것이다. 고문서가 살아나는 과정은 단순하고 평면적이었던 지나간 세계인 '과거'를 더 이상 흑백과 공허한 프로세스의 세계로 남겨두지 않고, 개성과 의지로 현재와 미래를 분쟁이 아닌 평화의 세계로 재설정시키는 원동력이 되게 만들 것이다.

참고문헌

『고문서집성 1 – 예안 광산 김씨 후조당편』, 한국학중앙연구원, 2011.
『고문서집성 16 – 하회 풍산 류씨편』, 한국정신문화연구원, 1994.
『고문서집성 41 – 안동 주촌 진성 이씨편(I)』, 한국정신문화연구원, 1999.
『고문서집성 82 – 영해 무안 박씨(I): 무의공(박의장) 종택』, 한국학중앙연구원, 2008.
LH 토지주택박물관 소장 소송관련 고문서.
『계간 미술』 39호, 중앙일보사, 1986.
박병호, 『한국법제사특수연구』, 韓國研究叢書 第4輯, 韓國研究圖書館, 1960.
박병호, 『한국법제사고』, 法文社, 1974.
박병호, 『한국의 법』, 세종대왕기념사업회, 1974.
박병호, 『한국의 전통사회와 법』, 서울대학교출판부, 1985.
박병호, 『근세의 법과 법사상』, 진원, 1996.
이영훈 외, 『古文書 資料 飜譯 및 解題』, 국립민속박물관 학술연구용역보고서, 1998.
임상혁, 「조선전기 민사소송과 소송이론의 전개」, 서울대학교 박사학위논문, 2000.
박병호, 「공정성의 개념과 실천」, 『조선양반의 생활세계』, 백산서당, 2004.
김건우, 「조선시대 청원서의 종류와 변천」, 『청하고 원하다(청원서에 담긴 조선시대 세금이야기)』, 국세청 조세박물관 도록, 2011 참고.
김성갑, 『朝鮮時代 明文에 관한 文書學的 研究』, 한국학중앙연구원 박사학위논문, 2013.
김성갑, 「19세기 扶安金氏 家舍田莊 遷退紛爭 – 扶安 金氏家의 決訟立案을 중심으로」, 한국학중앙연구원 장서각, 2004.

김성갑, 「조선시대 소송비용 마련의 한 사례」, 『문헌과 해석』 39호(2007년 여름).
김성갑, 「토지주택박물관 소장 고문서의 현황과 특징」, 『古典籍』 7, 2011.
김성갑, 「이왕직 소장 근대 민원문서의 내용과 성격」, 『고문서대관』 6, 2015.
Johan Huizinga, 이광주 역, 『역사의 매력』, 길, 2013.

2장

조선말기 청원서에 나타난 민의 청원 전략과 수사법
— 예안 광산김씨 김해의 증직 청원서를 중심으로

전경목

1 　　서론

　　청원서에 대한 기왕의 연구는 청원자들이 어느 시기에 무엇을 요구하고, 결과가 어떠하며, 의미하는 바가 무엇인지를 중점적으로 분석해왔다. 물론 청원서를 직접 다루지 않고 대부분『승정원일기』에 요약, 소개된 격쟁원정擊錚原情이나 민장民狀의 내용이 축약된『민장치부책民狀置簿冊』등을 분석한 것이어서 소송과 청원이 엄격하게 구분되지 않고, 내용에 대한 세밀한 분석도 이루어지지 못한 측면이 있다. 하지만 연구의 목적이 소송이나 청원이 이루어지게 된 배경과 시대적 추이를 규명하는 데 있었으므로 그와 같은 연구는 소기의 성과를 달성했을 뿐만 아니라 추후의 본격적 연구를 촉발하는 측면이 많은 것으로 판단된다.1)

　　그러나 이후 각 가문이나 도서관 혹은 박물관에 소장된 청원서나 소송문서 등을 분석한 후속 연구들은 초기 연구자들의 관점이나 방법에서 크게 벗어나지 못하고 있는 실정이다.2) 따라서『승정원일기』나『민장치부

---

1) 김인걸, 「민장을 통해 본 19세기 전반 향촌사회문제」, 『한국사론』 23, 서울대학교 국사학과, 1990년; 박명규, 「19세기 후반 향촌사회의 갈등구조」, 『한국문화』 14, 서울대학교 규장각, 1993년; 한상권, 『조선후기 사회와 소원제도』, 일조각, 1996년 참조.

책』처럼 전사轉寫되고 요약된 자료가 아니라 실제의 청원서나 소송 문서를 제대로 분석하려면 관점이나 방법이 바뀌어야 할 것으로 생각된다.

　실제의 청원서나 소송 문서를 살펴보면 요약, 전사된 자료에서는 파악할 수 없던 많은 정보가 들어 있다. 예컨대 아주 미려한 글씨체를 이용해 순한문으로 작성된 것이 있는 반면 이두吏讀가 섞인 문체에 몹시 서툰 글씨체로 작성된 것이 있는데, 이는 청원자의 신분이나 문자 사용 능력 등과 밀접한 관련이 있다. 또 수백 명이 참여해 명단만 몇 미터에 달할 정도로 크고 긴 청원서가 있는 반면 겨우 한두 명의 청원자만 참여해 아주 작고 볼품없는 것도 있다. 청원이나 소송에 몇 사람이 참여하고 사용한 종이의 크기나 두께 등이 어떠한가는 청원자 측의 세력과 재력 등을 과시하는 것이기 때문에 청원이나 소송 담당자에게 주는 영향이 결코 적다고 할 수 없었다. 소송이나 청원 전략이 은밀히 숨어 있었기 때문에 청원서나 소송 문서를 연구할 때는 이러한 점들까지 고려해야 한다.

　청원자는 본인 의사가 잘 전달되어 수용되는 것이 목적이기에 청원할 때 나름대로 전략을 세우기 마련이었다. 일반적으로 전략이라고 하면 마치 전문가가 펼치는 고도의 모략이나 특별한 계략 등으로 오해하는 경우가 많다. 그러나 평범한 사람들이 일상생활을 영위하면서 매순간 선택하는 사소한 행동조차 일정한 목적이나 의도가 있는데, 이를 성공적으로 수행하기 위해 선택하는 수단도 넓은 의미에서 전략이라고 할 수 있다.3)

　본고에서는 이러한 입장에서 경상도 예안의 광산김씨 집안에 소장되어

---

2) 박주, 「18・19세기 동래부 영양천씨 집안의 효자정려 청원 과정」, 『사학연구』 85, 2007년; 채휘균, 「조선시대 효자열망에 내재된 욕구 분석: 18-19세기 경남지역 효자청원문서를 중심으로」, 『국학연구』 28, 2015년; 박진철, 「조선후기 재지사족의 존재 실태와 청원 활동: 경상도 합천 지역을 중심으로」, 『한국학연구』 53, 2015년.
3) 전경목, 「조선후기 탄원서 작성과 修辭法 활용」, 『대동한문학』 52, 대동한문학회, 2017년, 31~66쪽 참조.

있던 김해金垓의 증직贈職 청원서 3건을 분석하되 철저히 청원자가 어떤 전략을 세우고 그것을 달성하기 위해 어떻게 실행에 옮겼는지를 살펴보려고 한다. 비록 조선말기이지만 경상도 예안을 중심으로 영주와 안동 등 20여 개 지역의 유림 수백 명이 모여 청원하는 데에는 나름대로 전략이 있었을 것으로 판단된다. 이러한 입장에서 유림이 제출한 청원서를 분석해 전략은 무엇이고 또 이를 어떻게 실행하려 했는지를 밝혀보겠다.

2 김해의 증직 청원서와 인물 소개

현재 경상북도 안동시 예안면에 있는 광산김씨 후조당에는 고문서 수백 점이 소장되어 있는데, 그중 김해의 증직을 위해 경상도 유림이 순찰사와 암행어사에게 제출한 상서上書 3건이 있다. 가장 시기가 빠른 상서는 1812년(순조 12년) 11월에 작성된 것으로 경상도 예안과 영천에 사는 유학幼學 이기순李基淳과 김성련金星鍊 등 232명의 유림이 임진왜란 당시 의병을 일으킨 공이 있는 김해와 임흘任屹에게 증직을 내려달라고 경상순찰사에게 요청하며 올린 청원서이다.

나머지 2건은 이듬해 정월, 즉 1813년(순조 13년) 정월과 5월에 마침 민정 시찰을 나온 암행어사에게 같은 내용을 하소연하기 위해 작성한 것이다. 다만 이때는 웬일인지 임흘의 증직에 대해서는 전혀 언급하지 않고 있다. 또 정월에 제출한 청원서에서는 이기순과 김성련이 유림의 대표였지만 5월의 청원서에서는 진사 이상발李祥發과 유학 신정주申鼎周, 임직곤任直坤이 대표였다. 이를 알아보기 쉽게 표로 나타내면 다음과 같다.

〈표 1〉 김해 증직 청원 상서의 작성 시기와 발급자, 수납자 및 내용 등

시기	발급자	수납자	내용	비고

1812년 11월	예안 유학 이기순과 영천 유학 김성련 등	경상 순찰사	김해와 임흘 증직	『광산김씨오천고문서』 78~80쪽, 소지류 1번
1813년 1월	예안 유학 이기순과 영천 유학 김성련 등	암행어사	김해 증직	『광산김씨오천고문서』 80~82쪽, 소지류 2번
1813년 5일	진사 이상발과 유학 신정주·임직곤	암행어사	김해 증직	『광산김씨오천고문서』 82~84쪽, 소지류 3번

위 표를 보면 알 수 있듯이 예안과 영천, 안동 유림이 1812년 11월부터 이듬해 5월까지 김해와 임흘의 증직을 위해 총 3차례 상서를 경상순찰사와 암행어사에게 제출했다. 이들은 왜 김해와 임흘의 증직을 청원했을까? 그리고 이를 위해 어떤 전략을 세우고 청원서를 어떻게 작성해 제출했을까? 이를 살펴보기 전에 우선 김해와 임흘에 대해 살펴보자.

김해는 1555년(명종 10년) 2월 27일에 태어났으며 본관은 광산이다. 자는 달원達遠이며 호는 근시재近始齋 혹은 시재始齋이다.4) 광산김씨가 예

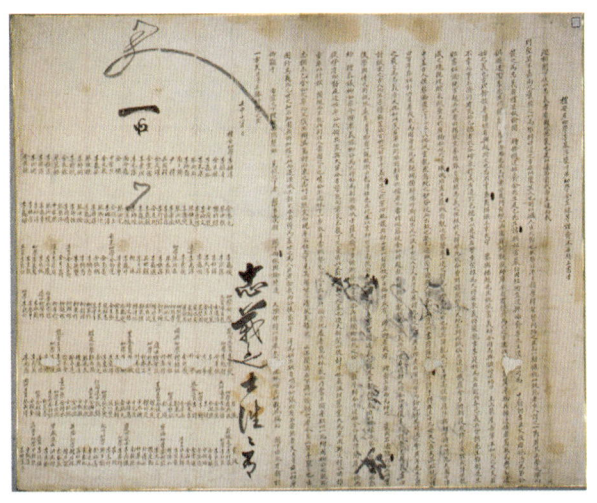

〈사진 1〉 1812년에 이기순과 김성련 등이 경상순찰사에게 제출한 1차 청원서

---

4) 이하의 내용은 『민족문화대백과사전』 5책, 49쪽을 참고해 서술했다.

안 오천리로 들어온 것은 증조인 김효로金孝盧 때로 알려져 있다. 김효로는 성균 생원으로 후에 이조참판에 증직되었기 때문에 집안에서는 참판공으로 불렀다. 김해의 아버지는 김부의金富儀로 성균 생원이며 호가 읍청헌挹淸軒이었다.

김해는 태어난 지 7일 만에 어머니가 세상을 떠나는 바람에 백부인 후조당 김부필金富弼에 의해 양육되었다. 생부인 김부의와 양부인 김부필은 모두 퇴계 이황의 제자였으며 학행으로 이름이 알려져 한강 정구는 이를 "오천 한마을에는 모두 군자만 있다烏川一里 皆君子者"라고 칭찬했다.

김해는 1577년(선조 10년)에 양부인 김부필이 세상을 떠나자 심상心喪 3년을 치렀으며 생부인 김부의가 풍증을 앓자 7~8년 동안 곁에서 온갖 시중을 다 들었다. 1582년(선조 15년)에 김부의가 사망하자 『주자가례』에 따라 상례를 치렀다. 1587년(선조 20년)에 행의行義로 천거되어 광릉참봉光陵參奉에 제수되었으나 부임하지 않았다. 1588년(선조 21년)에는 사직서참봉에 제수되었는데, 마침 과거시험을 치르기 위해 한성에 와 있었기 때문에 사은숙배하고 관직에 나아갔다. 얼마 후 생원시에 합격하자 벼슬을 버리고 고향으로 돌아갔다.

그리고 1589년(선조 22년) 여름에는 연은전참봉延恩殿參奉에 제수되었다. 그러나 곧 문과에 급제하자 승문원정자에 보임되었다가 예문관검열로 자리를 옮겼다. 얼마 후 동료가 저지른 불법에 연루되어 파직되었으나 변명하지 않고 물러나 고향으로 돌아와 학문 연마에 온 힘을 기울였다.

일본이 1592년(선조 25년)에 군사를 일으켜 쳐들어오자 국왕은 서둘러 피난을 떠났다. 김해는 이러한 소식을 듣고 분연히 일어나 수백 명의 의병을 모은 후 대장이 되어 경상도 의병을 이끌었다. 이때 안동의 의병장 배용길裵龍吉과 이정백李庭柏이 좌우 부장이 되어 그를 떠받들었다. 안동과 예천, 군위 등지에서 분전奮戰해 왜적을 베어 죽이거나 사로잡았으며 왜구의 우두머리를 생포해 순찰사에 바치기도 했다.

군진軍陣을 밀양으로 옮겼을 때 마침 부인 이씨의 부음을 듣고 잠시 고향으로 가 상을 치렀다. 장례를 마친 후 그는 곧바로 말을 달려 밀양으로 돌아오다 경주에 이르러 병으로 사망했다. 당시 그의 나이는 39세였다. 뜻 있는 사람들은 그가 큰 공을 세우지 못하고 중도에 병으로 사망한 것을 몹시 안타까워했다. 이러한 사실이 널리 알려지자 국왕은 1595년(선조 28년)에 그의 공로를 인정해 승의랑홍문관수찬으로 추증했다.

김해는 퇴계 이황으로부터 직접 사사받지는 못했지만 학문적으로 연원이 있는 가정에 태어나 어려서부터 심성이기心性理氣와 태극음양太極陰陽 등에 대한 여러 변설을 배워 원류를 궁구했으며, 천문지리와 용병술, 의술과 점술까지 모든 분야에 통달했다. 비지賁趾 남치리南致利, 송소松巢 권우權宇, 금역琴易 배용길 등과 더불어 도의道義로 교우했으며 전쟁 중에도 명나라 장수 고응척高應陟을 만나자 잠시 무기를 내려놓고 진중에서 〈선천도先天圖〉를 강론했다고 한다. 저서로는 『서행일기西行日記』, 『향병일기鄕兵日記』, 『구익록求益錄』, 『행군수지行軍須知』 등이 있었으나 병화로 일실되어 전하지 않고 약간의 시문만 전하고 있다.

예안의 유생 이기순 등이 김해와 함께 증직해줄 것을 요청한 인물은 임흘인데, 그는 1557년(명종 12년)에 안동에서 태어났다.5) 본관은 풍천으로 자는 탁이卓爾이고 호는 용담龍潭 또는 나부산인羅浮山人이다. 할아버지는 함평군수 임건任楗이고, 아버지는 선무랑宣務郎 임태신任泰臣이었다. 박승임朴承任, 조목, 정구 문하에서 수학해 1582년(선조 15년)의 생원시에 합격했다. 1592년에 임진왜란이 일어나자 유종개柳宗介와 함께 의병을 모집해 문경 일원에서 왜적과 싸워 적지 않은 전과를 거두었다. 특히 봉화의

---

5) 이하의 내용은 『민족문화대백과사전』 18권, 815쪽을 참고해 서술했다.

화장산 노루재에 매복해 적에게 큰 타격을 입혔다. 그러나 왜적이 인원을 크게 증원해 재침하자 중과부적으로 대장 유종개와 함께 많은 의병이 전사하고 말았다. 임흘은 살아남은 의병을 규합해 김해의 의병과 합류해 경상도 일대에서 왜적을 크게 무찔렀다.

그러다가 얼마 되지 않아 아버지 상을 당해 집으로 돌아갔다. 이후 의병을 일으킨 공을 인정받아 전옥서참봉이 되었으나 관리들이 민생을 돌보지 않고 당쟁에 골몰하는 것에 실망해 이를 규탄하는 상소를 올리고 사직했다. 광해군이 집권한 후 동몽교관에 기용되었으나 이이첨李爾瞻 등 대북일당의 전횡을 목도하고 고향으로 돌아와 학문에 전념했다. 저서로는 『임란일기壬亂日記』 4권, 『용담잡영龍潭雜詠』 등이 전해지고, 편서로는 고금의 충신과 효자의 행실을 모은 『금관록金官錄』이 있는 것으로 알려져 있다. 임흘이 남긴 저서 등은 2002년에 경남문화재자료 제313호로 지정되었으며, 현재는 밀양시립박물관에 기증, 보관되어 있다.6)

3 _____ 상황 분석과 청원 전략 수립

앞서 살펴본 대로 김해는 이미 임진왜란 당시의 활약상이 인정되어 사후 승의랑홍문관수찬으로 추증되었으며, 임흘도 의병을 일으킨 공이 인정되어 전옥서참봉에 임명되었다. 그러나 김해와 임흘의 후손들은 선조에게 내려진 증직이나 관직이 하급 관리직이기에 충분한 포상이 이루어지지 못했다고 생각했다. 하지만 섣불리 나설 수가 없었다. '간택위혐干澤爲嫌' 즉 선조의 공적을 빌미로 은택을 요구한다는 혐의를 받을 우려가 있었기 때문이다. 그래서 오랫동안 이에 대한 아쉬움이 있었지만 감히 이를 요청하

---

6) 문화재청 사이트 http://www.heritage.go.kr/heri/cul/culSelectView.do?mn=NS_01 참조.

지 못하고 있었는데, 1812년 11월에 예안과 영천 및 안동 등지의 유림이 나서 이에 대해 문제 제기를 하며 증직을 요청했다.

1) 상황 분석

경상도 유림을 대표해 예안과 영천에 사는 유학 이기순과 김성련 등이 모여 청원 활동을 시작했다. 이들은 먼저 모여서 당시 정국의 형세와 조정의 포상 현황 등을 논의, 분석하고 추진 전략 등을 세웠을 것으로 판단된다. 그러나 이와 관련해 이들이 남긴 자료가 현재 전하지 않고 있다. 그래서 할 수 없이 그들이 작성해 제출한 청원서를 역으로 분석해 그들이 당시 현황이나 정세를 어떻게 판단해 대응 전략을 수립했는지를 살펴보기로 하자.

먼저 당시의 형세를 어떻게 분석했는지에 대해 알아보자. 이들이 판단하기에 김해와 임흘의 증직을 요청하는 데는 몇 가지 어려움이 있었다. 첫째, 김해나 임흘이 왜적과 싸우다 죽지 않았다는 점이다. 김해나 임흘 모두 직접 앞장서 의병을 일으키고 지휘해 각종 전투에서 적지 않은 전공을 이루었으나 왜적과 전투하다 사망하지는 않았다. 김해는 부인이 사망하자 집으로 돌아가 상을 치르고 군진으로 돌아오던 중 경주에서 병사했다. 임흘 역시 아버지 상을 당해 귀향했고 전투에서 사망하지는 않았다.

둘째, 김해와 임흘이 혼자 이루었다고 주장할 만한 독보적 성과가 없었다. 김해는 안동과 예천, 군위 등지에서 왜적을 물리쳐 적지 않은 전공을 세웠다고 주장하지만 모두 다 인정할 수 있는 혁혁한 전공은 없었다. 이 점은 임흘도 마찬가지였다. 유종개와 봉화의 노루재에서 왜적을 크게 물리쳤다고 했지만 이 전투에서 수많은 의병이 사망하고 대장인 유종개마저 잃었다. 따라서 김해와 임흘의 독자적 전공이라고 주장할 만한 이렇다 할 공적은 없었다.

셋째, 김해는 비록 낮은 관직이지만 그래도 영예롭다고 할 수 있는 홍문관수찬이 증직으로 내려졌기 때문에 추증을 더 요구하기에는 미흡한 점이 있었다. 임흘 역시 의병을 일으킨 공을 인정받아 비록 하급직이긴 하지만 관리에 한차례 임명되기도 했다. 따라서 더 높은 증직을 요구하기에는 둘 다 애매한 면이 있었다.

넷째, 증직을 또 한 차례 요청하기에는 시간이 너무 흐른 데다 후손이 이를 주도해 요청할 경우 앞서 말한 바와 같이 선조의 공적을 빌미로 은택을 요구한다는 비난을 받을 여지가 있었다. 임진왜란 후 200여 년이 지났기 때문에 공적을 입증하기 어려울 뿐만 아니라 시간이 아득하게 지난 뒤 후손이 선조의 증직을 요구하는 이면에는 무엇인가 다른 속셈이 있다고 오해받을 여지가 있었다.

그러나 이와 반대로 유리한 점도 있었다. 첫째, 김해나 임흘 모두 훌륭한 가문과 좋은 학맥을 갖고 있었다. 김해는 예안의 일등 사족인 광산김씨 출신이었으며 선조 대대로 과거에 합격하고 관리를 역임했다. 또 김해의 할아버지인 김연金緣은 회재 이언적과 뜻을 같이한 동료였고 김해의 생부와 양부인 김부의와 김부필은 모두 퇴계 이황의 수제자였다. 임흘도 대대로 서울에 거주하던 경사세주京師世冑 가문 출신으로 스승은 퇴계 이황의 제자인 조목과 정구였다. 이와 같이 훌륭한 가문과 좋은 학맥을 갖고 있었기 때문에 이들은 앞장서 의병을 불러 모으고 또 의병장이 되어 왜적을 무찌를 수 있었다.

둘째, 김해와 임흘, 특히 그중에서도 김해에 대한 좋은 평가가 여러 기록에 남아 있었다. 임진왜란이 발발한 직후 초유사이든 김성일이나 경상순찰사이든 김수金睟 및 우도右道도대장都大將 김면金沔 등은 김해가 의병을 일으킨 취지나 그가 이룬 혁혁한 전공을 크게 칭찬한 기록을 남겼다. 또 당시의 문신으로 의병 활동을 한 곽준郭䞭(1550~1597년)과 신지제申之悌(1562~1624년) 등이 김해의 죽음을 전해 듣고 쓴 뇌사誄詞나 만장輓狀

등도 있었다. 따라서 이들이 남긴 기록은 의병 활동 입증에 매우 유리하게 작용할 수 있었다.

셋째, 학맥과 인맥 등을 통해 유림을 대규모로 동원할 수 있었다. 예안의 광산김씨는 당색으로 따지면 남인이었기 때문에 노론이 집권하는 동안 내내 탄압받고 제대로 지위를 누릴 수 없었지만 적어도 경상도 일대에서는 세력을 갖고 여론을 형성했다. 더군다나 예안에는 도산서원이 자리 잡고 있어 서원에 출입하던 유림의 여론에 의해 예안과 안동을 비롯해 상주나 성주, 대구의 유림을 동원할 수 있을 뿐만 아니라 사안에 따라 구체적인 세력으로 힘을 과시할 수 있었다.

한편 이기순과 김성련 등이 청원서를 제출해 김해와 임흘의 증직을 요청한 때는 대체적으로 충효열에 대한 정려나 증직이 크게 장려되던 시기였다. 기존의 연구에 의하면, 이 시기에 조정에서 인정한 정려나 증직은 이전 시기에 비해 폭발적이라 할 만큼 크게 증가했다.7) 순조 재위 34년 동안 충신 44명, 효자와 효부 그리고 효손 170명, 열부 362명 등 576명에게 정려의 은전이 내려졌다. 매년 16.9명에게 정려가 내려졌다고 할 수 있다. 그런데 이를 직전 국왕인 정조의 재위 기간 동안 허가된 정려 수와 비교하면 큰 차이가 있다. 정조는 재임 23년 동안 충신 23명, 효자와 효부 및 효손 14명, 열부 37명 등 97명에게 정려를 내렸으므로 매년 4.2명에게 정려를 허가했다고 할 수 있다. 이기순과 김성련이 김해와 임흘의 증직을 요청한 것도 순조 대의 이러한 분위기, 즉 충효열에 대한 정려나 증직이 비교적 관대하게 시행되고 있던 사실과 밀접한 관련이 있었다.

기회는 이처럼 유리했지만 예안 오천의 광산김씨 당색이 당시 집권하고 있던 노론에 반대되는 남인이었다는 점은 매우 불리하게 작용할 가능성이

---

7) 이희환, 「조선말기의 정려와 가문 숭상의 풍조」, 『조선시대사학보』 17, 조선시대사학회, 2001년, 143~150쪽 참조.

있었다. 그러나 충효열에 대한 정려나 증직을 조정에서 장려하는 추세여서 김해나 임흘 후손이 남인이라는 것만 갖고는 이들이 청원하는 것을 노골적으로 반대하거나 거부하기 어려웠다. 예안의 이기순과 영천의 김성련 등이 김해나 임흘의 증직을 요청한 것은 시세에 대한 이러한 판단이 깔려 있었기 때문에 가능했다.

2) 청원 전략 수립

이기순과 김성련 등은 이상과 같이 상황을 분석한 후 조정으로부터 김해와 임흘의 증직을 받아내기 위해 몇 가지 전략을 세웠을 것으로 판단된다. 첫째, 차별화 전략을 수립했다. 대부분의 의병장은 왜적이 쳐들어와 단숨에 경상도를 유린하고 파죽지세로 한양까지 진격해서 국왕이 피난하는 것을 보고 하루아침에 비분강개해 사지로 달려 나갔지만 김해와 임흘은 이전에 이미 학자로서 학문을 깊이 연마한 후 그것에 기반해 의병 활동을 했다는 것이었다.

그런데 "하루아침에 비분을 느껴 사지로 달려가는 행위를 옛사람들은 일절一節, 즉 자그마한 절개一朝慷慨 以就死者 古人謂之一節"이라고 평했다고 한다. 이에 비해 김해와 임흘은 "정통 학문을 깊이 연마해 그로부터 발현된 충의正學之深 而發之爲忠義"에 의해 의병 활동에 나섰기 때문에 다른 의병장과는 차이가 있다고 이기순과 김성련 등은 강조했다. 같은 의병 활동을 했어도 느닷없이 의분을 느껴 달려간 의병장과 학문에 깊은 뿌리를 두고 의병 활동을 한 의병장은 차이가 있다는 점을 강조한 차별화 전략인데, 이는 사실 두 번째 전략과 밀접한 관련이 있다.

둘째, 김해와 임흘이 어디서 어떻게 사망했느냐는 별로 중요하지 않다고 강조하는 전략이다. 김해에게 추가로 증직이 내려지는 것에 반대하는 사람들은 "그가 상을 당해 집에 갔다 진중으로 돌아오는 도중 병사했기 때문에 격렬한 전투 장소에서 사망한 사람과는 다르다今若謂先生之死有異 立殣者云爾"고 주장했다. 임홀 역시 상을 당해 집으로 돌아간 후 다시 전장으로 돌아오지 않았기 때문에 이 점에서는 마찬가지였다. 그래서 이기순과 김성련 등은 이에 대한 전략으로 앞서 살펴본 바와 같이 김해와 임홀은 전투하다 사망한 의병장과 달리 학문에 근원을 둔 학자 출신의 의병장임을 강조하고 이어 "이와 같은 주장은 돈독한 논의가 아니며 단지 그들이 마주친 운명이 달랐을 뿐非篤論也 特其所遇之會異耳"이라고 설득하는 전략을 세웠다. 즉 다른 사람이 망설이거나 도피하고 있을 때 분연히 의병을 일으켜 목숨을 내놓고 왜적을 물리친 사실이 중요하지 그 후 어떻게 죽었느냐는 그다지 중요치 않다고 강조하는 전략을 펼쳤다.

셋째, 김해와 임홀에게는 독보적 공적이 없다는 주장에 대해 이기순과 김성련 등은 "공을 다 부하 장수에게 양보하고 자처하지 않았다先生之於軍功 輒讓與部曲 不以自居"고 주장했다. 이를 증빙하기 위해 임진왜란 당시 경상순찰사였던 김수와 우도도대장이던 김면의 증언을 첨부했다. 이들은 앞서 살펴본 바와 같이 김해가 "목을 베어 바친 왜적 수가 도내 의병 중에는 제일斬將獻馘 爲一道義兵之首"이고 "충의로 떨쳐 일어나 마음을 다해 적을 토벌한 점은 옛사람의 사례를 살펴봐도 쉽게 얻을 수 없다奮忠擧義 盡心討賊 求之古人而不易得"고 말하고 있다. 더군다나 "당시 휘하에 있던 부하들은 모두 정경正卿이나 당상堂上에 증직되었음에도 불구하고 대장이던 김해와 임홀에게 주어진 증직이 겨우 6품에 불과하기 때문에 후학들은 이를 매우 안타까워한다伊日褊裨 或有贈正卿者 或有贈堂上者 而元帥之褒典 不過陞六 而止 此實後學輿情之所慨然處耳"며 당시 여론을 언급하는 것이 전략상 매우 유리하다고 판단했다.

〈표 2〉 김해와 임홀의 1차 증직 청원서에 참여한 유림[8]

구분	예안	안동	영천	순흥	풍기	예천	용궁	상주	선산	인동	성주	칠곡	대구	의성	영해	경주	영천	영양	군위	진보	합계
생진	2	8	1	1	1	0	1	3	1	1	2	1	1	4	0	1	0	0	3	0	31
유학	76	41	8	6	5	5	5	3	5	9	4	4	3	7	6	3	5	3	0	3	201
합계	78	49	9	7	6	5	6	6	6	10	6	5	4	11	6	4	5	3	3	3	232

넷째, 김해와 임홀의 증직 요청이 단지 후손들의 요구가 아니라 당시 유림의 여론이라는 점을 강조하기 위해 학맥과 인맥을 동원해 취지에 동조하는 사람을 많이 확보할 필요가 있었다. 위의 표를 보면 알 수 있듯이 경상도 내의 20개 군현의 유림 232명이 김해와 임홀의 증직 청원에 동참했다. 전현 관리를 지낸 인물은 동참하지 않았지만 생원진사 31명을 포함해 232명의 유림이 증직 청원에 참여한 것은 김해와 임홀의 증직에 대해 유림이 얼마나 많은 성원을 보내주고 있는지 가늠해볼 수 있는 지표였다.[9]

20여 개의 군현은 모두 대구 이북에 있는 고을로 김해가 의병장으로 활동하던 지역이고 또 청원에 동참한 유생들은 모두 도산서원에 출입하는 사람들이었다. 이는 3차 청원서에 "선생이 …… 대장으로 추대되었는데 …… 대구 이북은 모두 선생의 통제를 받았다先生 …… 推以爲大將 …… 大邱以上 皆聽先生節制"라고 언급한 사실과 "도산서원에서 유생을 특별히 정해 감영으로 가 청원서를 올리도록 했더니自陶山 特定儒生 往呈營門"라고

---

8) 1982년에 한국정신문화연구원에서 간행한 『광산김씨오천고문서』에는 유림 명단이 잘못 옮겨져 있어 거주 지역이나 당시 신분이 다르게 표기된 경우가 매우 많다(79~80쪽) 그래서 그 명단을 우선 바로 잡아 이 표를 작성했다(수정된 명단은 이 논문의 부록을 참조하라). 또 위 명단에는 유림 230명만 올라와 있으나 이 표에는 청원서를 대표해 제출한 예안의 이기순과 영천의 김성련을 포함시켰다.
9) 232명의 경상도 유림이 어떤 네트워크를 통해 청원서 서명에 참여하게 되었는지에 대해서는 추후 세밀한 연구가 필요하다.

밝힌 점을 통해 알 수 있다.

다섯째, 유림 중 문장력이 있는 이에게 청원서 작성을 부탁하고 아울러 글씨도 정갈하게 써 제출해야 한다고 생각했다. 또 청원서도 아주 커다란 종이를 사용해 당당한 위용을 보일 필요가 있다고 판단했다. 그래서 위에서 제시한 실물 사진을 보면 알 수 있듯이 문장은 순한문으로 작성되었으며10), 글씨는 아주 해정하게 썼고 청원서의 크기는 무려 108.8×125.2cm나 되는 종이에 썼다. 이 점은 2차와 3차 청원서에도 그대로 적용되는데, 2차 청원서 크기는 108.7×118.5cm이며 3차 청원서 크기는 135×127cm이다. 당시 대부분의 청원서가 이두와 한문을 혼용해 작성되고, 크기는 이들 청원서의 절반에도 훨씬 미치지 못했던 점을 생각하면 이들이 청원서 작성에 얼마나 심혈을 기울였는지를 짐작할 수 있다. 이 청원서를 접수한 경상순찰사나 암행어사도 이를 읽으면서 심리적으로 여러 측면에서 압박을 느끼지 않을 수 없었을 것으로 추측된다.

4 수사법을 동원한 1차 청원서 작성

이처럼 다양한 전략을 세운 이기순과 김성련 등은 이를 반영해 청원서를 작성했으며 몇 차례 윤독과 수정을 거쳐 경상순찰사에게 제출할 내용을 최종 확정했다. 우선 이 1차 청원서 전문을 살펴보자(숫자는 설명의 편의상 필자가 붙인 것이다).

① 예안에 사는 유학 이기순과 영주에 사는 유학 김성련 등이 삼가 목욕재계하고 두 번 절하며 순상합하巡相閤下에게 글을 올립니다.

---

10) 한국고문서자료관에는 이 청원서가 한자와 이두를 혼용한 것처럼 소개되어 있으나 이는 잘못된 것이다.

② 엎드려 말씀드리건대 충의는 국가를 존립하게 하는 원기元氣입니다. 그러므로 멀리는 이전의 제왕帝王부터 가까이는 우리 왕조의 국왕列聖에 이르기까지 이를 가상하게 여기며 실천한 사람을 포상하고 장려해 세도世道를 유지하는 방도로 삼지 않은 적이 없었습니다. 그것은 충의를 실천하는 사람을 영예롭게 해주기 위해서가 아니라 신하의 절개를 장려하려 했기 때문입니다. 그러나 진실로 평일에 학문을 닦아 성현의 바른 길을 터득하지 못하고 하루아침에 비분강개해 사지로 나가는 것을 옛사람은 조그마한 행실을 지닌 선비一節之士라 일컬었습니다. 올바른 학문을 깊이 공부해 충의가 발현한 사람은 바로 예안의 고故 검열檢閱 증수찬贈修撰 근시재 김 선생입니다.

③ 선생의 휘諱는 해垓이며 할아버지는 운암공으로 경술經術과 올곧은 도直道로 회재晦齋 이 선생과 도가 같고 뜻이 맞아 중종中宗의 명신이 되었습니다. 아버지인 후조공과 읍청공 형제는 모두 퇴도 이 선생 문하에서 공부해 학문의 큰 방도를 배웠습니다.

④ 선생은 또한 어린아이로 [퇴도 이 선생] 문하에 들어 다녔습니다. 어려서부터 이미 집안에서 가르침을 흠뻑 받은 데다 스승이 계신 자리에 나아가 보고 감동해 일찍이 위기지학의 방도를 터득해 덕성과 학문을 새의 양 날개와 수레의 두 바퀴처럼 겸비했습니다. 그의 호가 근시인 것은 대개 학문을 가까운 데에서부터 시작해야 한다는 뜻을 취한 것입니다. 선생은 바야흐로 선학이 남겨놓은 좋은 영향餘韻을 수선修繕하고 추락한 실마리墜緖를 탐구해 유학을 흥기시키려는 뜻이 있었습니다.

⑤ 그런데 불행히도 왜적이 창궐해 삼경三京이 함락되고 임금이 피난을 하게 되니, 선생은 강개해 의로움을 떨쳐 일어나 동지를 규합했습니다. 장수와 더불어 맹약하기를 "주상이 피난을 가셨으니 우리는 죽은 것과 같게 된 지 오래되었다. 만일 불행하게 일이 제대로 이루어지지 않는다면 죽음이 있을 뿐이다"고 하자 이를 듣던 사람들이 얼굴빛을 고치고 사기가 앙양되었습니다. 이에 좌

도의 여러 고을 유생은 선생이 명현으로 매우 두터운 명성과 인망을 받고 있다는 이유로 추대해 대장으로 삼고 안동의 의병장 배용길裵龍吉과 이정백李庭栢을 좌우부장으로 임명해 여러 고을의 의병이 모두 선생의 통제를 받도록 했습니다.

⑥ 선생이 초유사에게 편지를 보내 의병을 일으킨 상황을 전하기를 "[무기를 갖추지 못한 채] 맨주먹을 홀로 펼쳐서는 아마도 일을 이루기 어려울 듯합니다. 그러나 충의의 성품은 하늘로부터 부여받은 것이니 목숨을 바쳐 나라를 구해야 한다는 것은 이전에 이미 들었습니다. 천지에 맹세컨대 이 왜적과 더불어 살지는 않을 것입니다"라고 했습니다. 마침내 전략을 세우고 적절히 대응해 베어죽이거나 사로잡은 자가 매우 많았습니다. 안동과 예천에 진을 치고 용궁과 함창 경계에 머물면서 예천의 적진을 쳐부수었습니다. 또 당교唐橋와 송현松峴 전투에서 적을 거의 다 섬멸했으며 사로잡은 적장을 순영에 바쳤습니다. 좌상도左上道가 어육이 되는 것을 면한 것은 선생의 공력 덕분이었습니다.

⑦ 용안과 함창에 진을 쳤을 때, 어느 날 제독提督 고응척을 만나 부하 장사에게 진중陣中에서 〈선천도〉를 강의했는데 대개 옛사람이 창을 비껴들고 도를 논하던 뜻을 본받으려 했기 때문입니다. 또한 제갈량이 만든 8진법인 천지풍운天地風雲과 용호조사龍虎鳥蛇의 묘수도 모두 이로부터 나왔습니다.

⑧ 계사년[癸巳年; 1593년]에 적을 쫓아 남하해 장차 대진大陣과 합류하기 위해 경주에 이르렀을 때 몸과 마음이 다 지쳐 병이 나 진중에서 사망하니 당시 나이 39세였으며 어머니가 생존해 계셨습니다. 사망할 때가 임박하자 시를 지어 말하기를 "백 년 사직 지킬 계획으로 6개월 동안 군복을 입었네. 국가를 위하다 몸이 먼저 죽으니 어버이 그리워 혼만 혼자 돌아가네"라고 했습니다. 아! 이러한 그의 행실이 어찌 천고의 자식과 신하 된 사람들로 하여금 진실로 눈물 흘리기에 족하지 않겠습니까? 지금 만일 선생의 죽음이 절의를 위해 죽은 것과 다르다고 말한다면 이는 돈독한 논의가 아니며 단지 마주친 운명이 달랐을 뿐입니다. 선생의 올바른 학문이 발해 충의가 된 것이 대체로 이와 같습니다.

⑨ 군공이 유학자에게 중요한 것은 아니지만 당시 순찰사 김수가 보고하기를 "적장의 목을 베어 머리를 바친 것이 도내 의병 가운데 으뜸이다"고 말했으며 우도도대장 김면이 답장하길 "선생처럼 충의로 떨쳐 일어나 온 마음을 다해 적을 토벌한 사례를 옛사람에서 구하더라도 쉽게 얻을 수 없다"고 했으니 어찌 백세百世의 공언公言이 아니겠습니까? 대체로 선생은 군공을 번번이 부하에게 미루고 자처하지 않았습니다. 그래서 당시 편비編裨들이 정경正卿에 증직되고 혹은 당상에 추증되었습니다. 그러나 정작 원수인 선생에 대한 포창은 6품에 오르는 데 그치고 말았습니다. 후학들의 여론이 진실로 분하게 여기는 것은 바로 이것입니다.

⑩ 저희들은 또 다른 한 말씀을 더 드리려 합니다. 작고한 징사徵士 용담龍潭 임흘任屹 선생은 본래 서울에 거주하던 세주世胄로 남쪽 안동으로 이사와 선배와 장자들을 기꺼이 따르며 도의의 학설을 듣고 익혔습니다. 임진왜란이 일어나자 스스로 세록世祿의 자제로 국난을 좌시하는 것은 옳지 않다고 여겨 참의參議로 증직된 유종개柳宗介 공과 의병을 일으키기로 약속했습니다. 유공은 대장이 되고 공은 부장이 되어 살부령薩夫嶺 아래 매복해 있다가 참획한 적이 많았습니다. 다음날 적이 병사를 증원시켜 의병을 유린해 유공이 전사하자 공은 흩어진 병사를 불러 모아 근시재 김공의 의진義陣에 합류시켜 문경과 당교의 두 전투에서 모두 공을 세웠습니다. [그 후] 근시재가 사망하자 공은 무리를 대신 이끌고 명의 대군과 합류해 죽음을 맹세하고 전진했습니다. 얼마 후 아버지 상을 당해 공이 고향으로 돌아갔는데 이것이 공이 의병을 일으킨 대강입니다. 왜적이 물러난 후 공은 조용히 임천林泉에 머물며 구업舊業을 닦아 문목공 한강 정구로부터 추중을 받았습니다. 마침내 행의行誼로 이름이 알려져 왕이 불렀으나 나아가지 않았는데 이는 북인이 집권하는 시기였기 때문이었습니다.

⑪ 아, 공은 임하林下의 일개 선비布衣에 지나지 않았을 뿐인데 왜적이 침입해 온 나라에 가득하자 벼슬에 나아간 자는 나라를 위해 목숨을 돌보지 않고

온 힘을 다해 싸우며, 벼슬에 나아가지 않은 자는 그들을 피해 산속으로 숨었을 때 몸을 돌보지 않고 분연히 떨쳐 일어나 한 번 죽음으로 나라를 위해 순절하고자 했습니다. 유종개 공이 패배했음에도 나라를 구하려는 뜻을 그만두지 않고 김해 공이 사망했음에도 거듭 끝내 이기겠다[萬折必東]는 의지를 게을리하지 않았습니다. 아아, 그 의지가 매우 굳셉니다. 늙도록 벼슬을 하지 않았는데 이 또한 혼란한 세상에 맑은 그의 품격을 볼 수 있습니다. 그러나 위에서는 이름이 알려져 있지 않고 아래에서는 그를 추켜올리는 자가 없어 지금까지 200년 동안 조용합니다. 선비는 진실로 의를 행할 뿐 세상이 그를 알아주든 알아주지 않든 본질에는 아무런 보탬이나 손상이 없습니다. 그러나 이러한 사적이 인멸되어 드러나지 않는다면 이 또한 어찌 쇠잔한 시대에 신하들에게 충의를 권면할 수 있겠습니까?

⑫ 그동안 두 공의 후손들이 은택을 요구한다는 혐의를 받지 않을까 우려해 스스로 나서지 않았지만 공의公議는 그렇게 여기지 않습니다. 저희들은 이에 서로를 이끌어 순상께 우러러 하소연합니다. 숨어 있는 인물을 찾아내 임금에게 알리는 것은 합하閤下의 업무입니다. 엎드려 바라건대 합하께서 여론을 굽어 채택하신 후 임금께 알려 [그동안] 미흡하게 여겨오던 일欠典이 추가로 거론된다면 유림의 영광이요 세교世教에 보탬이 될 것입니다. 또 합하 역시 한 지방에서 영원히 칭송하는 말을 들을 것입니다. 저희들은 이러한 일이 있기를 간절히 기원합니다.

이제 이기순과 김성련 등이 세웠던 전략이 청원서에 제대로 반영되어 있는지를 수사학적으로 살펴보아야 할 차례이다. 수사학에서는 이와 같이 청원자의 의도나 전략이 논리적으로 잘 표현되었는지 살펴보는 것을 '논증의 수사학'이라고 한다.11) 즉 청원자의 전략에 따라 설득력 있게 문장이 잘 구성되고 내용에 의해 단락이 제대로 나뉘어 있는지를 따져보는 것이다.12) 따라서 본고에서는 단락이 어떻게 나뉘고 또 글 전체가 어떤 구조로 구성되었는지를 고찰함으로써 청원자의 의도가 잘 반영되었는지를 분석해보려고 한다.

전통 시대에는 글의 구조를 '기승전결'로 구분해 구성했기 때문에 이에 따라 분석해보기로 하겠다. 다만 한문학적 글쓰기가 그러하듯이 이 청원서도 단락 나눔이 없는데, 필자가 설명의 편의를 위해 내용에 의해 구분해 살펴보기로 하겠다(이 점은 아래에서도 같다).

①은 청원서의 '제목'에 해당한다고 할 수 있다. 청원자가 어디에 사는 누구인지 그리고 이 청원서를 접수하는 기관은 어느 곳인지를 밝히고 있다. 청원자는 예안과 영천에 사는 이기순과 김성련 등이며, 이 청원서를 접수하는 사람은 순상합하 즉 순찰사라는 점을 분명하게 밝히고 있다.

②는 '기'에 해당한다. 역대 왕조와 국왕들이 왜 충의를 장려하고 포상했는지에 대해 언급하고, 아울러 학문에 기반을 두어야 비로소 올바른 충의라고 할 수 있다고 주장하고 있다. 이는 앞의 전략 수립에서 언급한 바와 같이 하루아침에 의분을 느껴 창의 활동을 한 것과 김해나 임흘처럼 학문에 기반을 둔 창의 사이에는 분명히 차이가 있음을 강조하기 위한 설정이다. 충의의 유래 등을 차분히 탐색하는 것으로 글을 시작하였으므로 문장 작법상 '원기原起'로 구분되며, 논의의 주제를 앞서 제시했다는 점에서 '모기冒起'라고도 할 수 있다.13)

③부터 ⑨까지는 '승'으로 분류할 수 있다. 여기에서는 김해의 선조들의 학문적 연원, 김해의 학문적 지향, 거의 과정, 전투 실적, 병사 경위,

---

11) 박성창, 『수사학』, 문학과지성사, 2000년, 13~33쪽 참조.
12) 한문학에서는 편장篇章의 구조가 어떻게 짜여 있는지를 살펴보는 것이라고 할 수 있다. 이에 대해서는 심경호, 『개정증보판 한문산문미학』, 고려대학교출판부, 2013년, 138~143쪽 참조.
13) 심경호, 위의 책, 143~147쪽 참조.

공적 평가 등이 차례대로 소개되어 있다. 이를 좀 더 구체적으로 설명하면, ③은 김해의 선조들의 학문적 연원을 소개하고 있다. 운암공으로 알려진 할아버지 김연은 회재 이언적과 뜻을 같이했고, 양부와 생부인 후조당 김부필과 읍청정 김부의는 퇴계 이황 문하에서 수양과 실천에 힘쓴 고제자였다는 사실을 언급함으로써 조상 대대로 학문에 각별한 연원이 있음을 소개하고 있다. ④는 김해의 학문적 바탕을 언급하고 있다. 그는 어려서부터 위기지학의 방도를 터득하고 덕성과 학문 함양에 매진했으며 선학의 뜻을 이어 유학의 실마리를 탐구할 뜻을 지니고 있었다고 소개하고 있다. ③과 ④ 두 단락은 '기'에서 제기한 문제, 즉 거의 행위가 하루아침에 돌출한 것이 아니라 학문적으로 깊은 연원을 갖고 있음을 설득하기 위한 단락이라고 할 수 있다.

⑤는 왜적이 쳐들어와 국왕이 피난하는 상황에 처하자 김해가 분연히 일어나 의병을 모으고 의병장이 되어 각종 전투에 참여하게 된 과정을 상세히 설명하고 있다. ⑥은 경상도 안동과 예천, 용궁과 함창 등에서 적을 공격해 쌓은 전공을 자세히 소개하고 있다. 김해가 거둔 성과가 없다는 주장을 반박하기 위해 설정된 단락이라고 할 수 있다. ⑦은 치열한 전투 중에도 명나라 제독 고응척과 학문적 강론을 했다는 사실을 간략하게 언급함으로써 다른 의병장과의 차이점을 부각시키려 하고 있다.

⑧은 김해가 병사하는 과정을 언급하고 그가 지은 시를 통해 우국충정의 간절한 마음을 전하고 있다. 이 단락은 김해가 병사했기 때문에 전투 현장에서 사망한 의병장과 다르다는 의견을 반박하기 위해 설정된 것이다. 왜적이 쳐들어오자 관료나 백성 대부분은 도망하거나 숨는 데 급급했지만 김해는 과감히 창의해 몸소 의병장이 되어 곳곳에서 큰 전공을 세웠기 때문에 어디에서 어떻게 죽었는지는 결코 중요하지 않다는 주장을 펼치고 있는 셈이다. ⑨는 김해가 거둔 전공이 적지 않으나 이를 모두 부하

들에게 양보한 결과 부하들은 정경이나 당상에 증직되었음에도 불구하고 그는 겨우 6품직에 증직되었기 때문에 유림들이 이에 대해 안타까워한다는 의견을 제시하고 있다.

앞서 언급한 바와 같이 ③~⑨는 승에 해당되는데 문장 작법 상 '순승順承'과 '천승闡承' 및 '인승引承' 기법을 활용했다고 할 수 있다.14) 즉 '기'에서 제기한 주장을 그대로 받아 논의를 순하게 이어가기 때문에 우선 순승이라고 할 수 있다. 또 앞의 주장을 자세히 설명해 논지를 보다 분명히 한다는 점에서 천승이라고 평할 수 있으며 김성일, 김수 및 김면 등의 글을 인용해 사실을 입증하려 했다는 점에서 인승이라고 덧붙일 수 있다.

⑩과 ⑪은 '전'에 속한다고 할 수 있다. ⑩에서는 김해와 함께 의병 활동을 한 임흘을 소개하고 있다. 그 역시 명문세가 출신으로 학문에 연원을 두고 있다는 사실을 부각시키고 있다. 그는 정구 문하에서 수학해 크게 추중 받았으며 행의로 이름이 알려져 음직에 제수되었으나 당시 북인이 집권하는 시기였기 때문에 벼슬길에 나가지 않았음을 강조하고 있다. ⑪은 왜적이 침입했을 때 임흘이 과감히 나서 창의 활동을 했음에도 불구하고 그러한 행적이 묻혀 알려지지 않은 것에 대해 안타까움을 피력하고 있다. ⑩과 ⑪에서 갑자기 논의 주제를 김해에서 임흘로 돌리고 있다는 점에서 '횡전橫轉'으로 구분할 수 있다. 또한 임진왜란 도중 혁혁한 전공을 이루었음에도 불구하고 증직에 대한 논의가 제대로 이루어지지 않은 사례를 추가해 논의를 더욱 진전시키고 있다는 점에서 '진전進轉'이라고도 할 수 있다.15)

⑫는 '결'에 해당한다. 후손들이 그동안 증직을 요청하지 않은 것은 은택을 요구한다는 오해를 받을까 염려했기 때문이라 소개하고, 유림 입장

---

14) 심경호, 위의 책, 147~150쪽 참조.
15) 심경호, 위의 책, 150~151쪽 참조.

에서 두 의병장이 증직에서 오랫동안 누락되어 있던 점은 흠전欠典으로 판단되기에 비록 늦었지만 나서서 청원하게 되었다고 주장했다. 아울러 포상 받지 못하고 숨어 있는 인물을 발굴해 국왕에게 아뢰는 것이 순찰사의 임무이니 잘 완수해 유림으로부터 길이 칭송받을 수 있도록 해달라며 글을 맺고 있다. 무궁한 감개를 가탁하는 방식으로 글을 맺었으므로 '감결感結'에 해당된다고 할 수 있다.16)

위에서 살펴본 내용을 종합하면 청원자들이 수립한 전략이 청원서에 매우 충실하게 반영된 것으로 판단된다. 청원서에 나타난 단락 구성과 핵심 내용을 간략하게 정리하면 아래 〈표 3〉과 같다.

〈표 3〉 1차 청원서의 단락 구성과 핵심 내용

구분	기	승	전	결
단락	②	③~⑨	⑩~⑪	⑫
핵심내용	충의 의미, 거의와 학문 연원의 상관성	김해의 학문 연원과 거의 활동 소개	임홀의 학문 연원과 거의 활동 소개	증직 요청과 관찰사의 역할 강조
수사법	원기와 모기	순승, 천승, 인승	횡전, 진전	감결

청원서에서 청원인의 전략이나 의도가 제대로 전달되도록 문장을 잘 구성하고 단락을 정밀하게 나누는 것도 중요하지만 이와 함께 글자를 어떻게 조합하고 어떤 단어를 선택해 문장을 만드는가 하는 방법도 매우 중요하다. 수사학에서는 이를 '문채로서의 수사학'이라고 부른다.17) 한문학에서는 낱말을 선정하고 어휘를 조합해 구절을 구성하며 이를 연결해 문장을 꾸민다는 의미에서 이 과정을 연자鍊字, 연구鍊句 및 행문行文으로 나누어 설명하고 있다.18) 여기서는 연자와 연구를 활용해 청원서를 작성한 수

---

16) 심경호, 위의 책, 151~152쪽 참조.
17) 박성창, 앞의 책, 13~33쪽 참조.

사법에 대해 자세히 살펴보기로 하자.

의미를 전이하는 수사법의 하나로 비유법이 가장 자주 쓰이는데, 이를 활용하면 의미 전달이 훨씬 더 효과적이기 때문이다.19) "덕성과 학문을 새의 양 날개나 수레의 두 바퀴처럼 겸비했다德性學問 鳥翼車輪"라든가 무기를 갖추지 못하고 거의한 것을 "홀로 맨주먹을 펼쳤다獨張空拳"고 표현하거나 혹은 왜적으로부터의 몰살을 피한 것을 "어육이 되는 것을 면했다得免魚肉"고 표현한 것은 다 비유를 통해 의미나 내용이 보다 확실하게 전달되기 때문에 수사의 효과를 충분히 얻었다고 할 수 있다.

문장 구조에 따른 수사법으로는 대구법, 나열법, 점층법 등이 있는데, 한문 문장에서 가장 많이 등장하는 것은 대구법이라 할 수 있다. 어조가 비슷한 문구를 나란히 배치하되 문장에 변화를 주어 내용이나 의미가 비교 또는 대조를 통해 명확하게 전달되도록 하는 표현법이 그것이다. 예컨대 "멀리는 이전의 제왕부터 가까이는 우리 왕조의 국왕에 이르기까지遠而前代帝王 近而我(朝)列聖"나 "벼슬에 나아간 자는 나라를 위해 목숨을 돌보지 않고 온 힘을 다해 싸우며, 벼슬에 나가지 않은 자는 왜적을 피해 산 속으로 숨어出者肝腦塗地 處者竄伏林藪"라든가 "위에서는 이름이 알려져 있지 않고 아래에서는 그를 추켜올리는 자가 없어上不聞其名 下無以揄揚"가 그것이다.

나열법은 의미가 비슷하거나 내용으로 연결되는 어구를 열거해 의미나 내용을 강조하는 수사법이다. "[충의를] 가상하게 여기며 실천하는 사람을 포상하고 장려해嘉尙之褒奬之"나 "도가 같고 뜻이 맞아道合心同"나 "선학이 남겨놓은 좋은 영향을 수선하고 추락한 실마리를 탐구해理餘韻尋墜緖" 등은 비슷한 의미나 연결되는 내용을 늘어놓아 의도나 뜻을 강조한 표현

---

18) 심경호 앞의 책, 117~174쪽 참조.
19) 아래 논의는 김욱동, 『수사학이란 무엇인가』, 민음사, 2002년, 89~366쪽 참조.

이라고 할 수 있다. 장소或陣于安醴 或陣于龍咸나 관직或有贈正卿者 或有贈堂上者 등을 열거해 의병 활동을 한 지역이나 증직을 받은 관직을 구체적으로 보여주는 경우도 있다. 이외에도 나열법을 활용한 사례가 많으나 생략하기로 한다.

나열법과 비슷하지만 전달하려는 내용이나 의미를 고조시키기 위해 점층법도 자주 사용되었다. "집안에서 가르침을 흠뻑 받은 데다 스승이 계신 자리에 나아가 보고 감동해涵濡庭訓 觀感師席"를 비롯해 "왜적이 창궐해 삼경이 함락되고 임금이 피난하게 되니島夷猖獗 三京失守 鑾輿播越"는 점층법을 사용해 학문이 성숙되는 과정과 왜적의 침입으로 나라가 위기에 처한 상황을 매우 잘 표현하고 있다고 할 수 있다.

감정에 호소하는 수사법으로는 영탄법이 있다. 주로 감탄사, 예컨대 '오'나 '아아' 및 '아이구' 등을 사용해 강하고 깊은 감정을 표현하는 법으로 "아! 이러한 그의 행실이 어찌 천고의 자식과 신하 된 사람들로 하여금 진실로 눈물 흘리기에 족하지 않겠습니까嗚呼 斯固不足以淚千古之人子人臣乎"가 그것이다. 김해가 병사했기 때문에 전장에서 사망한 죽음과 다르다는 주장을 반박하기 위해 영탄법을 활용해 자식과 신하 된 사람들이라면 김해의 의로운 활동에 대해 어떻게 눈물을 흘리며 감동하지 않을 수 있는가를 되물어 더 이상 이론을 제기하지 못하도록 하고 있다.

끝으로 인용법에 대해 살펴보자. 이는 고사나 격언 또는 남의 말이나 글을 인용함으로써 글의 의미나 주장을 보다 분명히 하는 수사법으로 인유법引喩法이라고도 한다. 김해 자신이 거의할 때 선언한 말與諸將士 約曰 主上蒙塵 吾輩不如死之久矣 若不幸而事不濟 則有死而已이라든지 혹은 죽음에 임박해 지은 시其臨絶之詩曰 百年存社計 六月着戎衣 爲國身先死 思親魂獨歸 등을 그대로 인용하거나 혹은 김수와 김면의 보고나 평가巡察使金公睟題報 則謂斬將獻馘爲一道義兵之首 右道都大將金公沔復書 則謂奮忠擧義 盡心討賊 求之古

人而不易得 등을 그대로 적시해 김해의 거의와 관련해 그의 충정이나 의병 활동상을 객관적으로 보여주어 그것이 사실임을 입증하려고 하고 있다.

이상에서 살펴본 바와 같이 청원자들은 여러 가지 수사법을 활용해 김해와 임흘에게 증직이 내려져야 하는 이유 등이 충분히 드러나도록 청원서를 작성했다. 청원서에서 활용한 수사법을 알아보기 쉽도록 정리하면 다음의 〈표 4〉와 같다.

〈표 4〉 1차 청원서에 나타난 수사법

수사법	원 문
비유법	"德性學問 鳥翼車輪, 獨張空拳, 得免魚肉."
대구법	"遠而前代帝王 近而我(朝)列聖, 出者肝腦塗地 處者竄伏林藪, 上不聞其名 下無以揄揚."
나열법	"嘉尙之褒奬之, 道合心同, 理餘韻尋墜緖, 忠義之性 根於天得 守死致命 曾所講聞, 或陣于安醴 或陣于龍咸, 或有贈正卿者 或有贈堂上者, 先輩長者, 柳公之敗而志猶未已 金公之卒而又復不懈, 儒林增光 世敎砥礪."
점층법	"涵濡庭訓 觀感師席, 島夷猖獗 三京失守 鑾輿播越."
영탄법	"嗚呼 斯固不足以淚千古之人子人臣乎."
인용법	"與諸將士 約日 主上蒙塵 吾輩不如死之久矣 若不幸而事不濟 則有死而已, 先生貽書招諭使言起兵狀有云 獨張空拳 恐難自濟 然忠義之性 根於天得 守死致命 曾所講聞 誓心天地 不與此賊俱生, 其臨絶之詩日 百年存社計 六月着戎衣 爲國身先死 思親魂獨歸, 巡察使金公睟題報 則謂斬將獻馘爲一道義兵之首 右道都大將金公沔復書 則謂奮忠擧義 盡心討賊 求之古人而不易得."

5 2차와 3차 청원서 작성 시의 전략 수정과 수사법

이기순과 김성련은 1812년 11월 초순, 1차 청원서가 작성되자마자 곧바로 대구로 달려가 경상감영에 제출했다. 당시 경상순찰사는 김노응金魯應(1757~1824년)이었다. 그는 영의정으로 이름을 날린 김흥경金興慶(1677~1750년)의 증손으로 1786년(정조 10년)에 진사시에 합격하고 1796

년(정조 20년)에 별시 문과에 응시했으나 글자 한 자를 누락하는 바람에 낙방하고 말았다.20) 그 뒤 헌릉참봉 등 여러 음직에 나아가 벼슬살이를 한 후 1805년(순조 5년)에 정시 문과에 급제했다. 정언과 지평 등을 거쳐 동지사서장관冬至使書狀官으로 연경에 다녀왔다. 황해도 암행어사와 대사성, 경주부윤 등을 거쳐 1812년 7월에는 경상순찰사가 되었다.21) 더구나 그는 평소 검소하고 효행과 우애가 돈독한 것으로 알려진 인물이었다. 이러한 인물이 당시 경상순찰사로 있었으니 이기순과 김성련 등은 자신들의 청원이 흔쾌히 받아들여질 것으로 예상했다.

그러나 이 청원서를 접수한 경상순찰사 김노응은 "충성스럽고 의로운 선비의 자취가 종종 인멸되어 드러나지 않은 것은 진실로 개탄스러운 일이다. 마땅히 살펴서 처리할 일이다忠義之士 往往有泯而不顯者 誠可慨歎 從當量處之向事"라는 원론적 처분만 내렸다. 그가 왜 그렇게 처분했는지는 알 수 없다. 앞서 언급한 바와 같이 당색이 달라서 그랬을 가능성도 있으나 그보다 아직 증직을 더해주기에는 자료가 불충분하고 여론도 무르익지 않았다고 판단해 그러한 결정을 내린 것으로 추정된다. 당시에는 충효열과 관련해 각 가문에서 경쟁적으로 정려를 신청하거나 증직을 요청하는 경우가 매우 많았기 때문에 이를 선별해 결정하는 일이 쉽지만은 않았던 것으로 보인다.22)

1) 2차 청원서 작성과 제출

그런데 얼마 지나지 않아 다음 해 정월에 김학순金學淳(1767~1845년)

---

20) 이하의 인물 서술은 『민족문화대백과사전』 4책, 626쪽 참조.
21) 『순조실록』 권 16, 순조 12년 7월 15일 기사 참조.
22) 이희환, 「부안김씨를 통해 본 조선말기 相尙의 풍조」, 『역사학보』 176, 역사학회, 2002년, 111~140쪽 참조.

이 수의사또繡衣使道 즉 암행어사로 예안현에 내려왔다. 그는 1798년(정조 22에)에 사마시에 합격하고, 1805년(순조 5년)에 증광문과에 급제해 승문원에 등용되었으며, 이후 성균관전적과 홍문관교리 등을 역임했다.23) 관리가 된 지 얼마 되지 않았지만 신예新銳로 근면성실하고 청렴하다는 소문이 있어 영남의 암행어사로 임명되었다. 그는 예안현에 도착하자마자 현감 정렬鄭烈이 부정을 저지른 것을 발견하고 곧바로 봉고파직시켰다.24) 암행어사가 예안현에 들렀다는 사실을 전해 듣고 이기순과 김성련은 전에 경상감사에게 제출했던 청원서를 약간 수정해 김학순에게 다시 올렸다.

당연한 추론이지만 청원인들은 2차 청원서를 작성하기 이전에 1차 청원 결과를 놓고 분석했다. 그 결과 의병 활동이나 전공에 대한 증거 자료가 불충분하게 제시되었다는 평가가 나왔다. 경상감사가 "충성스럽고 의로운 선비의 자취가 종종 인멸되어 드러나지 않아 …… 개탄스럽다"고 한 것은 바로 그러한 것을 의미했다. 따라서 2차 청원서는 의병 활동이나 전공을 입증해줄 근거 자료를 크게 보완하는 방향으로 전략을 세웠을 것이며, 이 과정에서 자료가 충분하지 않은 임흘이 제외되었을 것으로 판단된다.

이기순과 김성련 등이 제출한 2차 청원서에서 가장 먼저 눈에 띄는 사실은 청원 참여자가 크게 준 점이다. 다음의 〈표 5〉를 보면 알 수 있는 바와 같이 1차 참여 지역 중 상주, 선산, 성주, 대구, 칠곡, 인동, 의성, 군위, 경주, 영천 등 10개 지역이 빠졌다. 1차 참여 지역 20개 군현을 남북으로 나누었을 때 남쪽 10개 군현이 빠지고 북부 9개 군현에 봉화 한 곳이 추가되었다. 아무튼 결과적으로 176명만 참여했으니 1차 때의 인원수와 비교하면 무려 56명이나 줄어든 셈이다. 또 참여한 생원진사 수도 31명에

---

23) 이하의 인물 서술은 『민족문화대백과사전』 5책, 45쪽 참조.
24) 『승정원일기』 2024책, 순조 13년 1월 27일 을미 기사 참조.

〈사진 2〉 1813년에 이기순과 김성련이 암행어사에게 제출한 2차 청원서

서 거의 절반 수준인 16명으로 축소되었다.

〈표 5〉 2차 청원서에 참여한 유림들25)

구분	예안	안동	예천	용궁	영천	순흥	풍기	진보	영양	영해	봉화	합계
생진	2	9	0	1	1	1	2	0	0	0	0	16
유학	73	40	8	5	6	6	5	5	4	4	4	160
합계	75	49	8	6	7	7	7	5	4	4	4	176

 이는 2차 청원서에서 임흘을 제외하고 오로지 김해의 증직만 청원해 임흘과 학연이나 혈연 등으로 관련을 맺고 있던 유림이 빠졌기 때문으로 추측할 수 있다. 그러나 그보다는 전략적으로 유림이 남북으로 나뉘어 두 차

---

25) 앞의 『광산김씨오천고문서』에는 2차 청원에 참가한 유림의 명단 역시 잘못 옮겨져 거주지역이나 신분이 다르게 표기된 경우가 매우 많다(81~82쪽). 따라서 우선 명단을 바로 잡아 이 표를 작성했다(수정된 명단은 이 논문의 부록 참조). 또 위 명단에는 유림 174명만 올라있으나 이 표에는 청원서를 대표해 제출한 예안의 이기순과 영천의 김성련을 포함시켰다.

례에 걸쳐 청원하려고 한 결과가 아닌가 생각된다. 후에 자세히 살펴보는 바와 같이 3차 청원서에는 2차 때 빠진 남쪽의 10개 군현 유림이 참여하고 있음을 통해 그러한 전략이 있었음을 짐작할 수 있다.26)

이제 2차 청원서의 내용을 살펴보자. 1차 청원서와 비교해 수정하지 않은 곳은 굳이 설명할 필요가 없을 것으로 판단되어 형식적인 부분만 남겨두고 대부분 생략했으며 수정되거나 아예 전면적으로 고쳐진 부분은 굵은 글씨로 표시해 쉽게 파악할 수 있도록 했다.

① 예안에 사는 유학 이기순과 영주에 사는 유학 김성련 등이 …… **수의합하繡衣閤下**에게 글을 올립니다.

② 엎드려 말씀드리건대 …… 근시재 김 선생입니다.

③ 선생의 휘는 해이며 …… 아버지인 후조공과 읍청공 형제는 모두 퇴도 이 선생의 고제로 여러 차례 스승으로부터 칭찬과 사랑을 받았습니다.

④ 선생은 또한 …… 뜻을 취한 것입니다. 그리고 선생이 거처하는 곳도 도산에서 매우 가까운 곳에 있었습니다. 태극음양에 대한 논변과 심성이기 학설, 역대 흥망의 자취, 천문지리와 병법 및 군율에 이르기까지 관통해 샅샅이 파헤치고 원류를 궁구하지 않은 것이 없었으며 한결같이 존양存養을 주로 삼았습니다. 만일 선생에게 목숨을 연장시켜 더 살 수 있도록 했더라면 도산 선생의 적전嫡傳을 이어받았을 것입니다. …… 일찍 천거되어 여러 차례 관직에 제수되었으나 벼슬길에 나아가지 않았습니다. 과거에 합격해 급제자 명단을 부를 때 궁정宮庭에서 모든 관료가 축하했는데 당시 선생의 나이는 35세로 그의 학문에 대한 기대가 컸음을 알 수 있습니다.

⑤ 그런데 불행히도 왜적이 … 이때가 임진년 6월이었습니다.

26) 왜 남북으로 나누어 청원하게 되었는지에 대해서는 추후에 보다 세밀한 검토가 필요하다.

⑥ 선생이 초유사 문충공 김성일에게 편지를 보내 …… 충의의 마음은 천성으로부터 나오고 목숨을 바쳐 나라를 구해야 한다는 것은 예전에 대략이나마 익혔습니다. 불끈 마음을 먹고 저 더러운 오랑캐를 소탕하고자 하며 천지에 맹세컨대 이 왜적과 더불어 살지는 않을 것입니다"고 했습니다. …… 당교와 송현 전투에서 대군과 도망하는 적을 뒤쫓아 북쪽으로 내몰아 거의 다 섬멸했으며 …… 일로一路가 어육이 되는 것을 면한 것은 선생의 공력 덕분이었습니다.

⑦ 예천에 있을 때, 마침 섣달그믐이라서 시 짓기를 "객사의 외로운 등불 아래 갑옷은 찬데 사람들은 이 밤이 지나면 한 해가 저문다 하네. 오늘이 지나면 귀밑머리는 더 세어지겠지만 백 년이 지나도 단심丹心은 그대로리라"고 했습니다. 임금을 사랑하고 나라를 걱정하며 적에 대해 분개하는 마음이 시어에 넘쳐났습니다. 용안과 함창에 진을 쳤을 때, …… 묘수도 모두 이로부터 나왔습니다.

⑧ 계사년癸巳年[1593년]에 …… 대체로 이와 같습니다.

⑨ 충정공忠正公 곽준郭䞭이 지은 뇌문誄文에 "우리 도학의 앞날이 이미 캄캄하니 끊어진 학문은 누가 다시 이으며 교활한 오랑캐는 여전히 강성한데 의로운 토벌은 누가 할까"라고 했습니다. 오봉梧峯 신지제申之悌가 만시輓詩를 짓기를 "일찍 학봉의 죽음을 애도했더니 또 달원達遠은 어디로 가시는가? 시서詩書로 구업舊業을 전하고 이락伊洛의 남은 물결을 거슬러 오르는가"라고 했습니다. 달원 두 글자는 선생의 덕을 표현한 것이니 이 두 공이 어찌 구차하게 남을 인정한 것이겠습니까? 군공이 …… 당시 순찰사 김수 …… 우도도대장 김면이"……"고 했습니다. 재종제再從弟인 계암공 김령이 쓴 『용사기사』에 "충실하고 근면함에 부지런해 아침부터 저녁까지 게을리하지 않았고 정예 군사를 가려 보내 적의 진로를 차단하고 목을 베거나 사로잡은 적이 매우 많았다"고 했습니다. 대체로 선생은 …… 후학들의 여론이 진실로 분하게 여기는 것은 바로 이것입니다.

⑩ 선생의 학문과 충의가 밝게 빛남이 이와 같으니 진실로 하루아침에 비분강개해 창의한 자들과 비길 바가 아닙니다. 할아버지 운암공의 경학經學과 풍절

風節은 회재와 흥금을 같이 하는 사이이며 아버지 후조당의 깊은 학문과 높은 지조는 퇴도께서 굳은 절개라 한 바 있습니다. 동당同堂에 계암공이 있으니 동계桐溪 정온鄭蘊이 우리 왕의 백이伯夷라고 칭했습니다.

⑪ 그의 아들 매원공 김광계는 한강의 고제로 어려서부터 매우 두터운 명성과 인망이 있었는데 서궁西宮의 변란이 일어나자 마침내 과거 응시를 그만두었고 인조반정 이후에도 다시 시험장에 나아가지 않았습니다. 병자호란을 당해 아우 야일공野逸公 김광악金光岳과 더불어 창의해 군대를 이끌고 죽령에 이르렀는데 화의가 이미 이루어졌다는 소문을 듣고 서쪽을 향해 통곡하고 돌아왔습니다. 네 차례나 불렀으나 나아가지 않고 숭정처사崇禎處士로 생을 마감했습니다. 또 4대손 김대金岱가 무신란에 두 아들과 함께 강개함을 품고 의로움을 떨쳐 일어나 향병鄕兵을 거느리고 안동에 이르렀다가 그만두었습니다. 선생의 학문과 충의가 진실로 집안에 전하는 세업世業이니 뒷사람을 계도해 이끌어 줌이 이와 같습니다. 그렇다면 선생이 남긴 풍모와 여운은 마땅히 후생이 우러러 볼 바인데 수백 년 동안 숨어 드러나지 않았으니 어찌 성조聖朝의 흠전欠典이 아니겠습니까?

⑫ 저희들은 이에 우러러 하소연 합니다. 숨어 있는 훌륭한 사람을 찾아 임금님께 알리는 것은 합하의 업무입니다. 삼가 원하건대 합하께서 여론을 굽어 채택하고 국왕에게 아뢰어 흠전에 추거追擧할 수 있게 해주신다면 유림에게는 더할 수 없는 영광이요 세상의 교화가 세련되게 시행될 것입니다. 그리고 합하 역시 한 지방에서 길이 칭찬하는 말을 듣게 될 것입니다. 저희들은 이를 간절히 기원합니다.

위의 청원서를 살펴보면 알 수 있듯이, 2차 청원서도 12단락으로 이루어졌는데 수정된 내용에 따라 크게 3가지로 분류해 볼 수 있다. 전혀 수정하지 않은 단락과 자구 한두 군데 혹은 한두 사실을 삽입한 단락 및 전면 개고와 같이 내용을 크게 수정한 단락이 그것이다. 먼저 전혀 수정하지 않

은 단락은 ②와 ⑧이다. 자구 한두 군데나 한두 가지 사실을 삽입한 단락
은 ①, ③, ⑤, ⑥, ⑦이다. 전면 개고와 같이 내용을 크게 수정한 단락은
④, ⑨, ⑩, ⑪, ⑫이다.

　이제 앞서부터 단락별로 어떤 내용을 수정했으며 그것이 의미하는 바가
무엇인지를 살펴보자. ①은 청원서의 '제목'에 해당하는데 이 청원서를
접수하는 대상이 '순상합하'에서 '수의합하'로 바뀌었을 뿐이다. ②는
'기'로 분류할 수 있는데 1차 청원서와 같으므로 설명을 생략한다.

　③~⑨는 '승'에 해당된다고 할 수 있다. ③은 김해 선조의 학문의 연원
을 소개하는데, 김해의 생부와 양부가 "모두 퇴도 이 선생 문하에서 공부
해 학문의 큰 방도를 배웠다俱遊退陶李先生門 得聞□學大方"는 구절을 "모
두 퇴도 이 선생의 고제로 여러 차례 스승으로부터 칭찬과 사랑을 받았다
俱以退陶高弟 屢見師門獎許"로 수정해 퇴계와의 관계를 더욱 부각시켰다.

　④는 김해의 학문적 바탕을 언급한 단락으로, 거처하는 곳이 퇴계가 거
주하던 도산으로부터 아주 가까웠다는 점을 보충해 강조하고 김해의 학문
이 태극음양의 논변과 심성이기의 학설로부터 시작해 역사와 천문지리 및
병법 등에까지 두루 미치고 있었음을 설명하고 있다. 뿐만 아니라 그가 만
일 조금만 더 살았더라면 퇴계의 적전이 되었을 것이라는 추론과 함께 당
시의 모든 관료가 그의 학문에 대해 크게 기대하고 있었음을 소개해 학문
적 연원이 깊고 또 명성과 인망이 있었음을 크게 부각시키고 있다.

　⑤는 김해의 창의 과정을 소개하는 단락인데, 그 시기가 임진년 6월時
壬辰六月也임을 밝혀 왜란 초기부터 선도적으로 창의를 주도했음을 보여주
려고 하고 있다. ⑥은 김해가 창의 후 초유사 김성일에게 편지를 보낸 내
용과 그가 곳곳의 전투에서 승리한 내용을 부분적으로 보완했는데, 보다
정확한 문헌 자료를 인용하려고 한 점이 주목된다.

　⑦은 전투 중에도 명나라 제독 고응척과 학문적 강론을 했다고 소개

한 단락인데, 여기에 그가 예천에 머물 때 지은 시를 보강함으로서 임금을 사랑하고 나라를 걱정하며 적에 대해 분개하는 마음을 더욱 돋보이게 표현하려 했다. ⑧은 병사하는 과정을 보여준 단락인데, 전혀 수정하지 않았으므로 설명을 생략한다. ⑨는 그가 전공을 부하들에게 돌렸음을 설명한 단락인데, 여기에 곽준의 뇌문, 신지제의 만시, 김령의 일기 등 많은 자료를 소개해 김해가 많은 전공을 쌓았고 학문이 깊으며 인품 또한 훌륭했음을 돋보이게 하려 했다.

⑩과 ⑪은 '전'에 해당하는 단락으로, 1차 청원서에서 소개한 임흘의 학문과 전공에 대한 내용을 모두 삭제하고 대신 김해의 선조들이 얼마나 학문적 연원이 깊으며 나아가 후손들은 이를 어떻게 계승, 발전시켰는가를 소개하고 있다. ⑩에서는 앞서 잠깐 살펴보았지만 김해의 조부와 양부 및 생부의 학문적 연원을 설명하고 형제 항렬인 김령의 학문적 평가를 보충해 오천의 광산김씨가 대대로 학문에 종사한 집안임을 부각시키고 있다. ⑪에서는 그의 영향으로 아들 김광계와 김광악 형제 및 4대손인 김대 등이 학문과 충의의 정신을 계승해 어떻게 처신하고 어떤 행적을 쌓았는지를 밝히고 있다. 학문의 연원과 충의의 정신이 김해에 의해 충적充積되고, 그것이 후손들에게 전승·발현되는 모습을 돋보이게 하려고 하고 있다.

⑫는 '결'에 해당되는데, 청원자들은 먼저 암행어사의 역할이 드러나지 않은 채 숨겨져 있는 인물의 행적을 발굴해 국왕에게 소개하는 것이라는 사실을 주지시키고 있다. 이어 김해의 충성스럽고 의로운 업적을 상세히 인지한 후 국왕에게 추천해 증직 받을 수 있도록 해주기를 간절히 요망하고 있다.

2차 청원서를 분석해보면 총체적으로 김해의 창의 활동과 전공이 입증될 수 있는 자료를 보완하도록 한 전략에 따라 충실하게 작성되었음을 알 수 있다. 즉 '승'에 해당하는 ④, ⑦, ⑨ 단락에서는 특히 '인승'의 수사법을 활용해 자료를 많이 인용해 김해의 활발한 창의 활동과 혁혁한 전공을 부각시키고 있다.27) '전'으로 분류할 수 있는 ⑩과 ⑪ 단락에서는 앞의 '승' 단계에서 펼친 내용을 그대로 이어 학문의 연원을 강조하고 후대에 충의 정신을 계승, 발전시킨 내용으로 문장을 구성해 논의를 순수하게 이어가면서도 한층 더 진전시켰기 때문에 '정전正轉'과 '진전'의 수사법을 활용했다고 할 수 있다.28) 마지막으로 '결' 단계에서는 앞서의 사실을 잘 요약했다는 점에서 '총결總結'의 수사법을 활용했다고 할 수 있다. 이를 표로 제시하면 다음의 〈표 6〉과 같다.29)

〈표 6〉 2차 청원서의 단락 구성과 핵심 내용

구분	기	승	전	결
단락	②	③~⑨	⑩~⑪	⑫
핵심내용	충의의 의미, 거의와 학문 연원의 상관성	김해의 학문 연원과 거의 활동 소개	학문의 연원 강조와 후대의 충의 정신 계승	증직 요청과 관찰사의 역할 강조
수사법	원기와 모기	순승, 천승, 인승	정전, 진전	총결

2차 청원 전략이 김해의 의병 활동을 입증할 수 있는 자료를 보완하는 것이었으므로 문채의 수사법도 당연히 이에 따라 자료를 인용하고 사건을 나열하는 수사법 즉 나열법과 인용법이 가장 많이 활용되었다. 나열법으로는 김해가 관심을 가졌던 학문 영역을 소개하며 "태극음양에 대한 논변과 심성이기의 학설, 역대 흥망의 자취, 천문지리와 병법 및 군율太極陰陽之辨 心性理氣之說 歷代興廢之迹 天文地誌兵謀師律"이라고 하고 김해의 선조와 형제 및 자식의 학문 연원을 설명하며 "할아버지 운암공의 경학과 풍

---

27) 심경호, 앞의 책, 147~150쪽 참조.
28) 심경호, 위의 책, 150~151쪽 참조.
29) 심경호, 위의 책, 151~152쪽 참조.

절 …… 아버지 후조당의 깊은 학문과 높은 지조 …… 동당 계암공 ……
및 그의 아들 매원공 김광계 …… 祖雲巖之經學風節 …… 父後彫之邃學高操
…… 同堂又有溪巖 …… 而及其胤梅園公光繼……"를 하나하나 열거하고
있다. 인용법으로는 김해가 예천에 머물면서 지은 시有詩曰 孤燈旅舍鐵衣寒
人道今宵歲已闌 一日能添雙鬢白 百年惟有寸心丹, 곽준의 뇌문誄之曰 吾道旣晦
絶學誰航狡虜尙熾 義伐誰將, 신지제의 만시輓詩曰 曾悼鶴峯逝 又如達遠何 詩書
傳舊業 伊洛溯餘波 및 김령의 일기龍蛇記事 則謂孜孜忠勤 夙夜不怠 揀遣精銳 遏
絶賊路 斬獲甚衆를 그대로 옮겨 자료의 신빙성을 크게 제고했다. 또 김령에
대한 정온의 평吾王之伯夷, 김광계에 대한 세간의 호칭崇禎處士, 오천 광산
김씨 가에 전하는 세업裘澲 등은 비유법이라고 할 수 있다. 이를 알기 쉽게
정리하면 다음의 〈표 7〉과 같다.

〈표 7〉 2차 청원서에 나타난 수사법

수사법	원 문
나열법	"太極陰陽之辨 心性理氣之說 歷代興廢之迹 天文地誌兵謀師律, 祖雲巖之經學風節 …… 父後彫之邃學高操 …… 同堂又有溪巖 …… 而及其胤梅園公光繼……,"
인용법	"有詩曰 孤燈旅舍鐵衣寒 人道今宵歲已闌 一日能添雙鬢白 百年惟有寸心丹, 誄之曰 吾道旣晦 絶學誰航狡虜尙熾 義伐誰將, 輓詩曰 曾悼鶴峯逝 又如達遠何 詩書傳舊業 伊洛溯餘波, 龍蛇記事 則謂孜孜忠勤 夙夜不怠 揀遣精銳 遏絶賊路 斬獲甚衆."
비유법	"吾王之伯夷, 崇禎處士, 裘澲."

이상의 상세한 분석을 통해 알 수 있는 바와 같이 2차 청원서는 임흘
의 의병 활동 내용을 삭제한 점을 제외하고는 1차 청원서의 골격을 그대
로 유지한 채 자구를 수정하고 사실을 보충해 김해에게 추가로 증직이 꼭
내려질 수 있도록 했다. 그러나 이 청원서를 받아본 암행어사는 "국가의
위기에 임해 용감하게 창의하는 것은 본성과 독서의 힘으로부터 얻어지는
것이니 어찌 전투에서 사망한 여부를 갖고 경중을 논할 수 있겠는가? 여

러 현인의 만시와 뇌문의 내용을 보니 더욱 그가 갖춘 바의 깊고 얕음을 알 수 있다. 이러한 충의의 실적을 갖고도 아직 포상의 은전을 받지 못한 것은 진실로 극히 밝은 시대의 흠결이다. 그러나 일이 매우 오래전에 벌어졌는데 지금에 와서 번거롭게 아뢰는가? 결국 어렵고 신중하게 처리해야 하는 일이므로 마땅히 헤아려 처리할 일이다"는 처분을 내렸다. 김해가 생전에 쌓은 학문의 업적과 충의에 충만한 의병 활동을 모두 인정하고 증직을 더해주지 않은 것은 흠결이라 할 수 있지만 오래전 일이고 또 포상하는 일은 신중하게 처리해야 하기 때문에 곤란하다는 뜻을 표한 것이다.

암행어사 김학순이 이러한 처분을 내린 것은 당시 그의 임무와 관련이 있을 것으로 추정된다. 당시 그의 임무는 환곡 수납, 민호의 탈면頉免, 양정良丁의 누락, 과다 지출, 어세漁稅와 선세船稅 징수 등 주로 지방관 업무와 관련된 것이었기 때문에 충효열에 대한 정려나 증직에 대해서는 처분하거나 보고할 권한이 없었던 것으로 판단된다.[30] 청원자 입장에서는 만족할 수 없었지만 그나마 암행어사로부터 김해의 학문적 업적과 의병 활동에 대해 긍정적인 인정을 받았다는 측면에서는 1차에 비해 성과가 있는 청원이었다고 말할 수 있다.

2) 3차 청원서 작성과 제출

조선말기에 암행어사는 오랫동안 민정을 시찰하며 갖가지 문제를 살펴보고 그에 대한 개선책을 제시했다. 김학순은 앞서 살펴본 대로 1813년 정월에 예안에 출두해 부정을 저지른 현감을 파면한 후 경상도의 여러 군현을 시찰한 후 7월에 국왕에게 서계書啓, 즉 시찰 보고서를 제출한 점으로 미루어보아 6개월여 기간 동안을 경상도에 머문 것으로 판단된다.『순

---

30) 『순조실록』 17권, 순조 13년 7월 27일 신묘 기사 참조.

조실록』에 그가 거창, 김해, 남해, 지례, 예안, 곤양, 진해 수령의 파면을 건의하고 상주와 진주 수령의 치적을 칭찬했다고 한 것을 보면 부정을 뿌리 뽑기 위해 경상도 전 지역을 암행한 것으로 추정된다.31)

김학순은 이 해 5월 12일에 의성에 와서 머물렀다. 이 소식을 하루 전에 전해들은 의성의 진사 이상발과 유학 신정주, 임직곤은 인근 10개 고을의 유림과 합심해 김해의 증직을 요청하는 청원서를 작성해 다음 날 제출했다.

3차 청원서를 제출하기 위해 모인 유림의 거주지와 인원수를 살펴보면 다음의 〈표 8〉과 같다. 의성을 비롯해 군위와 칠곡 등 10개 지역 유림 102명이 모여 3차 청원을 했는데, 생원진사 합격자 13명과 유학 89명이었다.

〈표 8〉 3차 청원서에 참여한 유림들

구분	의성	군위	칠곡	선산	인동	대구	청송	경주	의흥	영천	합계
생진	6	3	1	0	1	1	0	1	0	0	13
유학	49	3	5	4	7	2	4	5	3	7	89
합계	55	6	6	4	8	3	4	6	3	7	102

1차 청원서를 제출할 때 합류했던 남쪽 지역 중 상주와 성주의 유림이 이번에는 참여하지 않았는데, 이는 〈지도 1〉을 보면 알 수 있는 바와 같이 의성과의 거리가 상대적으로 멀었기 때문으로 추측된다. 대신 1차 청원 때 합류하지 않은 청송과 의흥의 유림이 참여했는데, 그것은 상주와 성주

---

31) 『순조실록』 17권, 순조 13년 7월 27일 신묘 기사 참조.
32) 앞의 『광산김씨오천고문서』에는 3차 청원에 참가한 유림의 명단 역시 잘못 옮겨져 거주 지역이나 신분이 다르게 표기된 경우가 매우 많다(82~84쪽). 그래서 우선 명단을 바로 잡아 이 표를 작성했다(수정된 명단은 이 논문의 부록 참조). 또 위 명단에는 유림 99명만 올라있으나 이 표에는 청원서를 대표해 제출한 의성의 진사 이상발과 유학 신정주, 임직곤을 포함시켰다.

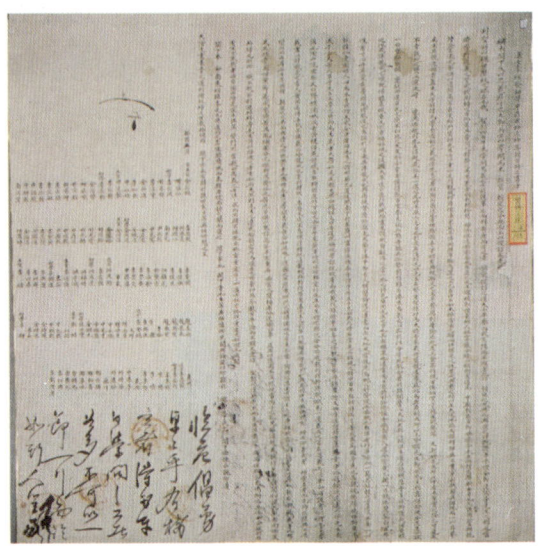

〈사진 3〉 1813년에 진사 이상발과 유학 신정주 등이 암행어사에게 제출한 3차 청원서

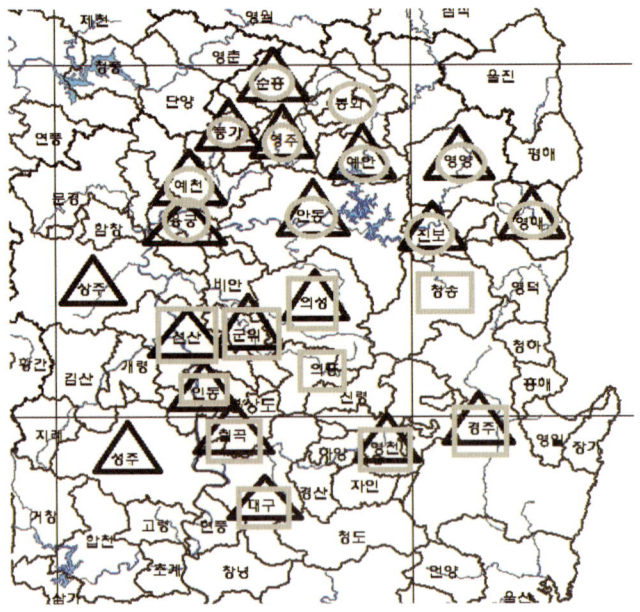

〈지도 1〉 김해 증직 청원을 위해 참가한 유림들의 거주지
* 1차 참여 지역은 세모, 2차 참여 지역은 동그라미, 3차 참여 지역은 네모로 표시했다.

의 경우와는 반대로 거리가 가까웠기 때문으로 판단된다.

 진사 이상발과 유학 신정주 등은 3차 청원서를 올리면서 예안의 유학 이기순이 주도한 1차와 2차 청원서의 골격을 유지하되 문장을 달리 써서 새롭게 보이는 전략을 구사한 것으로 판단된다. 다만 청원서 작성은 사실에 근거해야 하기 때문에 기본적으로 1차와 2차 청원서의 내용과 크게 달라질 수는 없었다. 전체적인 문맥이나 활용된 수사법 등을 살펴보기 위해 번역된 전문을 소개하면 다음과 같다. 이해를 돕기 위해 자구를 일부 수정하거나 새롭게 쓴 부분은 **굵은 글씨**로 표시했다.

 ① 진사 이상발과 유학 신정주, 임직곤 등이 삼가 백번 절하며 수의합하에게 글을 올립니다.

 ② 엎드려 말씀드리건대 충의는 군자의 큰 절개이니 반드시 학문으로 근본을 삼아야 하고 정려를 내리거나 포상을 하는 행위는 국가의 아름다운 법이니 반드시 알려지지 않은 행적을 찾아내는 것을 우선으로 해야 합니다. 이는 역대의 국왕께서 세상의 기풍을 북돋우고 백성들의 둔한 자질을 갈고 닦게 하는 숫돌입니다. 우리 성대한 왕조가 시작된 400여 년 이래 학문이 뛰어나고 충의를 갖춘 선비가 전후로 배출되었지만 이를 겸해 갖춘 사람은 드뭅니다. 정려를 내리거나 포상을 하는 방법을 통해 크거나 작은 인물이 모두 천거되었으나 간혹 숨어서 드러나지 않은 자가 있으니 이는 조정에 흠이 되는 일이며 여론이 분개하고 억울하게 여기는 바가 아니겠습니까? 예안은 퇴도 이 선생의 고을입니다. 당시 학행과 도의를 갖춘 어진 선비들이 모두 가르침을 입었지만 학문이 쌓여 이를 충의로 발현한 사람은 오직 **고 검열 증수찬 근시재 김 선생**뿐입니다.

 ③ 선생의 휘는 해로 예안 고을 출신입니다. 할아버지는 운암공 연으로 경술과 올곧은 도로 중종조의 명신이 되었습니다. 회재 이 선생과 뜻이 잘 맞고 마음을 함께한 사이입니다. 아버지인 징사 후조공 **김부필**과 읍청공 **김부의** 형제는 모두

퇴도의 고제로 스승으로부터 칭찬과 인정을 가장 많이 받았습니다.

④ 선생은 또한 어린 나이에 [퇴도] 문하에 들어가 스승을 보고 감동했고 가정에서 가르침을 받아 일찍이 연원이 있는 학문을 터득했으니 이는 새의 양 날개와 수레의 두 바퀴와 같습니다. **젊은 날부터 태극음양의 논변과 심성이기의 학설 및 역대 흥망의 사적으로부터 천문지리와 병법과 군율에 이르기까지 모두 관통해 샅샅이 파헤쳐 원류를 궁구하고 한결같이 존양으로 주를 삼았습니다.** 그의 호를 근시재라 한 것은 대개 주부자가 학문을 할 때는 가까운 것으로부터 시작해야 한다고 했던 의미입니다. **또 선생이 거처하는 곳이 도산과 매우 가까워 선학이 남겨놓은 좋은 영향을 수선하고 추락한 실마리를 탐구해 유학을 흥기 시키려는 뜻이 있었습니다.** 일찍이 천거되어 여러 차례 관직에 제수되었으나 벼슬길에 나아가지 않았습니다. 급제해 합격자 명단을 발표할 때 모든 관료가 궁정에서 축하하고 **중국 조정에 알리려 했는데** 당시 선생의 나이가 35세였으니 높은 명망과 실력을 이미 볼 수 있었습니다.

⑤ 불행히 임진왜란으로 삼경이 함락되고 임금이 피난을 하게 되니, **선생이 창의해 의병을 일으킨 것이 도내에서 가장 먼저였으니 이때가 임진년 6월이었습니다.** 이에 좌도의 여러 고을에서 선생이 명현으로서 매우 두터운 명성과 인망을 받고 있다는 이유로 추대해 대장으로 삼고 안동의 의병장 배용길과 이정백을 좌우 부장으로 삼아 **대구 위쪽은** 모두 선생의 통제를 받도록 했습니다.

⑥ 선생은 초유사 문충공 김성일에게 편지를 보내 "오랑캐가 창궐하고 임금은 서쪽으로 피난을 하시어 신하와 백성들의 고통은 죽느니만 못한 지 오래되었습니다. 모여든 선비가 겨우 수백 명인데 빈 활조차 당기지 못하고 핏방울만 가슴에 떨어집니다. 병세兵勢가 고립되고 미약해 뜻을 이루지 못할까 두렵습니다만 충의의 마음은 천성에서 나오니 목숨을 바쳐 나라를 구해야 한다는 것은 예전에 이미 들었습니다. 천지에 맹세컨대 이 왜적과 더불어 살지는 않을 것입니다"고 했습니다. 드디어 이에 전략을 세우고 적절히 대응해 베어죽이거나 사로잡은 자가 매우

많았습니다. 혹 안동과 예천에 진을 치고 혹 용궁과 함창의 경계에 머물면서 예천의 적진을 쳐부수었습니다. 또 당교와 송현 전투에서 대군과 더불어 도망하는 적을 추격해 북쪽으로 내몰아 거의 다 섬멸했으며 사로잡은 적장은 순영에 바쳤습니다. 일로가 어육이 되는 것을 면한 것은 선생의 공력 덕분이었습니다.

⑦ 예천에 있을 때, 마침 섣달그믐이라서 시를 짓기를 "객사의 외로운 등불 아래 갑옷은 차가운데 사람들은 이 밤이 지나면 한 해가 저문다 하네. 오늘이 지나면 귀밑머리는 더 세어지겠지만 백 년이 지나도 충성스런 마음은 그대로리라"고 했습니다. 임금을 사랑하고 나라를 걱정하며 적에 대해 분개하는 마음이 시어에 넘쳐났습니다. 용안과 함창에 진을 쳤을 때, 제독 고응척과 더불어 진중에서 선천도를 강론했는데 이는 옛사람이 창을 비껴들고 도를 논하던 뜻이고 또한 제갈량이 만든 8진법인 '천지풍운'과 '용호조사'의 묘수도 모두 이로부터 나왔던 까닭입니다. 군막에 있으면서 『행군수지』 한 편을 지었는데 시행 방법이 정연해 문란하지 않으며 한결같이 성신誠信과 인애로 인심을 단결시키는 것을 근본으로 삼았습니다. 옛날에 문무의 재능을 온전히 했다는 것이 선생을 가리킨 말이 아니겠습니까.

⑧ 계사년 여름에 적을 쫓아 남하해 일행이 경주에 이르렀을 때 선생은 몸과 마음이 다 지쳐 병이 나 진중에서 사망하니 나이가 39세였으며 어머니가 생존해 계셨습니다. 사망할 때가 임박하자 시를 지어 말하기를 "백 년 사직 지킬 계획으로 6개월 동안 군복을 입었네. 국가를 위하다 몸이 먼저 죽으니 어버이 그리워 혼만 혼자 돌아가네"라 했습니다. 아! 그러한 행실이 어찌 천고의 자식과 신하된 사람들로 하여금 진실로 눈물 흘리기에 족하지 않겠습니까? **정학**正學**에서 발현해 이루어진 선생의 충의의 큰 얼개는 대체로 이와 같습니다.**

⑨ 충정공 곽준이 지은 뇌문에 "우리 도학의 앞날이 이미 캄캄하니 끊어진 학문은 누가 다시 이으며 교활한 오랑캐는 여전히 강성한데 의로운 토벌은 누가 할까"라고 했습니다. 오봉 신지제가 만시를 짓기를 "일찍 학봉의 죽음을 애도했더니 또 달원은 어디로 가시는가? 시서로 구업을 전하고 이락의 남은 물결을 거슬러 오르는

가"라고 했습니다. 달원 두 글자는 선생의 덕을 표현한 것입니다. 도산서원 유생이 지은 제문에 이르기를 "유림의 우뚝한 푯대이고 성현의 샘물 길어 올릴 두레박 줄이로다. 창의해 적을 토벌하는 뜻이 순국에 있도다"라고 했으니 어찌 백 세의 공언이 아니겠습니까. 군공이 선생에게 중요한 것은 아니지만 당시의 순찰사 김수가 보고하기를 "적장의 목을 베어 머리를 바친 것이 도내 의병 가운데 으뜸이다"고 말했으며 우도 의병장 김면이 답장에서 말하길 "충의로 떨쳐 거의해 온 마음을 다해 적을 토벌한 사례를 옛사람에서 구하더라도 쉽게 얻을 수 없다"고 했습니다. 재종제인 계암공 김령이 쓴 『용사기사』에 "충실하고 근면함에 부지런해 아침부터 저녁까지 게을리하지 않았고 정예 군사를 가려 보내 적의 진로를 차단하고 목을 베거나 사로잡은 적이 매우 많았다"고 했습니다. 대체로 선생은 군공을 번번이 부하에게 미루고 자처하지 않았습니다. 그래서 당시 편비들이 혹은 정경에 증직되고 혹은 당상에 추증되었습니다. 그러나 원수인 선생에 대한 포창은 6품에 오르는 데에 그치고 말았습니다. 이것이 저희들이 말하는 조정의 흠결이요 여론이 개탄하며 억울하게 여기는 바입니다.

⑩ 아아. 선생의 학문과 충의가 모두 온전한 것이 이와 같으니 부지런히 힘써 덕업에 나아간 공으로 거의 사문의 적전이 되고 유림의 종주가 되었습니다. 당당하게 나라를 위해 목숨 바친 뜻 역시 일월과 더불어 빛을 다투고 가을 서리처럼 매섭다 할 것이니 어찌 하루아침에 감개해 의로움을 사모한 사람과 견주겠습니까.

⑪ 또한 경학을 세업世業으로 삼고 절의가 가법이 되었습니다. 맏아들 매원공 김광계와 야일재공 김광악 형제는 모두 한강 정구와 여헌 장현광의 고제로 어려서부터 매우 두터운 명성과 인망이 있었는데 서궁의 변이 일어나자 매원공은 마침내 과거 응시를 그만두었고 인조반정 이후에도 다시 시험장에 나가지 않았습니다. 병자호란을 당해 형제가 창의해 의병을 이끌고 죽령에 이르렀는데 이미 화의가 이루어졌다는 말을 듣고 서쪽을 향해 통곡하고 돌아왔습니다. 형은 네 차례나 불렀으나

나아가지 않았으며 동생은 종신토록 자취를 감추었으니 선생이 길을 열어 인도함이 이와 같았습니다. 그러니 선생이 남긴 풍모와 여운은 마땅히 후생이 우러러볼 바인데 수백 년 동안 숨어 드러나지 않았으니 어찌 성조의 흠결이 아니겠습니까.

⑫ 그러나 선생의 후손들은 은택을 요구한다는 혐의를 우려해 스스로 알리는 것을 부끄러워하니 이 또한 괴이한 일이 아니나 공의가 있는 것에 대해 침묵하는 것은 옳지 않습니다. 이에 도산서원에서 특별히 유생을 정해 순영에 가서 상서를 했더니 순영에서 처분하기를 "충성스럽고 의로운 선비의 자취가 왕왕 민멸되어 드러나지 못하니 개탄스러움을 이기지 못하겠다. 마땅함을 따라 헤아려 처리할 일"이라고 하셨습니다. 온 도내의 사람들이 어떻게 처리될지 기다리고 있었는데, 마침 합하가 명을 받고 남쪽으로 내려왔다가 내일 본 고을에 오신다는 소식을 들었습니다. 무릇 도내의 진실된 선비의 아름다운 행적이 민멸되어 드러나지 않는데 이것을 찾아내어 방문하고 드러내어 포상하는 것은 합하의 업무 합하의 책무입니다. 저희들은 인근 고을에 거주하면서 일찍부터 여론을 듣고 있기에 수의사또에게 우러러 하소연합니다. 엎드려 바라건대 공의를 굽어 채택하고 국왕께 아뢰어 포창 받을 수 있는 방법을 극진하게 해주신다면 유림에게 더할 수 없는 영광이고 세상을 교화하는데 도움이 될 것입니다. 그리고 합하가 후세에 길이 칭찬받는 일이 있을 것입니다. 저희들은 간절히 기원합니다.

위의 청원서를 보면 알 수 있는 것처럼 3차도 1차와 2차와 같이 12단락으로 이루어졌으나 분량은 1차와 2차에 비해 많다. 주목되는 점은 단락마다 약간이라도 수정한 점이다. 이는 앞서 언급한 바와 같이 1차와 2차에 비해 색다른 설득력을 주려는 전략에서 비롯된 것으로 추측된다. 특히 '기'에 해당하는 ②와 '결'이라 할 수 있는 ⑫가 대폭 수정된 점에서 이러한 추정은 거의 사실에 가깝다고 판단된다.

그러면 이제 단락별로 어떤 내용을 수정했으며 그것이 의미하는 바가 무엇이고 어떤 수사법이 활용되었는지를 살펴보자. ①은 청원서의 '제목'으로 청원자가 바뀌었음을 알 수 있다. 다만 이들의 거주지가 밝혀져 있지 않은 점은 암행어사가 의성에 왔을 때 청원서를 제출했기 때문으로 추측된다.

②는 '기'에 속하는데 충의의 의미와 정려의 기능에 대해 설명하고 이황이 활동한 지역이 예안임을 명시해 그와 김해가 지연 및 학연으로 얽혀 있음을 암시했다. 아울러 김해만이 학문과 충의를 겸비한 인물이라고 강조해 청원하는 뜻을 분명히 드러내고 있다. 1차, 2차와 같이 김해의 증직을 청원하지만 전과 다른 청원서라는 느낌이 확실하도록 했다는 면에서 새로운 전략을 충실히 반영해 수정한 것으로 판단된다.

③~⑨는 '승'에 해당하는데, 대체로 1차, 2차 청원서에서 대부분의 내용을 모두 소개했기 때문에 문장을 약간 수정하거나 보완하는 정도에 그쳤다. 다만 주목되는 점은 ⑦에 김해가 지었다고 알려진 『행군수지』를 언급하고 ⑨에 도산서원 유생이 지은 제문을 소개하고 있는 점이다. 내용의 보완을 통해 문무를 겸비한 김해의 능력을 부각시키고, 그에 대한 좋은 평가가 공평하고 객관적이라는 사실을 증명해 보이려 노력하고 있다.

⑩과 ⑪은 '전'이라 할 수 있는데, 그중 ⑩은 전면 수정한 부분으로 앞 단락에서 살펴본 도산서원 유생의 평가에 이어 다시 김해의 학문과 충의를 언급하며 사문의 적전과 유림의 종주가 되었다고 추켜세우고 있다. 2차 청원서의 이 단락에서는 김해의 선조들의 학문적 연원을 반복해 소개한 바 있는데, 이것은 별 호소력이 없었다고 판단해 단락의 내용을 아예 바꾼 것으로 판단된다. ⑪은 첫머리에 경학과 절의가 오천 광산김씨 세업과 가법이 되었다고 주장하는 한 문장을 추가하는 대신 공증되지 않은 4대손의 의병 활동에 대해서는 삭제했다. 내용의 신빙성을 높이려는 전략에 따라 이루어진 일이라고 생각된다.

⑫는 '결'에 해당하는데, 전면 개고에 가깝게 수정해 설득력이 배가 되도록 한 것으로 보인다. 이제까지 김해의 증직 청원을 주도한 세력이 도산서원 유림이었다는 사실을 밝히고 암행어사로서의 책무를 다해 청원이 이루어지도록 국왕에게 반드시 건의해달라고 요망하고 있다.

3차 청원서를 분석해보면 2차 청원 때와 마찬가지로 자료를 보강하는 한편 청원이 도산서원 유림을 중심으로 전개되고 있다는 사실을 처음으로 밝힘으로써 김해에게 증직이 내려질 가능성이 한층 높아졌다는데 의미가 있다고 할 수 있다.

편장의 구성을 살펴보면 '기'에 해당하는 ②에서는 충의에 대해 새롭게 정의하고 학문과 정려 관련성을 설명했다는 면에서 '원기'의 수사법을 활용했다고 할 수 있다. 참고로 1차, 2차 청원서에서는 충의가 국가를 다스리는 원기忠義者 有國之元氣也로 정의된 데 비해 3차에서는 군자의 커다란 절개忠義君子之大節로 규정되고 있다. 또 에두르지 않고 곧바로 김해의 증직이 청원의 목적임을 분명히 한 점에서 '모기'의 수사법을 적용했다고 할 수 있다.

'승'으로 분류할 수 있는 ③~⑨는 김해의 학문의 연원과 거의 활동 등을 소개하고 있다는 면에서 1차와 2차 청원 때와 같이 '순승', '천승', '인승'의 수사법을 이용한 것으로 판단된다. '전'에 속하는 ⑩과 ⑪은 김해에 대한 평가와 후대의 충의 정신 계승을 언급하면서 '정전'과 '진전' 방식을 차용한 것으로 생각된다.

끝으로 '결'에 해당하는 ⑫에서는 도산서원 유생의 활동을 소개하고 있다는 점에서 사실 기술로 끝을 맺는 '서결敍結'과 사실을 요약해 맺는 '총결'의 수사법을 병행하고 있는 것으로 판단된다.33) 이를 정리하면 다음의

---

33) 심경호, 위의 책, 151~152쪽 참조.

〈표 9〉와 같다.

〈표 9〉 3차 청원서의 단락 구성과 핵심 내용

구분	기	승	전	결
단락	②	③~⑨	⑩~⑪	⑫
핵심 내용	충의와 학문 및 정려의 관련성, 이황과 김해의 지연과 학연 소개	김해의 학문 연원과 거의 활동 소개	김해에 대한 평가와 후대의 충의 정신 계승	도산서원 유생의 활동 소개와 암행어사의 역할 강조
수사법	원기와 모기	순승, 천승, 인승	정전, 진전	서결, 총결

　3차 청원 전략은 1차와 2차와는 다른 문장을 구성해 참신하게 보이자는 전략이었으나 문채로서의 수사법은 이전에 활용한 방법을 주로 사용하고 있다. 우선 비유법은 정려를 내려주는 행위가 "역대의 국왕께서 세상의 기풍을 북돋우고 백성들의 둔한 자질을 갈고 닦게 하는 숫돌입니다列聖所以礪世磨鈍之砥石也"라고 한 데서 찾아볼 수 있다.

　대조법은 "충의는 군자의 큰 절개이니 반드시 학문으로 근본을 삼아야 하고 정려를 내리거나 포상을 하는 행위는 국가의 아름다운 법이니 반드시 알려지지 않은 행적을 찾아내는 것을 우선으로 해야 합니다忠義君子之大節 而必以學問爲本 旌褒朝家之令典 而必以搜訪爲先"나 정려를 받을 만한 사람이 누락된 행위는 "조정에 흠이 되는 일이며 여론이 분개하고 억울하게 여기는 바朝家之欠典 而輿情之所慨鬱" 또는 "'형은 네 차례나 불렀으나 나아가지 않았으며 동생은 종신토록 자취를 감추었으니兄則四徵不起 弟則遯跡終身" 등에서 찾아볼 수 있다.

　나열법은 "사문의 적전이 되고 유림의 종주가 되었다師門之嫡傳 儒林之宗主"나 "일월과 더불어 빛을 다투고 가을 서리처럼 매섭다日月之爭輝 秋霜之幷烈"나 "경학을 세업으로 삼고 절의가 가법이 되었다經學爲世業 節義成家法" 등이라고 할 수 있다. 또 인용법은 도산서원 원생의 제문陶山院儒祭

文曰 聳標儒林 汲古修綆 倡義討賊 志在殉國이나 순영의 처분營題曰 忠義之士 往往泯而不顯 不勝慨然 從當量處云云 등을 옮긴 것인데, 자료의 신뢰도를 높이기 위한 것으로 판단된다. 3차 청원서에 활용된 수사법을 정리해 표로 나타내면 다음과 같다.

〈표 10〉 3차 청원서에 나타난 수사법

수사법	원 문
비유법	"列聖所以礪世磨鈍之砥石也."
대조법	"忠義君子之大節 而必以學問爲本 旋襃朝家之令典 而必以搜訪爲先, 朝家之欠典 而輿情之所慨鬱, 兄則四徵不起 弟則遯跡終身, 俯採公議 仰達天陛."
나열법	"師門之嫡傳 儒林之宗主, 日月之爭輝 秋霜之幷烈, 經學爲世業 節義成家法, 搜而訪之 闡而襃之 閤下事也, 閤下責也, 儒林增光 世敎砥礪."
인용법	"陶山院儒祭文曰 聳標儒林 汲古修綆 倡義討賊 志在殉國, 營題曰 忠義之士 往往泯而不顯 不勝慨然 從當量處云云."

이상에서 살펴본 바와 같이 이상발과 신정주 등은 1차, 2차 청원서를 분석하고 나름의 전략을 세워 3차 청원서를 작성해 의성에 머물던 암행어사 김학순에게 제출했다. 이들은 1차, 2차 청원서에 비해 사실도 충실히 보강되었고 문장도 잘 가다듬어졌기 때문에 김해에게 증직이 내려질 가능성이 크게 높아졌다고 생각했다.

그러나 이 청원서를 받아본 암행어사의 생각은 2차 때와 전혀 달라지지 않았다. 그는 "국가의 위기에 임해 용감하게 창의해 우뚝한 공적을 세운 것은 평소 학문에 대한 공부가 많아야 이룰 수 있는 것이니 한 가지 절행과 동등하게 논의해서는 안 된다. 이와 같은 인물을 어찌 쉽게 많이 찾을 수 있겠는가. 이처럼 모든 것을 갖추고 당당하게 충성한 자를 후손이 다만 은택을 요구한다는 혐의를 받을까 부끄러워해 지금까지 알려지지 않았다는 것은 대단히 흠이 되는 일로 여론이 억울하게 생각하는 것이 마땅하다. 그러나 오래전 일이라 계문하기에는 어렵고 신중한 점이 있으니 마땅히 헤아려 처리할 일이다"라는 처분을 내렸다. 김해의 학문적 연원이나 전공을 다 인정하고 유생들이 억울해하는 것도 이해하지만 오래전 일이라 계문하기 어렵다며 정중하게 거절했다.

6 결론

왜군이 조선을 침략해 동래부를 함락시킨 후 몇 차례 방어선을 뚫고 파죽지세로 한양을 향해 진격하자 관리들은 도망치기에 바쁘고 국왕은 피난을 떠났다. 국가가 이처럼 위기에 처했을 때 벼슬을 버리고 고향에 내려와 있던 김해는 왜적을 물리치기 위해 창의를 선도하고 의병장이 되어 안동과 예천, 용궁과 함창 등지에서 혁혁한 공적을 쌓았다. 그러나 아내의 상을 치르고 군영으로 돌아오다 경주에서 병사하고 말았다. 전쟁이 끝나고 이러한 공을 인정받아 증직으로 수찬 벼슬이 내려졌지만 그가 쌓은 공에 비하면 너무 낮은 벼슬이었다. 그의 휘하에 있던 부하에게 정경이나 당상 벼슬이 내려진 것과 비교해보면 아쉬움이 컸다. 그래서 유림들은 김해에게 추가로 증직해달라고 요청하기에 이르렀던 것이다.

1812~1813년에 경상도의 20여 개 지역에서 230여 명의 유림이 3차례에 걸쳐 청원을 했지만 번번이 거절당했다. 거절의 이유는 임진왜란으로부터 너무 오랜 시일이 지나 사실 여부를 판단할 수 없다는 것이었다. 유림은 청원서를 거듭 제출하면서 사실을 입증할 수 있는 자료들을 보충하고 각종 수사법을 활용해 설득력 있게 호소했음에도 불구하고 번번이 거절되고 말았다.

그러나 이러한 노력이 결코 헛된 것은 아니었다. 비록 이때에는 거절당했지만 이로부터 80년이 지난 1892년(고종 29년)에 김해는 자헌대부 이조판서 겸양관대제학 성균관좨주資憲大夫 吏曹判書 兼兩館大提學 成均館祭

酒에 증직되었다.34) 임진왜란이 일어난 지 300년이 지난 후였다. 그러나 불행히도 당시에 올린 청원서는 현전하지 않는다.

이상에서 살펴본 바와 같이 조선말기에 지방 유림들은 청원서를 작성할 때 전략을 세우고 이를 실천하기 위해 여러 가지 수사법을 활용했다. 또 청원을 거듭하면서 부족한 점을 보완하기 위해 상당한 노력을 기울였다. 조선후기 이래 작성된 다양한 청원서 원본이 현재 다수 전하고 있음에도 불구하고 자료상의 한계와 연구 방법론의 부재 등으로 인해 이를 상세히 분석하지 못하고 있는 형편이다. 향후 다양한 시각과 여러 가지 연구 방법론을 통해 청원서에 대한 연구가 활발히 시도되기를 기대해본다.

부록 〔김해 관련 청원서 원문〕35)

[01]
"禮安居幼學李基淳 榮州居幼學金星鍊等 謹齋沐再拜上書于 巡相閤下 伏以忠義者 有國之元氣也 是以 遠而前代帝王 近而我朝: [인용자 보충]列聖 莫不 嘉尙之褒獎之 以爲維持世道之方 非以榮其人也 所以礪人臣之節也 然苟非平日積學得聖賢門 路之正 而一朝慷慨以就死者 古人謂之一節 若其正學之深 而發之爲忠義者 禮安故檢閱 贈修撰 近始齋金先生是已 先生諱垓 祖雲巖公用經術直道 與晦齋李先生道合心[志의 誤로 추정됨:

---

34) 『광산김씨예안파보』, 광산김씨 예안파보 간행소, 1977, 7쪽.
35) 1982년에 한국정신문화연구원에서 간행한『광산김씨오천고문서』에는 본고에서 분석한 3편의 청원서 원문이 수록되어 있다. 하지만 오자와 탈자가 있어 연구 자료로 사용하기에는 불완전한 면이 있다. 더구나 청원서에 참여한 유림의 지역과 신분이 잘못 옮겨져 이를 바탕으로 연구할 경우 커다란 착오를 범하기 쉽다. 따라서 필자가 연구 자료로 제공하기 위해 원본 이미지와 일일이 대조해 오자와 탈자를 교정했다.

인용자 주]同 爲中廟朝名臣 父後彫挹淸兄弟公 俱遊退陶李先生門 得聞□[인용자 보충]學大方 而先生又以童卝及門 自幼已涵濡庭訓 觀感師席 早自有得於爲己之方 德性學問 鳥翼車輪 其號近始者 盖取爲學 自近始之義也 方理餘韻尋墜緒 有興起斯文之志 不幸島夷猖獗 三京失守 鑾輿播越 先生慷悗[慨의 誤로 추정됨: 인용자 주]奮義 糾合同志 與諸將士 約日 主上蒙塵 吾輩不如死之久矣 若不幸而事不濟 則有死而已 聽者改容增氣 於是左道列邑儒生 以先生名賢重望 推爲大將 安東義將裴龍吉李庭栢 爲左右副 而各邑義兵 皆聽先生節制 先生貽書招諭使言起兵狀有云 獨張空拳 恐難自濟 然忠義之性 根於天得 守死致命 曾所講聞 誓心天地 不與此賊俱生 遂設機應會 多所斬獲 或陣于安醴 或陣于龍咸之境 旣破醴泉賊壘 又於唐橋松峴之役 殲滅殆盡 生獲賊酋 獻巡察營 左上道之得免魚肉 先生之力也 而其陣龍咸也 一日逢高提督應陟與部下將士 講先天圖于陣中 盖古人橫槊論道之意 而亦天地風雲龍虎鳥蛇之妙 皆從此出故也 癸巳追賦[賊의 誤: 인용자 주]南下 將與大陣合行 至慶州盡瘁疾作 卒于陣中 得年三十九 母夫人在矣 其臨絶之詩曰 百年存社計 六月着戎衣 爲國身先死 思親魂獨歸 嗚呼 斯固不足以淚千古之人子人臣乎 今若謂先生之死有異立殣者云爾 則非篤論也 特其所遇之會異耳 先生正學之發之爲忠義者 大抵如此矣 若軍功 則非所輕重於儒者 而當時巡察使金公睟題報 則謂斬將獻馘 爲一道義兵之首 右道都大將金公沔復書 則謂奮忠擧義 盡心討賊 求之古人而不易得 玆豈非百世之公言乎 盖先生之於軍功 輒讓與部曲 不以自居 故伊日福神 或有贈正卿者 或有贈堂上者 而元帥之褒典 不過陞六而止 此實後學輿情之所慨然處耳 生等抑有一說 故徵士龍潭任先生屹本以京師世冑 南徙[徒의 誤: 인용자 주]安東 樂從先輩長者 習聞道義之說 及至龍蛇之亂 自以世祿子弟 不宜坐視國難 約贈參議柳公宗介 偕擧義旅 柳公爲大將 公爲副將 設伏于薩夫嶺下 多所斬獲 翌日賊添兵蹂躪 柳公死之 公召聚散卒 歸合于近始金公義陣 聞慶唐橋兩役 皆有功勳 及近始卒 公代領其衆 與大軍合 方誓死向前矣 未幾丁父憂去 此又公起義之大畧也 洎夫制闋以後 都[靜의 誤: 인용자 주]居林泉 溫理舊業 大爲寒岡鄭文穆公所推重 卒以行誼聞 徵而不起 此則北人當國之日也 噫 公不過林下一布衣耳 當賊勢充斥之日 出者肝腦塗地 處者竄伏林藪 而乃奮不顧身 欲以一死殉國 柳公之敗 而志猶未已 金公之卒 而又復不懈 其萬折必東之志 吁亦烈矣 而晩年不仕 又可見其濁世之淸風矣 雖然 上不聞其名 下無以揄揚之者 今至二百年寥寥也 士固行其義而已 世之知不知 固無所加損 而此而遂湮滅不彰 則亦安得爲衰世之爲人臣者勸哉 兩公後裔 以干澤爲嫌 不欲自鳴 而公議則有不當然者矣 生等 玆以相率籲籲于旬宣之下 搜訪幽隱 警效[欸의 誤: 인용자 주]冕旒之下者 閤下事也 伏願閤下 俯採輿論 轉達天陛 俾得以追

擧欠典 則儒林增光 世教砥礪 而閤下亦永有辭於一方矣 生等 不勝祈懇之至

壬申十一月 日 禮安幼學李鍾淳 李鎭斗 金匡鍊 李龜裕 李民淳 琴汝玉 李師愚 南日躋 尹禈 吳周顯 金是瑾 金震儒 李彙瑾 李元淳 南命龜 金櫶 申聖烈 金元敬[敎의 誤: 인용자 주] 李龜孫 琴汝根 李師侗 李時敬 金良鍊 琴箕錫 李程淳 李保淳 李汝迪 金黃鍊 李龜晦 李林淳 李好淳 李龜章 琴汝稷 申宗默 琴象熙 李時靖 李師恒 琴汝極 李龜洙 李啓淳 琴熙述 李晦淳 金朝玉 琴汝宅 金夏根 李師延 李龜泳 李龜獻 金是珩 李行淳 李能淳 李彙成 琴汝栻 李漢燮 琴鍾夏 李彙陽 李汝文 申應龍 權時標 琴汝模 金養元 李龜煥 李溪淳 李始淳 李大淳 李龜恒 進士李老淳 李彙遠 幼學琴汝岳 琴泰烈 李謙淳 李龜燽 吳世顯 李日淳 李[柳의 誤: 인용자 주]洙 李龜升 李彙寗 安東幼學 金南運 金南壽 金鎭綱 李柟秀 李樟秀 李庭寶 生員金義壽 金亨壽 進士 李宗周 李之慶 李宗休 幼學李秉夏 李秉殷 生員李有白 幼學李晩白 李養中 李敬簡 進士柳璧祚 幼學柳宗睦 柳華祚 柳歡[觀의 誤: 인용자 주]祚 柳顯祚 柳秉祚 柳懿睦 柳家祚 李宇斗 李光栗 裴顯忠 金星奎 金星冕 禹龜燮 朴之喆 權溥仁 鄭來楨 鄭在汶 權時度 柳致晦 柳炳文 柳致學 柳致覺 裴翰周 裴顯世 裴晟周 裴贊周 金星說 金星袞 金道孫 生員 安爾龍 幼學安愿 榮川生員李雲燮 幼學李勉行 金革鍊 李彙 李□奎 金□□ 朴□中 金永義[義의 誤: 인용자 주] 順興幼學權赫祖 權亨祖 朴春穆 進士徐聖烈 幼學朴春亨 朴春正 朴春明 豊基生員黃□敏 幼學黃□鱗 李□淳 李彙璋 李彙珪 金默[鼎의 誤: 인용자 주]九

醴泉幼學鄭昌熙 鄭光天 權泰運 鄭昌遠 鄭昌奎 龍宮生員李章瑀 幼學李□□[瑗: 인용자 보충] 李□瑤 姜□睦 李尙翼 李尙愚 尙州生員琴英澤 金顯奎 幼學金顯鏞 柳寔春 生員姜鉉欽 幼學姜世德 善山幼學金持永 金喆儒 金泗儒 申致教 申勉教 生員金硏教 仁同進士張鑄 幼學張尹燮 張一燮 張東韻 金鶴九 申福應 申宅重 申永躋 權時度 權尙度 星州生員金俊宅 鄭煥 幼學宋能欽 鄭東九 金宗泰 張秉孝 漆谷生員李鋿 幼學李鏵 李鋧 金敏儒 金邦儒 大邱進士崔奎鎭 幼學 崔奭洙 崔氵+觀 崔汲 義城進士李祥發 幼學李知發 李玄發 金養鱗 申祖祐 金陽進 金堂進 金海進 生員申冕朝 李家發 權得仁 寧海幼學李相殷 李光文 權度禹 朴濬永 朴基永 南毅陽 慶州進士李鼎儼 幼學李泰祥 崔瓅 李來祥 永川幼學鄭台攝 鄭裕壽 曺見九 曺象九 李仁興 英陽幼學趙居信 趙居讓 南泰益 軍威進士洪文豹 李匡德 生員李廷佑 眞寶幼學申興烈 申致道 李相運 等."

(題辭) 忠義之士 往往有泯而不顯者 誠可慨歎 從當量處之向事 初十

行使(押)

[02]

"禮安居幼學李基淳榮川[州의 誤: 인용자 주]居幼學金星鍊等謹齋沐再拜上書于繡衣閤下 伏以忠義者 有國之元氣也 是以遠而前代帝王 近而我列聖 莫不嘉尙之□□□…□□□之方 非以榮其人也 所以礪人[인용자 보충]臣之節也 然苟非平日積學得門路之正 而一朝慷慨以就死者 古人謂之一節 若其正學之深而發之爲忠義者 禮安故檢閱 贈修撰近始齋金先生是已 先生諱垓 祖雲嚴公 用經術直道 與晦齋李先生 道合志同 爲中廟朝名臣 父後彫悒[把의 誤: 인용자 주]淸兄弟公 俱以退陶高弟 屢見師門奬許 而先生又以童丱及門 自幼涵濡庭訓 觀感師席 早得淵源之學 其德性學問 鳥翼車輪 爲號近始者 盖取爲學自近始之義 而亦先生之居陶山甚近也 至如太極陰陽之辨 心性理氣之說 歷代興廢之迹 天文地誌兵謀師律 無不貫穿剔決[抉의 誤: 인용자 주] 窮其源流 而一以存養爲主 若使先生假之以年 則陶山嫡傳 有所歸矣 方理餘韻尋墜緖[인용자 보충] 有興起斯文之志 早登薦剡 累除不仕 及其登第拆[析의 誤: 인용자 주]號 百僚相賀于庭 時先生年三十有五 其望學之隆 已可見矣 不幸島夷猖獗 三京失守 鑾輿播越 先生慷慨奮義 糾合同志與諸將士約曰 主上蒙塵 吾輩不如死之久矣 若不幸而事不濟 則有死而已 聽者改容增氣 於是左道列邑儒生 以先生名賢重望 推爲大將 安東義將裴龍吉李庭栢爲左右副 而各邑義兵 皆聽先生節制 時壬辰六月也 先生貽書招諭使金文忠公誠一 言起兵狀 有云 獨張空拳 恐難自濟 然忠義之心 出於性分 守死致命 昔粗講聞 唾手蠻雲 掃蕩腥穢 誓心天地 不與此賊而俱生云云 遂乃設機應會 多所斬獲 或陣安禮之地 或陣龍溪之境 掃淸醴泉賊壘 又於唐橋松峴之役 與大軍追亡逐北 殲滅殆盡 生獲賊首 獻俘賊[巡의 誤: 인용자 주]營 一路之得免魚肉 先生之力也 其在醴泉也 適當除日有詩曰 孤燈旅舍鐵衣寒 人道今宵歲已闌 一日能添雙鬢白 百年惟有寸心丹 其愛君憂國 感憤敵愾之志 溢於言表 其陣龍溪也 與高提督應陟 講先天圖于陣中 卽古人橫槊論道之意 而亦天地風雲龍虎鳥蛇之妙 皆從此出故也 癸巳追賊南下將與大軍合 至慶州盡瘁疾作 卒于軍中 年三十九 母夫人在堂矣 其臨絶之詩曰 百年存社計 六月着戎衣 爲國身先死 思親魂獨歸 嗚呼 斯豈不淚千古之人子人臣乎 今若謂先生之死有異立㒒者云爾 則非篤論也 特其所愚之會異耳 先生正學之發 而爲忠義者 大槩如是矣 郭忠正公趪誄之曰 吾道朝晦 絶學誰航 狡虜尙熾 義伐誰將 申梧峯之悼輓詩曰 曾悼鶴峯逝 又如達遠何 詩書傳舊業 伊洛溯餘波 達遠二字 先生表德也 斯二公 豈是苟許人者乎 至若軍功 則非所輕重於先生 而其時巡察使金公睟題報 則謂斬將獻馘 爲一道義兵之首 右道義將金公沔復書 則謂奮忠擧義

盡心討賊 求之古人而不易得 再從弟溪巖公坽 龍蛇記事 則謂孜孜忠勤 夙夜不怠 揀遣精銳 遏絶賊路 斬獲甚衆 盖先生之於軍功 輒讓與部曲 不以自居 故伊日編裨 或有贈正卿者 或有贈堂上者 而元帥之褒典 不過陞六而止 此生等所慨然而抑鬱處也 先生之學問忠義 焯焯如此 固非一朝感慨慕義者之此[比의 誤: 인용자 주]也 祖雲巖之經學風節 晦齋之所謂同襟也 父後彫之邃學高操 退陶之所謂堅節也 同堂又有溪巖 則鄭桐溪所謂吾王之伯夷也 而及其胤梅園公光繼 則以寒旅高弟 早有重名 西宮之變 遂謝公車 反正以後 困[因의 誤: 인용자 주]不復就試 當丙子之亂 與弟野逸公光岳 倡起義旅 行至竹嶺 聞和議已成 西向慟哭而歸 四徵不起 以崇禎處士 終焉 又四代孫岱 於戊申之亂 與其二子 慨然奮義 倡率鄕旅 行至安東而龍 先生之學問忠義 實是家傳裘裘 而其所以啓迪後人者 爲如此矣 然則先生之遺風餘韻 宜其爲後生之所瞻仰 而其數百年隱而不顯 又豈非聖朝之遺曲[典의 誤: 인용자 주]哉 生等孜敢仰贄 搜訪幽隱磬欸[欽의 誤: 인용자 주]冕旒之下者 閤下事也 伏願閤下 俯採輿論 仰達天陛 得以追擧欠典 則儒林增光 世敎砥礪 而閤下亦永有辭於一方矣 生等無任祈懇之至

癸酉正月 日 禮安幼學李鍾淳 李鎭斗 金匡鍊 李龜裕 李民淳 琴汝玉 李師愚 南日躋 尹㯳 吳周顯 金是璀 金震儒 李彙謹 李元淳 南命龜 金楠 申聖烈 金元敎 李龜孫 琴汝根 李師侗 李時敬 金良鍊 琴箕錫 李程淳 李個[保의 誤: 인용자 주]淳 李汝迪 金黃鍊 李汝文 李彙陽 琴鍾夏 李漢燮 琴汝栻 李彙成 李能淳 李行淳 金是珩 李龜獻 李龜泳 李師延 金夏根 琴汝宅 金朝玉 李晦淳 琴熙述 李啓淳 李龜洙 琴汝極 李師恒 李時靖 琴象熙 申宗默 琴汝稷 李龜章 李好淳 李林淳 李龜晦 申應龍 權時顯 琴汝模 金義元 李龜煥 李溟淳 李延淳 李大淳 李龜恒 進士李老淳 李彙遠 幼學琴汝岳 琴泰烈 李謙淳 吳世顯 柳洙 李彙寧 安東幼學金南運 金南壽 金鎭綱 李栴秀 李樟秀 李庭寶 生員李[金의 誤: 인용자 주]義壽 金亭[亨의 誤: 인용자 주]壽 進士李宗周 李之慶 李宗休 幼學李秉夏 李秉殷 李秉進 生員李秉遠 李有白 進士李秉逵 幼學李晩白 李養中 李敬簡 柳履祚 柳遠祚 柳震春 柳宗睦 柳宬 進士柳璧祚 幼學柳進明 柳進翼 柳道曾 柳道宗 柳道煥 安愿 生員安爾說[龍의 誤: 인용자 주] 幼學金道孫 金星冕 金星說 金星袞 裵漢周 裵顯世 柳炳文 柳致晦 柳致學 權輔仁 權時度 權漢章 權泰運 禹龜協 朴之喆 朴之翰 醴泉幼學鄭光翊 鄭光淵 鄭光奎 鄭光禹 鄭昌會 金儒鍊 張永鎭 宋弘直 龍宮生員李章瑀 幼學李是璦 李是璠 姜時睦 李尙翼 李尙愚 榮川生員李雲燮 幼學李勉行 金革鍊 李祥奎 金永義 朴允中 順興幼學權赫祖 權亨祖 朴春穆 朴南秀 進士徐聖烈 幼學朴春亨 朴春明 豊基幼學黃彩鱗 李晟淳 李彙璋 生員黃夔漢 黃中敏 幼學李彙珪 金鼎九 眞寶幼學申興烈 申致道 李

海星 李相殷 李相運 英陽幼學趙居信 趙居讓 南泰益 南泰重 寧海幼學李光文 權度禹 朴基永 南毅陽 奉化幼學金柔完 金宜宅 琴養蒙 琴訥 等."

(題辭) 臨危倡勇 得之於本而讀書之力 則豈可以立懂與否 輕重於其間乎 觀於諸賢輓誄之 辭 尤可見所存之淺深 以若忠義 尙未蒙褒揚之典 誠極昭代之欠事 事在久遠 到今煩達 終涉難 愼 當爲量處之向事

(押)

[03]

"進士李祥發幼學申鼎周任直坤等 謹百拜上書于
繡衣閣下 伏以忠義君子之大節 而必以學問爲本 旋褒朝家之令典 而必以搜訪爲先 此列聖所以 礪世磨鈍之砥石也 我聖朝四百年來 學問忠義之士 前後輩出 而鮮有兼而有之者 旋褒搜訪之道 大小畢擧 而或有隱而不顯者 此非朝家之欠典 而輿情之所慨鬱者乎 禮安卽退陶李先生之鄕也 當時學行道義之賢 咸被陶鑄之力 而若其學問之積 發之爲忠義者 惟我故檢閱贈修撰近始齋金 先生是已 先生諱垓 卽禮安鄕人 祖雲巖公緣 以經術直道 爲中廟朝名臣 卽晦齋李先生所謂志契 斷金者也 父徵士後凋公富弼 抱淸公富儀兄弟 俱以退陶高第[弟의 誤: 인용자 주] 最受師門 奬詡 先生亦以童卯及門 觀感師席 擩染家庭 早得淵源 車輪鳥翼之工 已自少日 如太極陰陽之 辨 心性理氣之說 歷代興廢之跡 以至天文地誌 兵謀師律 無不貫穿剖抉 窮其源流 而一以存養 爲主 其號近始者 蓋朱夫子所謂爲學自近始之義 而亦先生之居 距陶山甚近也 方埋餘韻尋墜緖 有興起斯文之志 早登薦剡 屢除不赴 及其登第拆[析의 誤: 인용자 주]號 百僚相賀于庭 至欲 奏聞天朝 時先生年三十有五 望實之隆 已可見矣 不幸龍蛇之變 三京失守 鑾輿播越 則先生倡 起義旅 爲一道之先 時壬辰六月日也 於是左道列邑 以先生名賢重望 推以爲大將 安東義將裵龍 吉李庭栢爲左右副 大邱以上 皆聽先生節制 先生與書招諭使金文忠公誠一曰 蠻獠猖獗 鑾馭西 遷 臣民之痛 不如死之久矣 糾合章甫 僅得數百 空拳未張 血點垂臆 兵孤勢弱 恐難自濟 然忠 義之心 出於性分 守死致命 昔所講聞 誓心天地 不與此賊俱生 遂乃設機應會 多所斬獲 或陣安 醴之地 或陣龍咸之境 旣掃醴泉賊壘 又於唐橋松峴之役 與大軍追亡逐北 殲滅殆盡 生獲賊酋 獻俘巡營 一路之得免魚肉 先生之力也 其在醴泉也 適當除日 有詩曰 孤燈旅舍鐵衣寒 人道今 宵歲已闌 一日能添雙鬢白 百年惟有寸心丹 其愛君憂國 感慣敵愾之志 溢於言表 其陣龍咸也 與高提督應陟 講先天圖于陣中 卽古人橫槊論道之遺意 而亦天地風雲 龍虎鳥蛇之妙 皆從其出

故也 在軍有行軍須知一篇 其施設之方 井井不紊 一以誠信仁愛 固結人心爲本 古所謂文武全才者 非先生之謂邪 癸巳夏 追賊南下 行至慶州 盡瘁疾作 卒于陣中 年三十九 母夫人時在堂矣 其臨絶之詩曰 百年存社計 六月着戎衣 爲國身先死 思親魂獨歸 嗚呼 斯豈不淚千古人子人臣乎 先生正學之發 而爲忠義者 大槩如是矣 郭忠正公越謙文曰 吾道朗晦 絶學誰抗 狡虜尙熾 義伐誰將 申梧峯之悙悅詩曰 曾悼鶴峯逝 又如達遠何 詩書傳舊業 伊洛遡餘波 達遠二字 先生表德也 陶山院儒祭文曰 聳標儒林 汲古修綆 倡義討賊 志在殉國 豈非百世之公言乎 至若軍功 則非所輕重於先生 而其時巡察使金公眸題報 則謂斬將獻馘[馘의 誤: 引用者 註] 爲一道義兵之首 右道義將金公沔復書 則謂舊忠擧義 盡心討賊 求之古人 實不易得 再從弟義嚴公圴龍蛇記事 則謂孜孜忠勤 夙夜不怠 揀遣精銳 過[邊의 誤: 引用者 註] 截賊路 斬獲甚衆 盖先生之於軍功 輒讓與部曲 不以自居 故伊日褊裨 或有贈正卿者 或有贈堂上者 而元帥之褒典 不過陞六而止耳 此生等所謂朝家之欠典 而輿情之所慨鬱者也 嗚呼 先生之學問忠義兼全如此 勉勉進德之工 庶幾師門之嫡傳 儒林之宗主 而堂堂殉國之志 亦可謂日月之爭輝 秋霜之幷烈矣 豈可與一朝感慨慕義者比邪[耶의 誤로 推定: 引用者 註] 又其經學爲世業 節義成家法 若其胤梅園公光繼 野逸齋公光岳兄弟 俱以寒旅高弟 早有重名 西宮之變 梅園公遂謝公車 反正以後 因不復就試 當丙子之亂 兄弟倡起義旅 行至竹嶺 聞和議已成 西向慟哭而歸 兄則四徵不起 弟則遯跡終身 先生所以啓迪之者 有如此矣 然則先生之遺風餘韻 宜其爲後生之所景仰 而今數百年隱而不顯 又豈非聖朝之遺典哉 然而先生後裔 以干澤爲嫌 恥於自鳴 斯亦無怪 而公議所在 有不可泯默者 迺自陶山 特定儒生 往呈營門 則營題曰 忠義之士 往往泯而不顯 不勝慨然 終[從의 誤記: 引用者 註]當量處云云 一道士林 方祇竢量處之如何也 適聞閣下奉命南來 明臨本邑 凡係道內之眞儒懿蹟 泯而不顯者 搜而訪之 闡而褒之 閣下事也 閣下責也 生等 居在隣鄕 夙聞輿論 玆以仰籲於繡節之下 伏乞閣下 俯採公議 仰達天陛 克盡表章之道 則儒林增光 世敎砥礪 而閣下亦永有辭於後世矣 生等無任祈懇之至

癸酉五月 日 生員金宗駿 權得仁 幼學李宜渙 朴春曄 李宜燮 金原進 李知發 申祖祐 生員申冕朝 李家發 幼學李基發 金宗贇 柳崧祚 朴宜銓 任養坤 李玄發 李宜敏 李浩發 申海敎 申鐸敎 南正箕 任益坤 金海進 金霶進 李志發 李曾發 申樂敎 申瑞敎 申鼎牧 朴元赫 朴元贇 朴司銓 金壽裕 生員金淸進 幼學金周進 金曦進 金庭進 申冕憲 申承烈 南正宅 權顯仁 朴春景[景의 誤: 引用者 註] 李思敬 李曾潤 李復綱 李俊民 任鎭宅 朴重吉 李海發 李魯奎 李魯文 申鼎恊 軍威進士洪文豹 李匡德 幼學洪文虎 洪錫疇 洪宇煥 生員李延佑 漆谷 幼學李樹運 李熙運 李

以升 李以鼎 生員李鏥 幼學李鏵 善山[幼學: 인용자 보충]金持永 金持鳳 申致敎 申勉敎 仁同進士張鑄 幼學張尹燮 金鶴九 申福應 申宅重 申永躋 權時度 權尙度 大邱進士崔奎鎭 [幼學: 인용자 보충]崔興洙 崔濼 靑松[幼學: 인용자 보충]趙龜燮 趙英燮 趙基永 趙基鴻 慶州進士李鼎儼 幼學李泰祥 李來祥[인용자 보충] 崔琇 崔#玉+艮# 李集祥 義興[幼學: 인용자 보충]申鼎夢 朴時發 朴慶銓 永川[幼學: 인용자 보충]鄭台攝 鄭裕壽 鄭夢休 曺顯九 曺象九 李仁興 李載瓚[인용자 보충] 等."

(題辭)臨危倡勇 卓卓乎有樹立者 得於平日學問之工者爲多 不可以一節一行而論 如斯人豈易多得哉 以若所存與堂堂忠義 特因後承之恥於干澤 尙今湮沒者 大是欠典 宜乎輿論之齋鬱 而事係久遠 啓聞難愼 當爲量爲之事 十二日 在義城

(押)

3장

조선전기 소송 사례를 통해 본 제도와 사회 관념의 변화

박성호

1 　 들어가며

한국의 전근대 역사 중 명문화된 법전과 각종 제도에 관한 구체적 조문을 함께 살펴볼 수 있는 시대는 조선시대가 유일하다. 고려시대만 하더라도 조선시대에 들어와 편찬된 『고려사』 등의 문헌을 통해 단편적 면모만 확인할 수 있을 뿐이지만 조선시대는 국가 운영의 근간이라고 할 수 있는 법전만 하더라도 『경국대전』, 『속대전續大典』, 『대전통편大典通編』, 『대전회통大典會通』 등이 온전히 전래되고 있고, 중앙 관서의 구체적 운영규정을 수록해놓은 『춘관지春官志』, 『추관지秋官志』, 『탁지지度支志』, 『홍문관지弘文館志』, 『규장각지奎章閣志』, 『시강원지侍講院志』, 『통문관지通文館志』 등의 자료도 다수가 전래되고 있다.

이렇듯 조선은 한국 전근대사의 어느 시대보다 더 제도적으로 정비되어 있었고, 제도의 실상이 명문화되어 있던 나라였다. 제도 정비가 고도화된 사회에 대해서는 새로운 제도의 등장을 통해 사회 변화가 유발되었는지 아니면 사회 변화의 결과로 새로운 제도가 탄생하게 되었는지에 대한 질문이 제기되곤 한다. 이 질문에 대해 단순히 이분법적으로 제도와 사회 변화를 어느 것이 먼저냐는 선후 관계로만 파악할 수는 없다. 역사라는 긴 시간 속에서 사회 변화가 제도로 반영되기도 하고, 새로운 제도의 등장이 사회 변화를 불러오기도 했기 때문이다.

일반적으로 조선은 유교적 이념을 기반으로 건국되었고, 건국 이래 오롯이 유교적 규범에 따라 국가를 비롯한 사회 전반이 유지, 발전되었다고 말하곤 한다. 그러나 조선시대 전체를 놓고 조망해볼 때 처음부터 국가 제도와 사람의 삶에 유교적 규범과 질서가 견고하게 정착된 것은 아니었다. 지금까지 조선시대에 관해 축적된 연구 결과들은 대부분 고려시대로부터 이어져온 제도와 사회적 관습이 조선 개국 이후 점진적 변화를 거치면서 조선 중후기를 지나서야 비로소 규범화된 주자학적 세계관과 의례 등이 고착화되었다고 말하고 있다.1)

현재 한국의 여러 소장처에 남아 있는 조선시대 고문서 중에는 일반 백성이 겪은 크고 작은 분쟁과 관련된 자료가 많이 포함되어 있다. 특히 조선시대 고문서의 절대다수가 생성된 조선후기에는 조상의 분묘와 관련된 소송, 노비 및 전답의 재산권을 놓고 벌인 소송이 빈번했다. 이에 반해 조선전기에 작성된 고문서는 확인된 수효가 조선후기에 비해 매우 적기 때문에 당시의 전체적 정황을 들여다보기에는 상대적으로 한계가 있다.

본고에서는 이러한 자료적 제한성에도 불구하고 조선전기에 작성된 소송 문서들을 통해 당대의 제도와 관념의 변화에 대해 살펴보려 한다. 이를 위해 소개할 소송 사건과 관련된 구체적 경위, 사건을 둘러싼 당대 사람들의 생각과 논리, 제도와 관습의 대립 양상 등을 중점적으로 고찰할 것이다.

여기서 다룰 자료는 1560년(명종 15년)에 경주부에서 발급한 결송입안과 1583년(선조 16년)에 의성현에서 발급한 결송입안이다. 두 자료 모두 시집가서 자식을 두지 못한 채 사망한 부인이 남긴 재산을 둘러싸고

---

1) 이에 대한 대표적인 저작으로는 다음의 책을 들 수 있다. 마르티아 도히힐러 저, 이훈상 역, 『한국사회의 유교적 변환』, 아카넷, 2003; 『한국의 유교화 과정』, 너머북스, 2013년.

본족[친정]과 시댁 친족 사이에 벌어진 재산 다툼에 관한 것이다.2) 고려시대로부터 조선시대로 이어진 사회 관습과 새로운 국가에서 정립해놓은 제도가 당대인들의 실생활에서 어떤 변화를 불러일으켰는지에 대해 살펴보기 좋은 사례이다.

2 _____ 1560년 경주부의 재판

경주 양동의 경주손씨慶州孫氏 종가에 전래되어온 수많은 고문서 중 길이만 무려 6.5미터에 달하는 문서가 한 점 포함되어 있다. 바로 조선전기에 경주손씨 집안과 사돈댁인 화순최씨 집안 사이에서 일어난 소송의 전말을 담당 관아인 경주부에서 기록해 발급해준 문서이다. 이처럼 조선시대에 지방 관아에서 발급해준 판결 문서를 '결송입안'이라고 부른다.3)

그런데 조선시대 양반가에서, 그것도 사돈지간에 소송까지 치르게 된 이유는 과연 무엇일까? 앞서 잠시 언급한 바와 같이 이 소송의 핵심은 혼인 후 자식을 남기지 못한 채 사망한 부인無子女亡妻의 재산에 대해 죽은 부인의 친정 측과 시댁 측 친족 간의 재산 다툼이었다.

조선시대에 작성된 여러 분재문서分財文書[재산 증여와 상속 문서]를 통해 조선시대 양반가의 재산권은 철저히 개인으로부터 개인에게로 전해지는 것이 원칙이었다는 사실은 이미 여러 연구자에 의해 널리 알려졌다. 여성이더라도 부모를 포함한 친인척으로부터 전해 받은 재산은 시집간 뒤에

---

2) 이 글에서 다루는 〈1560년 경주부 결송입안〉과 〈1583년 의성현 결송입안〉은 문숙자에 의해 이미 선구적인 연구가 진행되었다. 문숙자, 「조선전기 無子女亡妻財産 相續을 둘러싼 소송사례」, 『고문서연구』 5, 1994년.
3) 박병호, 『韓國法制史攷』, 법문사, 1987년, 283쪽; 최연숙, 「조선시대 입안에 관한 연구」, 한국학중앙연구원 박사학위논문, 2005년; 권이선, 「조선시대 결송입안 연구」, 한국학중앙연구원 석사학위논문, 2017년 등 참고.

〈사진 1〉 1560년 경주부 결송입안(62×650cm)

도 그대로 자기 몫으로 유지되었고, 남편 재산과도 엄격히 구별되었다. 노비나 전답의 전래 경위를 부변父邊, 모변母邊, 처변妻邊 등으로 재산의 소종래所從來를 명확히 구별해 기재한 것이 조선시대 분재문서의 큰 특징 중의 하나이다.4)

요컨대 경주손씨 집안과 화순최씨 집안 사이에 벌어진 소송은 재산 소유주의 사망에 따른 재산 상속권 다툼이라고 볼 수 있다. 그렇다면 당시 상황이 어떠했기에 사돈 간 소송까지도 불사했던 것일까?

조선전기에 경상도 경주에 살던 경주손씨 집안과 경상도 김산金山에 살던 화순최씨 집안은 사돈이 되었다. 경주손씨 집안의 손중돈孫仲暾(1463~1529년)은 첫째부인 남양홍씨가 사망한 뒤 후실로 화순최씨(1483~1545년)와 혼인했다. 손중돈은 남양홍씨와의 사이에서는 이미 자녀를 두었으나 화순최씨와의 사이에서는 끝내 장성한 자녀를 두지 못한 채 부인보다 먼저 사망했다. 화순최씨는 비록 남편과의 사이에서 자녀를 두지 못했지만 남편 손중돈 사후에도 손씨 집안에 계속 머물렀고, 친정조카인 화순최씨를 일찍이 수양녀로 들였다가 손자 손광서孫光曙(?~1556년)와 혼인시켰다. 결국 경주손씨 집안은 화순최씨 집안과 대를 이어 혼인 관계를 맺게 되었다.

경주손씨 집안으로 시집온 두 화순최씨 부인은 친정인 최씨 집안에서는 고모와 조카 관계였으나 손씨 집안에서는 할머니와 손부 관계가 되었

---

4) 문숙자, 『조선시대 재산상속과 가족』, 경인문화사, 2004년, 47쪽.

다. 그런데 공교롭게도 할머니 화순최씨와 손부 화순최씨는 손씨 집안으로 시집와 모두 자녀를 두지 못한 채 사망함으로써 훗날 소송이 일어날 빌미가 되었다.

1) 소송의 시작

1560년(경신년) 11월, 경주손씨와 화순최씨 두 집안의 소송이 시작되었다. 먼저 최세온崔世溫(1485~1557년)의 처 신씨가 그동안 진행된 사건의 전말을 요약해 경주부에 몇 차례 소지를 제출했다.5)

> 남편 여동생인 최씨가 고 월성군 손중돈의 둘째부인으로 자식을 낳지 못해 재주財主인 [친정]어머니 이씨께서 지난 정해년[1527년]에 재산을 나누어 주실 때 최씨가 자식을 두지 못한 사연을 거론하면서 제사를 모실 노비 2~3구를 제외하고 시집갈 때 딸려 보낸 노비와 기타 토지와 노비들을 최씨 생전까지는 그대로 갖고 부리다가 사후에는 저의 남편[최세온]에게 남김없이 준다고 문서에 기재했습니다. 그런데 월성군의 첫째 부인[남양홍씨]의 손자 손광서를 저의 사위로 삼았으므로 위의 최씨가 소유해온 노비들을 최씨 사후에도 찾아오지 않고 손광서의 처에게 그대로 주었다가 그 아이마저도 자식 없이 사망했습니다. 그리하여 위 노비들을 찾아오고자 했는데, 위 손광서가 의義가 끊긴 죽은 처의 아비에게 욕설을 하면서 돌려주기를 거부했습니다. 제 남편께서는 분함을 이기지 못해 지난 병진년[1556년]에 관청으로부터 이에 대한 처분까지 받아 놓았다가 정사년[1557년]에 뜻하지 않게 사망해 소송에 대한 판결을 끝내 받지 못했고, 또 흉년이 들어 나라에서 송사가 멈춘 탓에 다시 소송을 제기하지도 못했으며, 게다가 손광서마저 사망했습니다. 그러자 손광서의 둘째부인 김씨와 손중

---

5) 조선시대 소송은 "소장訴狀인 소지에 의해 제기되는 것이 원칙이었다"(박병호, 앞의 책, 258쪽).

돈의 첫째부인의 자손들이 남의 재산으로 상속받은 허다한 노비를 아무 관련도 없는 사람들이 수년째 부리고 있으니 더욱더 상황이 애매하고 민망합니다. 재주인 이씨가 재산을 나눠줄 때 작성한 내용을 자세히 살펴보시어 공명정대하게 판결해주시며, 아무 관련도 없는 노비를 임의로 부린 것에 대해서는 법에 따라 처벌해주십시오.
가정 39년[1560년] 11월 일 소지.6)

소지를 올린 신씨는 시어머니이자 죽은 시누이 최씨의 친정어머니인 덕산이씨가 1527년(정해년)에 결행한 재산 상속 사실을 제일 먼저 언급했다. 덕산이씨는 자식을 두지 못한 딸 최씨 사후에 제사를 모실 노비 2~3구를 제외한 나머지 노비와 전답을 자기 아들이자 최씨의 남자형제인 최세온에게 돌아가도록 했다는 내용이었다. 그리고 최세온과 신씨 부부의 딸인 최씨가 손중돈의 손자 손광서와 혼인하게 되자 손중돈의 처 최씨 사후에 그녀 소유의 노비와 전답을 바로 찾아오지 않고, 손광서의 처 최씨에게 그대로 전해준 사실을 아울러 밝히고 있다.

그런데 손광서의 처 최씨마저 대를 이을 자식을 남기지 못한 채 사망함으로써 문제가 촉발되었다. 화순최씨 집안에서는 그제야 손중돈의 처

---

6) "所志內, 家翁同生妹崔氏亦, 故月城君孫仲暾後室以, 無後是白去乙, 財主母李氏教是亦, 去丁亥年, 許與成置時, 上項崔氏, 無後辭緣論破, 奉祀位二三口外, 別給新奴婢及他餘田民等乙, 限生前執持使用爲有如可, 女矣家翁亦中, 無遺許給亦, 成置爲白乎矣, 月城君先室孫子孫光曙乙, 女矣身作婿乙仍于, 同崔氏執持爲有如乎, 奴婢等乙, 崔氏死後良中置, 推尋不冬, 孫光曙妻乙, 仍給爲有如可, 女子段置, 亦爲無後身死爲白去乙, 同奴婢推尋次, 上項孫光曙亦, 義絶亡妻父是去向入, 辱言發跛, 因執不許爲去乙, 家翁教是, 不勝痛憤, 去丙辰年分, 受議送到付爲有如可, 丁巳年分, 家翁亦, 不意身死, 決訟不得是沙餘良, 亦爲險年停訟以, 起訟不得爲白乎旀, 況旀孫光曙至亦, 身死爲白乎矣, 孫光曙後室金氏及孫仲暾前室子枝等亦, 他矣衿付許多奴婢乙, 不干人以, 累年使用, 加于曖昧間望爲白良尔, 財主李氏許與辭緣內, 備細相考明正決折教是旀, 不干奴婢任然使用辭緣乙良, 依法科罪爲白只爲. 行下向事. 嘉靖三十九年十一月日. 所志是齊"(『古文書集成』 32, 한국정신문화연구원, 1997년, 279쪽).

최씨로부터 손광서의 처 최씨에게 전해진 노비와 전답을 다시 찾아오고자 했다. 그러나 손광서를 비롯한 경주손씨 집안에서는 이러한 최씨 집안의 요구를 수용하지 않았다. 이것이 바로 화순최씨 집안에서 경주손씨 집안을 상대로 소송을 제기한 사건의 기본 배경이었다.

〈1560년 경주부 소송 관계 인물도〉

*원元(원고): 화순최씨 측, 최득충

*척隻(피고): 경주손씨 측, 손광현

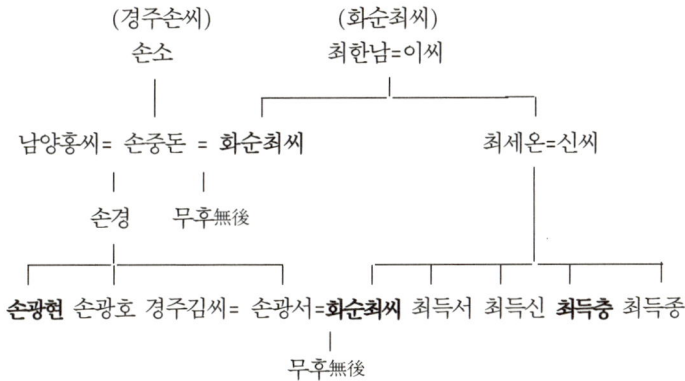

본격 소송은 병이 심해진 신씨 부인을 대신해 아들 최득충과 이미 고인이 된 손광서를 대신해 손광서의 막냇동생 손광현이 각각 원과 척이 되어 진행되었다. 경신년(1560년) 11월 26일에 양측 관계자가 관정官庭에 출두해 아래와 같이 다짐侤音함으로써 법정 다툼이 본격적으로 시작되었다.7)

경신년 11월 26일, 원고 고 최세온의 처 신씨의 대리자 아들 최득충, 나이 41세. 척 손광현, 나이 38세, 조복원, 나이 47세, 손영, 나이 61세.

7) 소송을 위한 소지 제출만으로 소송이 시작되었다고 볼 수는 없다. 본격 소송은 원고와 척이 관정에 출두해 소송에 응하는 다짐을 하면서부터 시작되었다(박병호, 앞의 책, 272쪽).

아룁니다. 저희들은 노비 소송 건으로 오늘 소송을 시작합니다. 원과 척 중 만 30일이 되도록 아무 이유 없이 송정에 나타나지 않는다면 대전大典에 의거해 판결하십시오.8)

2) 양측의 공방

경신년(1560년) 11월 26일~12월 10일까지 최득충, 손광현, 조복원, 손영, 손몽룡, 정경희 등이 관정에 나와 자신들의 논리를 토대로 진술을 하거나 증거 문서를 제출하면서 공방을 주고받았다. 이들의 주요 주장을 결송입안에 기재된 순서대로 살펴보자.

- 11월 26일 원고 최득충: 신씨의 소지와 동일한 주장 부연.

삼촌숙모三寸叔母[고모] 최씨가 후사가 없기 때문에 재주財主인 조모 이씨가 최씨 사후 그녀의 제사를 위해 노비 2~3구외에는 모두 아버지 최세온에게 남김없이 돌아가도록 결정했음. 다만 아버지께서 월성군[손중돈]의 손자 손광서를 사위로 삼았으므로 고모 최씨의 노비를 되찾지 않았는데, 손광서의 처 최씨마저 후사 없이 사망해 해당 노비들을 되찾고자 했음. 그러나 손광서는 해당 노비 20여구와 어머니 신씨로부터 받은 노비까지도 되돌려주지 않은 채 도리어 장인에게 욕설을 했음. 정사년[1557년]에 아버지 상을 당한 후 3년이 지났고, 작년에는 흉년으로 송사를 제기하지 못했음. 재주인 조모 이씨가 작성해둔 분재 문서를 비롯한 관련 문서를 잘 살펴주시기를 바람.

- 11월 26일 척 손광현, 조복원, 손영: 분재 문서 위조 의혹 제기.

---

8) "庚申十一月二十六日, 元告故崔世溫妻申氏代子得忠, 年四十一. 隻孫光晛, 年三十八. 曺福元, 年四十七. 孫暎, 年六十一. 白等. 矣徒等亦, 奴婢相訟事以, 同日始訟爲在果, 元隻中滿三十日, 無故不就訟爲去等, 依大典決折敎事."

계조모 최씨는 조부 월성군 손중돈의 둘째부인으로 30여 년간 함께 살다가 조부가 지난 기축년[1529년]에 서울에서 돌아가시자 그해 8월 조부의 유해를 모시고 고향으로 돌아왔다가 이듬해[1530년]에 친정 형제 최세온이 누이가 후사를 두지 못한 것을 빌미로 어머니 뜻이라고 거짓으로 칭탁해 위조문서를 만들었음. 조모 최씨가 곧바로 친정이 있는 김산으로 찾아가 친정어머니 이씨에게 분재 문서 작성 여부를 물어봤더니 이씨는 나이 80이 넘은 과부로 그런 일이 없었다고 함. 이씨가 최세온을 관에 고해 벌하고자 했으나 애걸하며 반성해 정리情理로 품어주었고 해당 문서는 찢어 없애버렸음. 우리 손씨 집안은 벼슬을 해온 집안으로 송사에 연루되는 것을 꺼렸으나 최씨 집안에서 먼저 송사를 제기했음. 그동안 최세온은 법리상 자기가 불리한 것을 알고 스스로 몸을 숨겼다가 최근 다시 소송을 제기했으니 법대로 공정하게 판단해주시기를 바람.

· 11월 27일 최득충: 증거 문서 제출.
가정 6년[1527년] 1월 16일에 재주 최한남의 처 이씨가 자녀들에게 분재할 때 작성한 문서를 제출함. 문서 끝에 재주 이씨의 도장이 찍혀 있고, 증보證保로 삼촌질 어모장군 민탁閔琢과 필집筆執으로 육촌남 유학 여희망呂希望이 서명을 했음.

· 11월 27일 손광현, 조복원, 손영: 상대측 문서 위조 혐의 제기.
원고 최득충이 제출한 문서는 위조문서이므로 해당 문서를 증거로 채택하는 데 서명할 수 없음.

· 11월 27일 최득충: 위조 의혹 반박, 추가 증거 문서 제출.
조모 이씨의 분재 문서가 위조라는 말은 터무니없고, 도리어 부모는 자식의 자녀 유무를 따라 재산을 나눠주는 것이 상례임. 그리고 숙모 생전에 사들인 노비와 토지에 대해서도 증거 문서를 제출하니 살펴 주시기 바람.

・ 11월 27일 최득충: 증거 문서 양측 확인.
제출한 문서를 봉함해 양측이 모두 서명하고 도장을 찍은 다음 돌려줌.

・ 11월 28일 손광현, 조복원, 손영: 위조 재강조, 법전 조문 제시.
최세온이 어머니 이씨의 분재 문서라고 주장하는 문서는 위조임이 확실함. 조모인 손중돈 처 최씨가 친정으로 가 해당 위조문서를 찾았으나 최세온이 애원해 그 자리에서 찢어 없애 주었음. 마지막으로『경국대전』에는 '전모前母와 계모繼母의 노비는 [의자녀에게] 5분의 1을 주고, 승중자일 경우에는 3분을 더해 준다.9) 양첩자良妾子에게는 7분의 1을 주고, 천첩자賤妾子에게는 10분의 1을 지급한다'고 되어 있으니 잘 헤아려 주시기 바람.

・ 12월 4일 최득충: 최씨의 봉사조 노비 관련 증거 문서 제출.
현재 손광서의 후처 김씨는 최씨의 제사를 위해 지급한 노비 말고도 소유권이 없는 다른 노비까지 그대로 부리고 있음. 아버지[최세온]가 생존 시에 작성한 문서를 증거로 제출하니 살펴주시기 바람.

・ 12월 4일 김씨를 대신한 아들 손몽룡: 최득충의 진술 반박.
최득충이 언급한 최씨의 제사를 위해 분재해준 노비 막지와 청금은 원래 월성군 손중돈의 부인 최씨가 아버지[손광서]에게 별급別給해준 노비임. 이 사실을 입증할 수 있는 경주부의 사급입안斜給立案[공증 문서]도 있음.

・ 12월 4일 최득충: 최세온이 작성해준 분재 문서 제출.

---

9)『經國大典』私賤條, "無子女前母·繼母奴婢, [義子女]五分之一, 承重子則加三分."

가정 35년[1556년]에 재주 최세온이 적자嫡子 3형제[득종, 득충, 득신]에게 재산을 나누어줄 때 작성한 문서를 제출함. 문서 내용 중 '손광서가 근거 없이 함부로 최씨 집안 노비를 부리는 것은 매우 부당한 일이고, 최세온의 어머니 이씨의 유서대로 시행하라'는 당부가 적혀 있음. 문서에는 재주, 증보, 필집의 서명이 있음.

· 12월 4일 손몽룡: 최득충이 제출한 문서의 증거력 부정.
최득충이 제출한 문서는 인정할 수 없으므로 해당 문서에 서명하지 않음. 여종 막지와 청금은 아버지[손광서]가 월성군 부인 최씨로부터 별급 받은 노비이고, 이에 대한 경주부의 공증 문서도 갖고 있음. 따라서 최득충이 제출한 위조문서 에는 서명할 수 없음.

· 12월 4일 최득충: 증거 문서 양측 확인.
제출한 문서를 봉함해 양측이 모두 서명하고 도장을 찍은 다음 돌려줌.

· 12월 4일 최득충: 손몽룡 측에서 제시한 공증 문서 부정.
손몽룡 측에서 제출한 공증 문서는 숙모[고모] 최씨가 이씨의 뜻을 따르지 않고 임의로 관에서 발급받은 문서임. 따라서 별급했다고 한 노비에 대해 다시 판단해주시기 바람.

· 12월 7일 손몽룡: 경주부에서 발급받은 공증 문서 제출.
가정 16년[1537년] 7월 20일 경주부에서 발급한 사급입안을 제출함. 어머니 덕산이씨가 딸 월성군 처 최씨에게 분재해준 노비와 토지 등을 최씨가 다시 손자 손광서에게 증여한 사실을 적은 가정 16년[1537년] 1월 15일에 작성된 분재 문서10)에 대해 경주부에서 공증해줌.

〈사진 2〉 1537년 경주부 사급입안11) (크기 85×231cm)

- 12월 7일에 손몽룡: 제출한 증거 문서 환수. 정경희 소송에 참여.

손몽룡이 제출한 경주부 입안을 자세히 확인 후 환수함. 신녕현에 사는 정경희가 소지를 올려 소송에 참여하게 해달라고 요청함.

- 12월 8일 손광현, 조복원, 손영: 재차 분재 문서 위조 주장.

정경희는 우리와 사촌 사이이므로 이 소송에 참여하는 것이 마땅함. 원고 최득

10) "嘉靖十六年丁酉正月十五日. 家翁長孫忠義衛光曙亦中, 許與.
　　右許與成置事段, 矣身亦無子女乙仍于, 汝矣妻是在, 矣三寸姪女乙, 三歲前收養, 情愛重大叱分不喩, 汝亦, 矣身乙, 朝夕奉養, 無異親子爲乎等用良, 矣邊田民, 終當專給爲乎喩在果, 別得婢石非壹所■……■(生婢獸生)年參拾伍癸亥, 同婢壹所生婢靑今年拾參乙酉, 貳所生婢從今年捌庚寅, 參所生婢從臺年■……■, 肆所生奴千石年肆甲午, 同石非貳所生婢熊伊年貳拾玖己巳生, 及金山芦蒲島田柒拾貳卜參束庫果, 家翁卒後我矣私備買得, 內豆乙木字一百七十一畓三十三卜, 同字一百七十二畓七卜, 外豆乙木字五十二畓十二卜二束, 丹字一百六畓二十三卜, 皇字一百九十四田二十四卜六束, 同字一百九十田二十一卜八束, 皇字九十五田三十八卜六束, 同字一百八十九田五十卜八束等乙, 先可別給爲去乎, 後所生幷以, 鎭長使用執持爲如可, 同奴婢田畓等乙良, 汝亦, 擅自任意區處爲乎矣, 矣邊族類等, 爭望隅有去等, 比文記內乙用良, 告官辨正爲乎事.
　　財主 繼組母貞夫人 崔氏 [着圖書]
　　證保 忠順衛 權舜卿 [着名][着押]
　　　　　忠義衛 孫曦 [着名][着押]
　　筆執 孼三寸叔 孫暎 [着名][着押]"(『古文書集成』 32, 한국정신문화연구원, 1997, 269쪽).
11) 현재 경주 양동의 경주손씨 종가에는 결송입안의 내용 중에서 언급되고 있는 1537년 경주부에서 발급한 사급입안의 원본이 〈사진 2〉와 같이 전래되고 있다. 이 문서는 1537년(중종 32년) 정월 15일에 계조모 정부인 최씨가 '가옹 장손 충의위 광서'에게 노비와 전답을 분재해준 문서를 근거로 손광서가 경주부에 소지를 올렸고, 계조모 정부인 최씨와 권순경, 손엄, 손영 등 증인들의 증언을 참고해 경주부에서 해당 사실을 공증하는 입안을 발급해준 것이다.

충이 제출한 문서 중 재주 이씨가 1527년(정해년)에 작성했다고 한 문서는 위조임. 정해년에 이씨가 자식이 없는 최씨 몫의 노비를 아들 최세온에게 준다고 해놓고 4년 뒤인 1530년(경인년)에 다시 최씨에게 별급했다고 한 것으로 볼 때 문서를 위조한 것이 분명함.

· 12월 9일 최득충, 손광현, 조복원, 정경희, 손영, 손몽룡: 신원 확인.
경주부에서 손중돈의 자식이 몇 명인지, 손광서의 적자 유무 등을 물어봄. 손중돈은 적실에게서 3남매를 두었고, 양첩자로 손영을 두었음. 손광서는 적실 김씨에게서 적자 1명을 두었음.

· 12월 9일 최득충, 손광현, 조복원, 정경희, 손영, 손몽룡: 최후 진술.
우리 송사에 대해 이제까지 진술한 다짐을 근거로 관식官式에 따라 판결해주기 바람.

· 12월 9일 노비 및 토지 목록 적시: 관련 노비와 토지 목록 열거.
최종 판결을 앞두고 이 소송과 관련된 노비 명단과 토지의 전체 목록을 열거함.

· 12월 9일 최득충, 손광현: 노비 상환 요청.
손광현의 아버지[손경] 몫으로 분재된 여종 응대應臺와 최득충 몫으로 분재된 여종 애덕挨德을 서로 맞바꾸어 소유할 수 있게 해달라는 내용의 발괄白活을 올려 요청함.

· 12월 10일 최득충, 손몽룡: 토지와 노비 상환 요청.
손광서의 처 김씨의 아들 몫으로 분재된 김산 노포의 밭 72복 3속과 최득충 몫으로 분재된 사내종 묵제墨齊를 서로 맞바꾸어 소유할 수 있게 해달라는 내용의 발괄을 제출해 요청함.

3) 경주부의 판결

약 보름 가까이 진행된 원고와 척 사이의 대질 심문이 끝나고, 드디어 경신년(1560년) 12월 초10일에 경주부에서는 아래와 같이 최종 판결을 했다.

가정39년(1560년) 12월 초10일 경주부에서 발급하는 입안.
이 입안은 판결해 발급하는 것임. 연이어 붙여 제출된 의송, 소지 및 원척 각 사람의 초사를 갖고 살펴보건대, 원고 최득충은 '재주 조모 이씨가 지난 정해년[1527년]에 재산을 분재할 때 '딸 손중돈의 둘째부인 최씨가 후사를 두지 못한 사연을 논하면서 제사를 모실 노비 2~3구를 제외하고 시집갈 때 별급해준 신노비와 전답 노비 등을 최씨 생전까지 갖고 부리다가 [사후에는] 아버지 세온에게 남김없이 지급하라고 했는데, 첫째부인의 손자 손광현 등이 그대로 부리고 있습니다. 손중돈이 첫째 부인과의 사이에서 낳은 손자 손광서를 아버지가 사위로 삼았고, 저의 누이동생마저도 후사를 두지 못한 채 죽고, 손광서도 죽었는데, 손광서의 둘째부인 김씨가 제 누이동생의 제사를 모실 노비 즉 자신과는 관계도 없는 노비들을 모두 부리고 있습니다' 라고 했다. [반면] 척 손광현 등은 '저의 계조모[손중돈 처 최씨] 소유의 재물을 승중조와 더불어 현재 전해 갖고 있습니다'고 했고, 손광서의 첩 자식 손몽룡은 '저의 첫째 적모 최씨의 땅과 노비를 둘째 적모가 아들이 있어 또 그대로 전해 가졌습니다. 뿐만 아니라 여종 청금 등은 아버지 광서가 계조모로부터 받은 다음 관청에서 공증까지 받았습니다' 라고 했다.
이상과 같이 서로 진술하며 다툼을 벌였다. 『경국대전』 사천조에 '자녀가 없는 전모와 계모의 노비는 [의자녀에게] 5분의 1을 주고, 승중자일 경우에는 3분을 더해준다. 자녀가 없는 적모의 노비는 양첩자에게 7분의 1을 주고, 만일 노비 수가 적으면 첩자에게 우선 지급한다'라고 되어 있다. 그리고 같은 법전에서 '조부모 이하에는 유서遺書를 적용한다'라고 한 조문의 주注에, '승중한 의자義子의 경우는 비록 타인에게 재산을 전해주지 말라는 말이 있더라도 적용하지 않는다'라고 했으므로 이 소송에서 다투는 노비들을 원척들에게 『경국대전』의 조문에 따라 비율대로 수를 나누어 지급하도록 하며, 김씨가 갖고 있는 여종 청금 등 3구와 밭 72복 3속은 원주인 최씨가 지난 정유년[1537년]에 손광서에게 별급해 관에서 공증까지 받았으므로, 최득충의 진술에서 언급한 위 밭을 그의 아비 세온이 정부인 최씨와 물려받은 밭이라고 했더라도 위 밭은 최씨가 광서에게 이미 전해주어 관에서 공증까지 받은 곳일 뿐만 아니라 제사를 모실 몫의 밭도 법에 따라 마땅히 헤아려 지급했으므로 위 밭과 노비들은 원재주가 처리한대로 손광서의 둘째부인 김씨에게 지급한다.

나머지 노비들은 다만 5구 정도이므로 김씨의 아들과 양첩자에게 각 1구씩 주고, 3구는 [최씨 집안의] 본손인 최득충에게 지급한다. 노비 명단花名은 입안의 뒤에 적는다. 손경 몫으로 정해진 여종 옹대와 최득충 몫으로 정해진 여종 애덕 등은 이들의 발괄 다짐을 근거로 각 몫을 서로 맞바꾸도록 하며, 김씨 몫으로 정한 노포원의 밭 72복 3속과 최득충 몫으로 정한 종 묵제 등도 이들의 진술에 근거해 모두 서로 맞바꾸도록 한다. 입안을 발급함.12)

12) "嘉靖三九年十二月初十日 慶州府立案.
右立案爲決給事. 粘連議送所志及元隻各人招辭是置有亦, 相考爲乎矣, 元告崔得忠段, 財主祖母李氏亦, 去丁亥年分, 許與成置時, 女子孫仲暾後室崔氏, 無後辭緣論給, 奉祀位奴婢二三口外, 別給新奴婢元田民等乙, 限生前執持爲有如可, 其矣父世溫亦中, 無遺許給亦爲有去乙, 先室孫子孫光睍等, 據執爲有沙餘良, 孫仲暾前室孫子光曙乙, 父亦作婿爲有如乎, 矣妹無後身死, 孫光曙段置, 亦爲身死爲有乎矣, 孫光曙後室金氏亦, 矣妹奉祀位奴婢以乎爲在果, 不干奴婢等, 幷以據執是如爲有齊. 隻孫光睍等段, 其矣繼祖母已物乙, 承重條並以, 時方傳執是如爲㫆, 孫光曙妻子孫夢龍段, 其矣前嫡母崔氏田民乙, 後嫡母有子乙仍于, 又爲 傳執叱分不喩, 婢靑今等段, 父光曙亦, 繼祖母亦中, 官斜捧得是如, 爲等如, 告爭爲在而亦, 大典內私賤條云, 無子女前母繼母奴婢五分之一, 承重, 則加三分, 無子女嫡母奴婢良妾子, 則七分之一, 如奴婢數少, 則先給妾子亦爲有沙餘良, 同典用祖父母以下遺書條, 注承重義子, 雖有勿與他之語, 勿用亦爲有臥乎等用良, 同所訟奴婢等乙, 元隻亦中, 依大典, 分數決給爲㫆, 金氏執持爲有在, 婢靑今等三口及田七十二卜

위의 판결 결과와 더불어 최종적으로 원고와 피고 각자에게는 다음과 같이 노비와 토지의 소유권이 확정되었다.

〈사진 3〉 1560년 경주부 결송입안 부분

- 적자 손경 몫: 노비 7구.
- 원고 신씨를 대신한 아들 최득충 몫: 노비 15구.
- 딸 조국량 처 몫: 4구.
- 딸 정호 처 몫: 3구.
- 양첩자 손영 몫: 2구.
- 손광서의 후처 김씨 몫: 노비 4구(승중노 1구 포함).
  김산 노원의 밭 72복 3속은 최득충 몫 묵제와 상환.
- 본족 최득충 몫: 노비 3구(단 사내종 묵제는 김씨 아들 몫의 밭 72복 3속과

三束段, 元財主崔氏亦, 去丁酉年分, 孫光曙亦中, 別給, 經官執持爲有去乙, 崔得忠招內, 同田庫乙, 其父 世溫亦, 貞夫人崔氏果, 分衿之田是如爲良置, 同田庫乙, 崔氏亦, 光曙亦中, 已曾官斜許給叱分不喩, 祭祀 位田段置, 法當計給乙仍于, 同田民乙良, 元財主區處是如, 孫光曙後室金氏亦中, 決給爲在果, 他餘奴婢 段, 只有五口乙仍于, 金氏子及良妾子亦中, 各一口施行, 三口乙良, 本孫是在崔得忠亦中, 決給, 花名立案 後錄爲置, 孫㬇衿付婢應臺, 崔得忠衿付婢挨德等乙良, 其等徒白活侤音據, 各衿相換施行爲旀, 金氏衿付 蘆浦田七十二卜三束, 崔得忠衿奴墨濟等乙良置, ■■■招辭據, 並只相換施行爲遣, 合行立案者"(『古 文書集成』32, 한국정신문화연구원, 1997년, 291~292쪽).

상환).

· 양첩자 손몽룡 몫: 노비 1구13).

위의 판결 결과는 화순최씨 집안에서 애초에 소송을 제기하면서 기대했던 것과는 달리 자식을 두지 못한 채 사망한 최씨 부인의 재산을 친정 측뿐만 아니라 시댁 측 의자녀義子女에게까지도 비율에 따라 나눠주도록 한 『경국대전』의 조문에 근거한 판결이었다.

결과적으로 소송을 제기한 화순최씨 집안에서는 소송과 관련된 전체 노비 중 대략 절반가량만 돌려받을 수 있었고, 나머지는 경주손씨 집안의 관련 자손들이 법정 비율에 따라 나누어 갖게 되었다. 어느 한쪽의 완벽한 승소나 패소라고 단정하기는 어렵지만 소송을 제기한 화순최씨 측에서 볼 때는 패소나 다름없는 판결이었던 것으로 보인다. 이 판결은 이와 유사한 다른 재판에서도 참고할 만한 주요 판례가 되었을 것이다.

3   1583년 의성현의 재판

〈사진 4〉 1583년 의성현 결송입안(80×503cm)

영덕의 재령이씨載寧李氏 종가에 전래되어온 고문서 중에도 앞서 살펴본 경주손씨 종가에 전래되어온 소송과 유사한 일로 작성된 결송입안이

13) "一 嫡子孫噫衿, 婢玉盃, 婢玉臺, 婢加之里, 婢徐今, 奴咸守, 婢應臺段, 崔得忠衿婢垃德果, 相換,

한 점 전래되고 있다. 해당 문서는 앞부분이 일부 훼손되었지만 현재 남아 있는 문서 길이만 해도 가로 5미터에 달한다. 앞서 살펴본 〈1560년 경주부 결송입안〉과 마찬가지로 사돈 관계인 재령이씨 집안과 안동김씨 집안 사이에서 발생한 재판 결과를 담당 관아인 의성현에서 정리해 문서로 발급해준 것이다.

이 소송 또한 시집가서 자식을 두지 못한 채 사망한 부인의 재산을 놓고 본족[안동김씨]과 시댁[재령이씨]의 친족 사이에서 야기된 재산권 다툼에 관한 것이다. 재령이씨 집안의 이은보李殷輔(1520~1580년)에게 시집간 김당金塘의 딸 안동김씨는 혼인한 지 불과 10개월 만에 사망했다. 이후 사위 이은보가 처가에 출입도 하지 않는 등의 이유로 장인 김당은 딸 김씨가 시집갈 때 딸려 보낸 노비를 환수해 자기 자녀들에게 다시 나누어주었다. 이 조치에 대해 이은보의 아들이자 죽은 안동김씨의 의자녀義子女인 이함李涵(1554~1632년)이 국법을 근거로 상속권을 주장하면서 소송이 시작되었다.

소송 당사자로서는 재령이씨 측에서는 죽은 안동김씨의 의자녀인 이함이, 안동김씨 측에서는 김당의 손자이자 죽은 김씨의 조카인 김사원金士元(1539~1601년)과 김사형金士亨이 각각 원고와 척이 되어 관정에 섰다.

婢德只.
— 元告申氏代子崔得忠衿, 奴長守, 奴億守, 婢鳳臺, 婢任從, 婢十月, 奴任生, 婢相栢, 婢任臺, 婢內隱伊, 婢夢臺, 婢若粉, 婢末之, 婢楮非, 奴山■, 奴應瑞.
— 女曺國良妻衿, 奴莫孫, 婢虫於之, 奴彥成, 婢莫從.
— 女鄭瀣妻衿, 婢介非, 婢莫之, 婢玉臺.
— 良妾子孫暎衿, 奴德孫, 婢億今.
— 孫光曙後妻金氏衿, 承重奴順伊, 奴青今, 崔氏亦中, 已曾傳得, 經官執持, 奴連守, 奴注叱沙里, 金山蘆浦田七十二卜三束段, 崔得忠衿奴墨濟果, 相換.
— 本族崔得忠衿, 婢挨德段, 孫曒衿婢應臺果, 相換. 奴墨濟段, 金氏子衿田七十二卜三束果, 相換. 婢種德.
— 良妾子孫夢龍衿, 婢長德"(『古文書集成』 32, 한국정신문화연구원, 1997, 292~293쪽).

1) 소송의 시작

앞서 언급한 바와 같이 이 문서는 앞부분이 훼손되었기 때문에 처음 소송을 제기할 당시 원고 이함이 제출한 원문서의 내용을 정확히 확인할 수는 없다. 다만 소송의 전반적 흐름으로 미루어볼 때 원고인 재령이씨 측에서는 척인 안동김씨 측에서 죽은 김씨 소유 노비를 모조리 환수해 간 상황의 부당함을 제기하며 『경국대전』이래의 국법을 근거로 의자녀로서의 상속권을 강하게 요청했을 것으로 추정된다.

〈1583년 의성현 소송 관계 인물도〉

*원: 재령이씨 측, 이함
*척: 안동김씨 측, 김사원

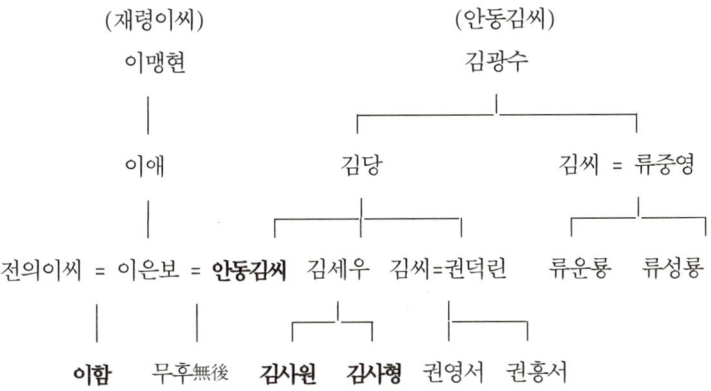

2) 양측의 공방

문서의 앞부분이 훼손되어 있어 양측이 관에 제출한 소송이 정확히 어느 시점부터 시작되었는지는 알 수 없지만 몇 차례 양측에서 소지를 번갈아 올린 뒤 1583년(선조 16년) 윤2월 5일부터 관정에서 대질 심문이 진행되었다.

・ 2월 21~22일 김사형: 김당의 분재 사연, 타관 이송 등 요청.
김씨가 사망한 후 40여 년 동안 처가에 발길을 끊은 사위 이은보에 대한 조부 김당의 조치에 대해 설명함. 갑인년[1554년]에 있은 장예원의 승전承傳 내용 강조('원재주가 처분한 재물에 대해서는 다시 고치는 것을 허락하지 말라'는 내용). 현재 송관이 원고 측과 인척 관계에 있는 등 공정한 판결을 위해 다른 관아로 소송을 옮겨 주기를 바람.

・ 2월 22일 이함: 김당의 임의적인 분재 행위의 불법성 지적.
선모先母 김씨 사후에 선모의 아버지 김당이 대의를 돌아보지 않고 국법을 헤아리지 않은 채 자기 자녀에게 분재 문서를 작성해준 것은 불법 행위임. 병을 핑계로 소송을 늦추려는 김사원을 잡아들이고, 관련자인 매부 이진도 관정에 나올 수 있도록 해주기를 바람.

・ 2월 27일 이함: 노비를 풀어주고, 김사형이 대송하도록 요청.
억울하게 옥에 갇혀 있는 사내종 억손을 풀어주고, 병을 칭탁해 관정에 나타나지 않는 김사원을 대신해 동생 김사형이 대신해 소송을 시작하기를 바람.

・ 윤2월 2일 김사형: 타관 이송 또는 한시적으로 소송 중지 요청.
연이은 부모상으로 형 김사원은 여러 병이 생겨 움직이지도 못하는 상황임. 그리고 본인[김사형]은 실제 노비를 부리고 있는 당사자가 아님. 현재 노비를 부리고 있는 안동에 사는 권영서, 권홍서, 군위에 사는 이진 등의 소재지 관으로 송관訟官을 옮겨 주거나 형 김사원의 병이 회복될 때까지 기다려주기를 바람.

・ 윤2월 5일 이함, 김사형: 시송 다짐始訟侤音.
원고: 영해에 사는 이함, 나이 30세, 척: 의성현에 사는 김사형, 나이 43세. 금

일부로 입송立訟이 시작됨. 만약 원고나 척 중 아무 이유 없이 관정에 나오지 않으면 『경국대전』의 조문에 따를 것을 다짐함.

• 윤2월 5일 이함: 김당, 김사원의 부당함을 재차 강조.
앞서 올린 소지의 내용대로 죽은 전모 김씨의 아버지 김당이 법에 따르지 않고 사사로운 판단으로 죽은 딸의 재산을 모조리 친자녀들에게 다시 지급한 것은 위법 행위임. 죽은 김씨의 제사를 모실 몫의 토지와 노비에 대해서는 관에서 다시 판단해 지급해주기 바람.

• 윤2월 5일 김사형: 형 김사원 대신 소송에 참여함.
형 김사원의 병이 위중해 몸을 움직이지 못하므로 대신 본인[김사형]이 소송에 참여함.

• 윤2월 5일 김사형: 이은보, 이함 부자 행위 및 주장 반박.
김씨 사후 40여 년 간 처가에 왕래조차 하지 않은 이은보는 '혼인의 의義'가 전혀 없음. 따라서 조부 김당은 원재주로서 친자녀에게 죽은 김씨 몫의 노비를 분재한 것임. 갑인년[1554년] 승전에 따르더라도 원재주가 이미 분재한 재산에 대해서는 다시 고치지 말게 했음. 현재 타관으로 송사를 옮기거나 원재주가 이미 처리한 사안에 대해서는 청리聽理하지 않는 것 등에 대해 관찰사께 자세히 보고해주기 바람.

• 윤2월 5일 김사형: 김당의 유서 제출.
조부 김당이 생존 시에 작성해둔 분재 관련 유서를 증거 자료로 제출하니 살펴봐주기 바람.

- 윤2월 5일 이함: 김사형이 제출한 증거 문서 부정.

김사형이 제출한 1555년 7월 11일자 김당의 유서를 인정할 수 없으므로 거역 拒逆하고 서명하지 않음. 해당 문서에는 이은보가 처와 장모의 상이 연이어 났음에도 불구하고 3년 내에 일체 찾아오지 않았으므로 신노비와 그의 후소생을 줄 수 없다고 명시했음. 죽은 김씨의 제사를 모실 몫의 노비는 김당의 아들 김세우에게 준다고 되어 있음.

- 윤2월 5일 김사형: 증거 문서에 양측이 서명하고 인장을 찍음.

조부 김당의 유서에 양측이 각각 서명하고 인장을 찍은 다음 돌려줌.

- 윤2월 5일 이함: 김당 유서의 법적 효력 부정 등.

김사형이 제출한 김당의 유서는 비록 원재주가 작성한 것이라고 하더라도 법전 조문에 근거할 때 의자녀의 권리를 침해한 것임. 김사형이 진술한 내용 중 아버지[이은보]께서 상처 후 한 번도 찾아보지 않았다는 것은 사리에 맞지도 않는 이야기이고, 송관이 우리 측과 인척이라고 했는데 송관과 나와는 처가 쪽 10촌에 불과하고 오히려 해당 송관은 김사형의 처가와 같은 동리 사람임. 또 김사형이 노비 3구와 전답 약간을 우리에게 주겠다고 한 것도 실상은 부실한 노비와 전답으로 수량만 채워 주려는 것임이 탄로 났음. 내가 갑인년 수교에 대해 이해하지 못하고 있다는 것도 잘못된 주장임. 갑인년 수교는 신노비에 대한 사항이 아니므로 본 소송과는 관련이 없음.

- 윤2월 24일 이함: 김사형의 지연 전략에 대한 성토.

김사형이 소송을 끌기 위해 화론和論을 얘기했으나 이에 구애받지 말고 곧 판결이 임박한 본 사건에 대해 송관께서 판결해주거나 관찰사께 보고해 판결을 받아주기 바람.

- 윤2월 25일 김사원: 타관으로 송사를 옮겨 주기를 요청.

본인[김사원]은 이 송사와 관련된 노비를 소유하고 있지 않으므로 현재 소유주인 안동에 사는 권홍서, 권영서, 군위에 사는 이진이 있는 관으로 송사를 옮겨서 처리해주기 바람.

- 4월 19일 이함: 김사원과 소송하는 것은 정당함.

김사원이 현재 노비를 소유하고 있지는 않지만 원재주인 김당이 김사원의 아버지 김세우에게 해당 신노비를 주었으므로 집안 종손인 김사원과 소송하는 것은 법에 비추어 마땅함. 소송을 지연시켜 노비를 계속 부리고자 하는 것은 더욱 위법적인 행위이니 앞서 제출한 문서를 근거로 최종 판결을 해주기 바람.

- 4월 19일 이함, 김사원: 양측의 합의로 소송 종결을 원함.

원고와 척은 서로 의동사촌義同四寸 사이인 데다 모두 사족으로서 서로 소송하는 것이 보기 좋지 못하고, 김씨 집안은 여전히 상중에 있으므로 계속 소송을 이어가는 것이 마땅하지 않음. 죽은 김씨의 제사를 모실 몫의 노비 5구를 이씨 집안에 주는 것으로 합의했음. 이에 따라 판결해주기 바람.

- 4월 19일 이함: 김사원과 합의함.

의동사촌 사이인 김사원과 선모 김씨의 봉사조로 노비 5구를 받는 것으로 합의했음. 앞서 올린 소지의 내용대로 판결해주기 바람.

- 4월 19일 김사원: 이함과 합의함.

이함의 전모 김씨의 제사를 모실 몫의 노비 5구를 돌려주기로 합의함. 함께 올린 소지 내용대로 판결해주기 바람.

해당 노비 명단은 다음과 같음. 여종: 막장, 나이 68, 여종: 막금, 나이 23, 여종: 설매, 나이 20, 사내종: 바회, 나이 9, 올해 태어난 노비.14)

3) 의성현의 판결

계미년(1583년) 2월부터 윤2월을 지나 4월까지 약 3개월간 진행된 원척 간의 법적 공방을 마치고 드디어 계미년 4월 19일에 의성현에서는 아래와 같이 최종 판결을 내렸다.

만력 11년(1583년) 4월 19일 의성관에서 발급하는 입안.
이 입안은 판결해 발급하는 것임. 원고 이함이 선모先母 김씨의 신노비와 제사를 모시는 몫의 토지와 노비를 모두 김사원이 함부로 가진 채 돌려주기를 거부한다고 의송을 올려 관찰사의 처분을 받았으므로 원고와 척을 관정에 나오게 해 심문했다. 양측이 모두 서명해 제출한 진술서에서 '원고와 척은 의사촌 사이일 뿐만 아니라 사족으로서 서로 소송을 하는 것이 보기 좋지 않은데다가 척 김사원이 지금 상중에 소송을 하는 것은 더욱 마땅하지 않다. 김씨의 제사를 모실 몫의 노비를 받고 서로 합의하기'로 관정에 아뢰었으므로 해당 합의 사항에 따라 판결하며, 노비의 성명과 나이는 입안의 뒤에 별도로 수록한다. 입안을 발급함.15)

---

14) "婢莫莊, 年六十八, 婢莫今, 年二十三, 婢雪梅, 年二十, 婢岩回, 年九, 今年生, 一口."
15) "萬曆十一年四月十九日 義城官立案.
右立案爲決折事, 元告李涵亦, 其矣先母金氏矣新奴婢及奉祀位田民, 幷以, 金士元亦, 據執不許是如, 呈議送到付爲良去乙, 元隻進來推閱爲如乎, 兩邊同着名呈訴招內, 元隻人等, 義同四寸之間叱分不喩, 士人以爭訟, 不美爲沙餘良, 隻金士元亦, 方在衰服之中立訟, 加于不當, 金氏奉祀位奴婢捧上爲遣, 和論爲良結, 呈訴爲有臥乎等用良, 依和論決給爲遣, 奴婢年歲, 立案後錄, 合行立案者"(『古文書集成』 33, 한국정신문화연구원, 1997년, 197~198쪽).

수개월의 공방 끝에 소송을 제기한 원고 이함은 전모 김씨의 신노비 중 김사원이 제사를 모실 몫으로 받은 노비와 그의 후소생 중 일부인 5구를 돌려받았다. 결국 이 판결은 소송을 제기한 이함의 법적 주장이 받아들여져 의자녀에게도 사망한 선모 김씨 소유의 노비 일부가 지급되었다.

소송의 진행 과정상 형식적으로는 재령이씨 집안과 안동김씨 집안이 합의를 통해 무난한 결과를 도출한 것으로 보이지만 실제로는 당시까지의 일반적 관행과는 달리 『경국대전』을 비롯한 국법의 조문대로 시행할 것을 강하게 제기한 재령이씨 측의 승소라고 볼 수 있다. 아마 앞서 살펴본 1560년의 경주부의 판례 등이 이미 알려져 있던 것도 이 소송의 진행 과정에 참고가 되었을 것으로 보인다.

4 공방 속에 드러난 소송 당사자들의 법정 논리

위의 두 소송 과정에서 원척 사이에 주고받은 공방의 핵심은 문서든 구두진술이든 언어로 구현된 법리 공방이었다. 결과적 이야기일지 모르지만 두 소송을 통해서도 분명히 법정에서 사용된 승자의 주된 논리와 패자의 논리가 구분된다. 양자의 차이를 간단히 살펴보자.

1) 승자의 논리: 법조문에 따라

1560년의 경주부 판결을 통해 의자녀 몫의 노비를 확정 받은 경주손씨 집안의 결정적 승소 근거는 『경국대전』을 비롯한 법조문이었다. 심리가 진행되면서 본격적으로 '대전'과 '속록續錄'에 명시된 조문과 주석을 근거로 전모와 계모의 재산에 대한 의자녀의 상속권이 계속 부각되었다. 그리고 상대측이 제시한 증거 문서의 증거력에 대해서도 위조문서라는 주장이, 즉 법적 증거력이 없다는 주장이 지속되었다.

용어도 상대측에 대해서는 '위법', 본인에 대해서는 '법례法例', '종국법從國法' 등으로 표현함으로써 합법과 위법의 대결 구도가 잡혀지고 있기도 하다. 이는 분명 소송에서 이기기 위해 기존 관행이 아니라 현행법의 공정한 집행을 호소한 전략으로 판단된다.

이와 같은 현상은 〈1583년 의성현 결송입안〉에 들어 있는 재령이씨 측 소지나 진술에서도 동일하게 찾아볼 수 있다. 상대측에 대해서는 '대의를 살피지 않고 국법을 헤아리지 않았다'16)던지 "불법적 조치'17), '위법' 등의 표현을 쓰면서 상대의 행위를 법을 지키지 않은 행위로 규정하고 있다. 이에 반해 자신들의 주장과 행위에 대해서는 『경국대전』이나 장례원의 승전承傳에 근거한 것임을 강조했다.

2) 패자의 논리: 정리, 관습에 따라

앞서 경주손씨 측에서는 주로 법을 강조한 반면 화순최씨 측에서는 주로 상대의 행동거지나 정황을 문제 삼은 표현이 많이 보인다. 딸이 사망한 이후 사위가 처가에 발길을 끊었다거나 장인에 대해 욕설을 했다는 등의 정황 묘사가 자주 보인다.

그리고 증거 자료를 제시할 때도 바탕에는 기존 관행에 따른 호소가 자리하고 있다. 예를 들어 원재주가 분재한 사실에 대한 절대적 의미 부여는 기존의 관행에 호소하는 것이었다. 또한 '부모의 정은 자식에게 노비를 나누어줄 때 자녀에게 자식이 있는지 없는지를 봐서 그것을 헤아려 문서를 작성하거늘18)'이라는 표현도 민간에서 수긍할 만한 관행에 호소한 것

---

16) "不顧大義, 不計國法"(〈1583년 의성현 결송입안〉 중).
17) "不法之區處(〈1583년 의성현 결송입안 중〉).
18) "凡父母之情, 子息奴婢分給段, 見其子女有子息無子息以, 論計, 文記成置事去乙"(〈1560년 경주부 결송입안〉 중).

이고, '원재주의 문서를 한결같이 따르는 법은 한 시기만의 법이 아니라 오래전부터 전해 내려온 법이거늘'[19] 등의 표현도 같은 맥락이다.

두드러진 용어로는 주로 '정情', '정리情理' 등의 표현이 자주 보인다. '대저 법은 정으로부터 나오고, 정을 벗어난 법은 없거늘'[20]에서 알 수 있듯이 화자는 근본적으로 법보다 당시 사람들의 감정이나 통용되는 관념에 호소했다.

⟨1583년 의성현 결송입안⟩에서도 안동김씨 측에서는 상중이라는 사실을 연이어 언급하면서 소송 일정을 미루려고 했고, 법리보다는 소송의 불리함을 들어 송관을 옮겨줄 것을 지속적으로 요구했다. 따라서 재령이씨 측이 법을 근거로 공격해온 데 반해 안동김씨 측은 단지 불리한 소송을 지연시키려는 것으로 비쳤다.

5   제도와 사회 관념의 변화

이상에서 살펴본 1560년(명종 15년)의 경주부 판결과 1583년(선조 16년)의 의성현 판결은 국가 제도적으로는 이미 『경국대전』 체제가 성립된 이후 그리고 시기적으로는 아직 임진왜란을 겪지 않은 시기에 내려진 것이었다. 단순히 법전의 반포 여부로만 보자면, 이미 『경국대전』의 법제가 확립되었어야 마땅할 것 같은데, 소송 과정에서 드러난 양측의 법리 다툼을 보면 『경국대전』에 명시된 법조문이 아주 강력하게 실행되지는 않은 듯한 인상을 받게 된다. 따라서 16세기 중후반에 이르러서도 사회적으로는 여전히 고려시대로부터 이어져온 민간의 유습과 인식이 잔존하고 있던 시기임을 간과해서는 안 될 것이다.

---

[19] "從元財主文記之法, 非一歲之法, 自古流傳之法是去乙"(⟨1560년 경주부 결송입안⟩ 중).
[20] "大抵法出於情, 無情外之法是去乙"(⟨1560년 경주부 결송입안⟩ 중).

앞서 살펴본 두 사례에서 볼 수 있듯이 시집가서 자식을 두지 못한 채 사망한 부인의 재산은 친정으로 모조리 되돌려주거나 제사를 모시는 몫 정도만 별도로 남기는 것이 기존의 관례였던 것으로 보인다. 그러나 조선에 들어와 새롭게 세운 법제에는 단순히 혈연에 따른 상속뿐만 아니라 의義로 맺어진 관계에까지 일정 부분 상속권이 인정되고 있었다. 그리고 의로 맺어진 관계 내에서도 적자嫡子와 첩자妾子 등이 나누어 가질 비율이 엄연히 구분되어 있었다.

그러나 조선 건국 후 15세기 후반에 이르러 법제로 확립된 이러한 사항이 곧바로 실제로 민간에서 적용되었는지의 여부는 따로 따져보아야 할 문제이다. 1560년의 경주부와 1583년의 의성현에서 있던 소송의 사례를 통해 볼 때 『경국대전』이 성립된 지 약 100여년이 지난 시기에도 사회적으로는 기존에 유지되어온 관념 또는 관행과 현행법을 놓고 양측의 치열한 공방이 있었음을 알 수 있다.

결국 조선의 건국 이념과 법제의 기본 틀을 완성한 설계자들의 생각과 조선사회에서 차츰 강화되어가던 유교적 관념 및 친족 인식에서의 변화가 일어나면서 비로소 제도적으로 이미 확립되어 있던 법조문을 적극 활용하기 시작한 것으로 보인다. 그리고 이러한 경험이 하나둘씩 확산되면서 사회 전반에 알려지고, 이후의 사회 관념은 그동안 오랜 시간 동안 유지되어온 익숙한 인식과 습관이 현행 법제에 맞추어 변화하기 시작한 것으로 보인다.

이처럼 16세기에 작성된 두 건의 결송입안을 통해 당대의 사회상을 엿볼 수 있었다. 이미 『경국대전』은 15세기 후반에 반포되어 국가적으로 시행되고 있는 상황이었음에도 불구하고 16세기 후반에 이르러서도 여전히 『경국대전』 조문의 적용이 강력하게 시행되지 못한 정황이 보인다. 당시의 사회 분위기만 하더라도 기존 관행대로 자식 없이 사망한 부인의 재산은 친정으로 귀속되는 것이 마땅하다는 주장이 제기되는 한편 이에 반해 『경국대전』 조문대로 의자녀에게도 일정 비율의 재산을 승계하는 것이 마땅하다는 주장이 팽팽히 맞선 사실이 시사하는 바는 크다.

결과적으로는 송관의 조정에 따라 양측에서 합의를 도출해 문제의 해결에 도달했지만 국법인 『경국대전』의 조문이 이때 이르러서야 새삼 법정에서 강조되었고, 관에서도 매우 적극적이지는 않았지만 국법을 기반으로 한 측의 주장에 힘을 실어주어 양측의 조정을 끌어낸 것으로 볼 수 있다. 이러한 판례가 쌓이면서 조선사회에서 더 이상 이러한 문제를 갖고 사망한 부인의 친정 측에서 온전한 재산 승계권을 주장한 사례는 사라졌을 것으로 보인다.

6   조선사회의 변화: 의리와 명분의 사회로

〈1560년 경주부 결송입안〉과 〈1583년 의성현 결송입안〉이 작성되던 시기의 조선사회 모습은 과연 어떠했을까? 처음에 언급한 질문을 다시 한 번 상기해보자. 일반적으로 일컫듯이 조선이 유교 이념과 질서에 시종일관 충실한 국가 또는 사회였다고 한마디로 요약할 수 있을까?

이 질문에 대한 대답은 몇 마디 짧은 문장으로 단언하기보다는 500여 년이라는 시간을 통해 점차적으로 변화해간 과정으로 설명하는 것이 옳을 것이다. 국호는 고려에서 조선으로 바뀌었고, 제도적으로도 개국 후 100년 이내에 국법을 확립했다. 그러나 민간에서 오랜 시간 통용되어온 관념과 습관은 하루아침에 쉽게 바뀌지 않았고, 국가에서도 기존 관습을 법제에 맞게 급속히 바꾸도록 강제하지는 않았던 것으로 보인다.

고려로부터 조선에 이르기까지의 가족이나 친족에 대한 인식 및 제도의 변화에 대해서는 이미 여러 연구 성과가 누적되어 왔다. 종래의 양계적 가족제도가 조선을 거치면서 부계적 가족제도로 변했다21)는 지적은 이제 학계에서는 익히 알려진 사실이다. 고려와 조선전기는 직접적 혈연관계에 따른 가족의식이 견고하게 자리 잡고 있던 시기였다. 부계든 모계든, 아들 쪽이든 딸 쪽이든 직접적으로 피가 흘러간 관계 내에서는 조선후기와 달리 안팎의 차별이 두드러지지 않았다.

지금까지 발견된 15~16세기의 초기 족보의 사례에서도 이러한 가족 인식이 확인된다. 바로 아들 계통뿐만 아니라 딸 계통, 즉 외손 계통의 자손도 족보에 동일하게 세대를 이어가며 상세히 수록된 특징을 볼 수 있다.22) 이와 같은 특징은 곧 일상에서 부모의 재산을 나눌 때도 자녀들끼리 균등한 비율로 나누어 갖고, 부모의 제사 또한 자녀들이 돌아가며 모시는 윤회봉사를 실행하던 모습과 일맥상통한다.

다시 〈1560년 경주부 결송입안〉과 〈1583년 의성현 결송입안〉으로 돌아가보자. 먼저 원고와 피고의 변론 중 '의義'라는 표현을 주목해보자. 승자인 경주손씨 집안에서는 '의자녀義子女'라는 표현을 사용했고, 재령이씨 측에서는 '의동사촌義同四寸'이라는 표현을 사용했다. 이 두 표현에서 '의'라는 글자를 생략하면 문자상으로는 '자녀'와 '동사촌'만 남게 된다. 그런데 이면을 들여다보면 현실적으로 피가 섞이지 않은 자녀 또는 사촌 관계이기 때문에 남이라고 보아도 무방한 단어만 남게 된다. 즉 기존 관념에서 현실적으로는 피 한 방울 섞이지 않은 '자녀'와 '사촌'이라는 건조한 단어에 '의'라는 의미를 부가함으로써 법적으로 유의미한 '자녀'와 '사촌' 관계를 형성시켰다고 볼 수 있다. 기존 관념에서는 다소 이해하기 힘든 새로운 개념의 등장인 셈이다.

제도의 효력은 현실에서 법적 강제력을 갖고 적용될 때 비로소 체감된

---

21) 이순구, 「조선시대 가족제도의 변화와 여성」, 『한국고전여성문학연구』 10, 2005년.
22) 노명호, 「한국사 연구와 족보」, 『한국사시민강좌』 24, 일조각, 1999년, 89~90쪽.

다. 예컨대 의자녀에 대한 상속권이 법조문에 명시되어 있더라도 현실에서 많은 사람이 해당 조문을 잘 알지 못하거나 국가에서도 적극적으로 적용하지 않을 때는 유명무실한 제도일 뿐이다. 그러나 본고에서 살펴본 사례와 같이 소송이라는 제도를 통해 적극적으로 법조문대로 시행되어야 한다는 주장이 제기되고, 그러한 주장을 제기한 측이 승소하는 경험이 축적되면서부터 해당 제도는 더 이상 유명무실한 것이 아니라 당연히 적용되어야 하는 원칙으로 자리 잡게 된다.

이처럼 어떤 사상이나 이념을 실현시키기 위해서는 제도적 장치를 마련하는 것이 매우 효과적이다. 조선의 기틀을 구상한 설계자들도 장기적 관점에서 조선을 제도적 기반 위에 새로운 이념이 구현되는 국가의 모습으로 내다보았을 것이다. 그들이 구상한 국가의 모습은 고려 이래 이어져 온 모습과는 다른 모습, 즉 후세에 이르러 신유학으로 일컬어지는 정주학程朱學 계통의 이념 체계와 그것을 토대로 한 제도가 실현되는 새로운 국가의 모습이었다.

조선은 개국 이후 15~16세기를 지나면서 점차 현실에 따른 실리나 편의보다는 근원적 의리와 명분을 중시하는 방향으로 나아갔다. 오늘날 우리가 일반적으로 인식하고 있는 조선에 대한 인상은 대부분 조선전기를 지나 조선후기에 이르러서야 견고하게 자리 잡은 관념과 제도의 결과라는 사실에 유의해야 한다.

참고문헌

『經國大典』私賤條.

권이선, 「조선시대 결송입안 연구」, 한국학중앙연구원 석사학위논문, 2017.
노명호, 「한국사 연구와 족보」, 『한국사시민강좌』 24, 일조각, 1999.
마르티나 도히힐러 저, 이훈상 역, 『한국사회의 유교적 변환』, 아카넷, 2003; 『한국의 유교화 과정』, 너머북스, 2013.
문숙자, 「義子女와 本族 간의 財産相續分爭 - 1584년 鶴峰 金誠―의 羅州牧判例 분석」, 『고문서연구』 8, 1996.
문숙자, 『조선시대 재산상속과 가족』, 경인문화사, 2004.
박병호, 『韓國法制史攷』, 법문사, 1987.
이순구, 「조선시대 가족제도의 변화와 여성」, 『한국고전여성문학연구』 10, 2005.
임상혁, 「1583년 김협 고경기 소송에서 나타나는 법제와 사회상」, 『고문서연구』 43, 2013.
최연숙, 「조선시대 立案에 관한 연구」, 한국학중앙연구원 한국학대학원 박사학위논문.

4장

조선중기 토지 분쟁과 관의 대응

최연숙

1   들어가며

오늘날의 사회를 흔히들 물질만능 사회라고 말한다. 소유한 것을 갖고 모든 것을 평가하는 시대, 그에 따라 신분과 처우가 달라지는 시대가 되었다. 심지어 부모의 경제력에 의해 자식의 인생에 잣대를 들이대는 수저론까지 나오는 마당이다. 금수저니, 흙수저니 하는 말들이 아무렇지 않게 입에서 입으로 전해지고 있다. 이제 물질에 대한 욕망을 거침없이 드러내는 것이 더 이상 부끄럽지 않게 되었고, 심지어 욕망을 채우기 위해 다른 누군가를 희생양으로 삼기도 한다. 우리의 슬픈 자화상이다.

그렇다면 물질에 대한 욕망은 단지 우리 시대에만 국한된 것일까? 정도 차는 있지만 다른 사람과 공유하지 않고 사적으로 소유하는 것, 즉 사유재산이라는 개념이 생기기 시작하면서 이미 인간은 물질에 대한 욕망에서 벗어날 수 없는 존재가 된 것이 아닐까? 더 많은 것을 갖기 위해 전쟁이 끊이지 않고 가진 것을 뺏기지 않기 위해 필요에 따라 동맹 관계를 맺어온 것이 인류의 역사이기도 하다. 이에 대한 반대급부로 물질에 대한 욕망을 버리고 참된 삶을 살기 위해, 욕망에서 벗어나도록 하기 위해 수많은 구도자가 나오기도 했다. 따라서 살아 있는 한 여전히 소유욕에서 벗어나기 힘든 이상 무조건 소유를 부정하기보다는 옳게 소유하는 것이 무엇인지를 제대로 알고 살펴보는 것이 현실적으로 행복에 이르는 길이지 않을까?

그렇다면 우선 알아야 한다. 바로 우리 선조들은 어떻게 소유와 관련된 분쟁에 대응했고 백성을 다스리는 국가 입장에서는 어떤 법적 장치를 통해 소유와 관련된 분쟁을 최소화하려고 노력했는지를 말이다. 전근대의 법은 오늘날에 비해 어떻게 구동되었는지를 말이다. 이에 필자는 소유권 분쟁을 담고 있는 조선시대의 문서인 결송입안, 그중에서도 토지 분쟁을 다룬 입안을 통해 이 문제에 접근해볼 생각이다.

입안은 고려시대에 출현해 조선시대 말까지 국가의 증명서로 기능한 문서로, 개인의 재산권을 보호하기 위한 목적에서 도입되었다. 입안은 다양한 영역에서 백성의 권리를 보호해주는 역할을 했는데, 조선시대에 들어오면 토지와 노비 매매, 상속, 증여 등 사유재산과 관련해 많이 사용되었다. 특히 조선중기에서 후기로 넘어가면서 사유재산에 대한 인식이 강화되자 주인 없는 땅을 개간하거나 산지를 점유함으로써 그것을 둘러싼 분쟁이 다양한 형태로 일어났는데, 분쟁에서 유리한 입장을 차지하기 위해 국가의 공증인 입안을 발급받아 소유권을 인정받으려고 했다. 덕분에 우리는 개인들이 재산을 지키기 위해 어떤 입장을 취했는지를 생생한 민낯을 통해 수백 년이 흐른 오늘날에도 여전히 볼 수 있다. 잘 정비된 법치국가인 조선시대에 걸맞게 소송 관련된 법적 조항들은 이미 조선전기에 완성된 『경국대전』에 잘 나타나 있으며, 이는 이후 지속적인 수정과 보완을 거쳐 합리적인 법제도로 완성되어 나갔는데, 이는 조선후기의 고종 때 반포된 『대전회통』에 이르기까지 계속되었다.

2   조선시대의 법률서와 소송 법규

1) 조선시대의 법률서

토지와 관련된 조선시대의 법제도에 대해서는 이미 판례를 통해 실체에 접근하거나 민의 소유권 의식 변화, 토지 소유권 확대 등 민의 법의식까지도 들여다본 연구를 통해 조선시대 민의 의식 수준의 변화 등이 밝혀졌으며, 토지 등 부동산에 대한 소유권 인정을 담보로 하는 입안 제도 등에 대한 연구 또한 꾸준히 진행되고 있다. 18세기의 안동부의 결송입안을 분석해 판결의 주요 근거가 된 과한법過限法 조항을 법적으로 고찰하는 것을 통해 전답송에서 정소기한呈訴期限의 중요성을 밝힌 연구가 있는가 하면 조선전기의 결송입안을 검토해 조선후기의 전답송과 대비되는 노비송의 실상을 보여주는 연구가 이루어지기도 했다. 조선후기의 대표적 소송이라고 할 수 있는 산송의 발생과 전개를 고찰하면서 금양입안禁養立案의 사례를 소개하고, 이 입안의 발급이 산지 점유권을 확보하는 하나의 수단으로 이용되었음이 밝혀지기도 했다.[1] 이처럼 고문서를 통한 소송 제도 연구는 이외에도 다양하게 이루어졌지만 소송 문기인 입안이 읽기 어려운 초서라는 점에서 여전히 접근에 어려움이 있기도 하다. 그러나 이를 해결하는 것 또한 시간이 더 흐르기 전에 우리 학계가 해결해야 할 과제이기도 하다.

---

1) 박병호, 『韓國法制史特殊研究』, 韓國研究圖書館, 1960년; 『韓國法制史攷』, 法文社, 1974년; 『傳統的 法體系와 法意識』, 한국문화연구소 편, 서울대학교출판부, 1985년; 『近世의 法과 法思想』, 도서출판 진원, 1996년; 沈羲基, 「18세기초 安東府 田畓訴訟立案의 法制的 分析」, 『古文書研究』 9·10, 1996년; 全炅穆, 『朝鮮後氣 山訟 研究 － 18·19세기 古文書를 중심으로』, 全北大學校 박사학위논문, 1996년; 「山訟을 통해서 본 조선후기 司法制度 운용실태와 그 특징」, 『법사학연구』 18, 1997년; 任相爀, 「朝鮮初期 民事訴訟과 訴訟理論의 展開」, 서울대학교 박사학위논문, 2000년; 최연숙, 「조선시대 입안에 관한 연구」, 한국학중앙연구원 박사학위논문, 2005년; 권이선, 「조선시대 결송입안 연구」, 한국학중앙연구원 석사학위논문, 2017년 등 참고.

조선시대는 법치국가라고 일컬어지는 만큼 법률서도 상당히 많이 간행되었다. 태조로부터 고종에 이르기까지 여러 차례 법전이 간행되었는데, 그중 『경국대전』, 『속대전』, 『대전통편』, 『대전회통』을 조선시대 4대 법전이라고 한다. 이외에도 태조 때 『조선경국전朝鮮經國典』과 『경제문감經濟文鑑』, 『경제육전經濟六典』이, 태종 때 『속육전續六典』, 세종 때 『육전등록六典謄錄』, 고종 때 『육전조례六典條例』가 만들어졌다.

순번	법전명	시기	내용
1	조선경국전	태조	육전 체제에 따라 조선시대의 통치 조직과 통치 이념의 종합적 체계를 제시.
2	경제문감		『조선경국전』 치전治典의 내용을 보완.
3	경제육전		조선시대 최초의 통일 법전으로, 1397년(태조 6년) 12월 26일에 공포되어 시행됨. 뒤에 『경국대전』의 모체가 됨.
4	속육전	태종	『경제육전』 이후에 나온 교지, 조례를 모아 만든 법전.
5	육전등록	세종	『속육전』 이후의 수교受敎를 수정 보완한 법전.
6	경국대전	성종	조선시대 기본 법전.
7	속대전	영조	『경국대전』을 보완한 법전.
8	대전통편	정조	『속대전』을 보완한 법전.
9	대전회통		『대전통편』을 보완한 법전.
10	육전조례	고종	1865년 12월부터 1866년 사이에 각 관아에서 시행하던 모든 조례와 『대전회통』에서 빠진 여러 관사의 시행 규정을 모아 육전으로 분류해 편집.

성종 때 완성된 조선시대의 기본 법전인 『경국대전』에서부터 조선 후기의 『대전회통』으로 국가의 법전이 완성되기까지 수많은 법전이 있었으

며, 소송 관련 법규들은 형전에서 정리되었다. 특히『경국대전』과 함께『대명률』은 이미 태조의 즉위 교서에서 반드시 의거해야 할 기본 법전으로 규정되었다.2)

조선은 중국의 법제도를 많은 부분 채택했으나 그대로 적용하기보다는 조선의 현실에 맞게 조정해 적용했다. 조선에서 이용한 중국의 형법서로는『대명률』과 함께『당률소의唐律疏議』,『무원록無冤錄』이 있는데 이 세 형법서는 율과律科의 시험 과목으로 채택될 정도였다. 그 밖에『율조소의律條疏議』,『대관의두對款議頭』,『대명강해율大明講解律』,『율학해이律學解頤』,『율학변의律學辨疑』,『지정조격至正條格』,『의형이람議刑易覽』등도 부차적 형법서로 이용되었다.

조선시대의 대표적 형법서로는『사송유취詞訟類聚』,『결송유취決訟類聚』,『결송유취보決訟類聚補』가 있었다. 이 책들은 결송과 관련한 내용을 뽑아 편찬했기 때문에 실무적으로 지방관들이 접근하기에 매우 편리했다. 그 밖에『청송지남聽訟指南』,『결송지남決訟指南』,『결송유회決訟類會』,『청송제강聽訟提綱』,『사송록詞訟錄』,『흠휼전칙欽恤典則』,『추관지秋官志』,『율례요람律例要覽』등이 있었다.

이처럼 조선시대에는 유교에 기반한 이상 사회를 구현하기 위해 실질적 통치 조직과 통치 이념을 끊임없이 수정, 보완했다. 소송에서도 교화를 통한 '무송無訟' 사회를 지향했는데3), 이는 실질적으로 불가능한 것이었

---

2) 〈태조즉위교서〉에는 이렇게 되어 있다. "지금부터 서울과 지방의 형刑을 판결하는 관원은 무릇 공사公私의 범죄를 반드시『대명률大明律』의 선칙宣勅을 추탈追奪하는 것에 해당되어야만 사첩謝貼을 회수하게 하고, 자산資産을 관청에 몰수하는 것에 해당되어야만 가산을 몰수하게 할 것이며, 부과附過해서 환직還職하는 것과 수속收贖해서 해임解任하는 것 등의 일은 일체 율문律文에 의거해 죄를 판정하고, 그전의 폐단을 따르지 말 것이다"(『太祖實錄』1[태조 1년 7월 28일 정미]).
3) '무송'이라는 유교의 이상은『논어』卷12, 안연顔淵 장에 "子曰聽訟吾猶人也, 必也使無訟乎"로 나와 있다. 이에 대해 송나라 학자 범중엄范仲淹(989~1052년)은 "聽訟者, 治其末塞其流也, 正其

으므로 조선중기와 후기를 지나면서 형률 제도를 개선하고 더 구체화되는 방향으로 제도를 정비하고 개인 간의 분쟁을 합리적으로 조정하는 '단송 斷訟'을 지향하는 방향으로 법 조항이 조정되었다.

2) 조선시대의 소송 법규
1) 형전 조문의 증가

조선시대 4대 법전의 형전 조항을 살펴보면 사회 변화에 따라 조문도 변했으며, 시대를 내려올수록 양적 증가와 함께 내용의 변화도 큰 폭으로 이루어졌음을 알 수 있다. 『경국대전』의 반포 이후 각종 수교 등을 반영해 모든 관련 사항이 최종적으로 『대전회통』에 수록되었는데, 그것은 모두 38조항으로 이루어져 있었다.

> 1. 용률用律. 2. 결옥일한決獄日限. 3. 수금囚禁. 4. 추단推斷. 5. 금형일禁刑日. 6. 남형濫刑. 7. 위조僞造. 8. 휼수恤囚. 9. 도망逃亡. 10. 재백정단취才白丁團聚. 11. 포도捕盜. 12. 장도臟盜. 13. 원악향리元惡鄕吏. 14. 은전대용銀錢代用. 14. 죄범준계罪犯準計. 15. 고존장告尊長. 16. 금제禁制. 17. 소원訴寃. 18. 정송停訟. 19. 천첩賤妾. 20. 천처첩자녀賤妻妾子女. 21. 공천公賤. 22. 사천私賤. 23. 천취비산賤娶婢産. 24. 궐내각차비闕內各差備. 25. 근수跟隨. 26. 제사차비노·근수노정액諸司差備奴·跟隨奴定額. 27. 외노비外奴婢. 28. 살옥殺獄. 29. 검험檢驗. 30. 간범姦犯. 31. 사령敎令. 32. 속량贖良. 33. 보충대補充隊. 34. 청리聽理. 35. 문기文記. 36. 잡령雜令. 37. 태장도류속목笞杖徒流贖木. 38. 결송해용지決訟該用紙.

本淸其源, 則無訟矣"라고 해서 청송聽公은 지엽적이고 말단적인 것을 다스리는 것인 반면 무송은 본원을 바르게 하는 것이라고 했다. 즉 죄를 지은 뒤에 다스리는 청송보다는 죄를 짓지 않도록 교화해 송사가 없게 하는 무송의 중요성을 강조한 것인데, 이는 조선시대 내내 통용된 소송의 이상이었다.

> ※ 조문 수: 『경국대전』 71조, 『속대전』 264조, 『대전통편』 378조, 『대전회통』 386조.
> ─ 궐내각차비闕內各差備, 근수跟隨, 제사차비노·근수노정액諸司差備奴·跟隨奴定額, 외노비外奴婢, 태장도류속목笞杖徒流贖木, 결송해용지決訟該用紙의 조문 수는 포함시키지 않음.

　『경국대전』의 형전 조문은 24편 71조, 『속대전』은 28편 264조, 『대전통편』은 32편 378조, 『대전회통』은 32편 386조로 조문 수만 보면『속대전』을 경계로 4배가량 늘어났음을 알 수 있다. 『속대전』 형전의 양적 증가는 기존 항목 중에서는 추단, 남형, 위조, 포도, 장도, 금제, 소원 조항 등에서 주로 이루어지고, 살옥, 검험, 간범, 사령, 속량, 보충대, 청리, 문기, 잡령 조항 등은 신설되었다. 특히 소송과 관련해서는 위조와 소원 조의 보강 및 청리조와 문기조의 신설이 눈에 띈다. 이는 사회 변화와 함께 소송을 공정하고 합리적으로 이끌기 위한 국가의 부득이한 조치로 보인다. 소송이 증가하면 소송 제도도 자연스럽게 수정, 보완되고 사회의 다양성에 따라 조문 수도 증가할 수밖에 없었다. 그리고 소송이 증가함에 따라 이에 대한 독립 조항이 요구되었는데, 이것이『속대전』에서 청리조와 문기조의 신설을 가져오게 되었다. 청리조는 이전 법전의 여러 곳에 흩어져 있던 소송 절차에 관한 조항을 하나로 모아 정리한 것으로, 사람들 간의 문제 해결이라는 현실적 필요에 의해 만들어졌다는 점에서 소송이 일반화되고 있음을 반증하는 것으로 볼 수 있다.[4]

---

4) 조윤선, 『조선후기 소송 연구』, 국학자료원, 2002년, 32~37쪽 참조.

2) 소송 절차법의 보완

조선의 건국과 함께 태조는 소송의 적체를 막기 위해 결송 기한과 노비 결송의 판결 기관을 정했으며, 결송의 판단 기준으로 문기의 증필證筆 유무를 따지도록 했는데, 이 정책은 태종 때도 그대로 계승되었다. 태종은 이러한 단송 이념을 실현하기 위해 1413년에 결송을 담당하는 인원과 문기의 진실성을 담보하는 서압 문제를 정하고5), 폭주하는 노비 소송에 효율적으로 대응하기 위해 노비 소송의 판결은 각사에서, 결송입안의 발급은 형조의 도관都官에서 하는 것으로 이분화시켰다. 이 정책들은 삼도득신법三度得伸法, 친착결절법親着決折法, 상피법, 과한법 같은 절차법의 제정을 가져왔으며, 이는 『경국대전』과 중종, 명종 이후 수교들을 통해 보강되어 『속대전』에 반영되었다.

① 삼도득신법

삼도득신에 대해서는 『경국대전』, 「형전」 사천조에 다음과 같이 대원칙만 규정하고 있다.

○ 삼도득신한 경우에는 다시 청리하지 않는다.
― 모든 소송이 동일하다.6)

그러나 '삼도득신'은 해석에 따른 오해의 여지가 있었다. 세 번 소송해 두 번 승소한 것을 말하는지, 세 번 승소한 것을 말하는지가 명확하지

---

5) 『太宗實錄』 권26(13년 8월 30일 丙子). 刑曹都官上決訟法. 啓曰: "司以一員, 分房聽訟, 至圓議時, 他房浩繁文籍, 未能精察, 因此滯訟. 乞以正郎佐郎各一員爲一房, 與參議商確夬絶, 若招供立案, 則依前例擧司署合." 下政府議之: "乞如所啓. 於招供立案, 則唯其房二員, 與參議同署, 若一員有闕, 則令他房一員通敏者, 與議爲便." 從之.
6) 『經國大典』 刑典, 私賤條 "三度得伸, 勿更聽理<凡爭訟同>."

않아 실제 소송을 담당하는 사람에게 혼란을 가져올 수밖에 없었다. 결국 소송의 증가와 함께 이 문제에 대한 명확한 해석이 요구되는 시점에 이르게 되었는데, 이것은 여러 임금의 수교를 통해 구체화되어 『속대전』 청리조에 보다 명확하게 규정되었다.

○ 삼도득신이란 세 번 소송해서 한쪽이 두 번 승소한 것을 말한다. 두 번 패소한 뒤 다시 소송을 제기한 자는 '비리호송률'로 논죄한다.

— 한 번 패소하고 한 번 승소했으면 다시 소송하되, 두 번 승소한 뒤에는 다시 소송하는 것을 허락하지 않는다.

— 갑이 두 번 승소한 뒤 을이 혹 다시 여러 차례 승소하더라도 인정하지 않는다.

— 지방에서 이미 판결한 소송과 장예원에서 판결한 것은 모두 한 번으로 친다.

— 두 차례 관이 재주가 된 것은 '재도득신례'에 따라 다시 청리하지 않는다.

— 재도득신법이 시행된 뒤에는 속공시키는 것도 청리에 관계되니, (승소판결이 나기 전에는) 속공시키지 않는다.

— 단송으로 세 차례 계속해서 승소한 경우는 청리하지 않는다.

○ 일반 노비의 경우 친족이 사람을 바꾸어 소송하더라도 승소한 횟수를 계산해 두 번 승소한 뒤에는 청리하지 않는다.

— 만약 앞의 소송과 관계없는 사람이 명백한 문기를 갖고 소송을 제기하는 경우에는 다시 청리하되 이미 판결한 것에 구애받지 않는다.

○ 소송에 지고 상언하는 것이 삼도득신한 이후이면 해조에서 수리하지 않는다.[7]

---

[7] 『經國大典』 刑典, 聽理條, "三度得伸云者, 接訟三度之內, 一隻再伸之謂也. 再度見屈之後, 更爲起訟者, 以非理好訟律論.〈一落一勝則更訟, 二度得勝之後, 則勿許更訟. 甲者二度得勝後, 乙者設或更勝累度勿施. 外方已決之訟與掌隷院所決者, 一體論以初度. 再度官作財主 則依再度得伸例, 勿許聽理. 再度得伸後, 屬公亦涉聽理, 勿爲屬公. 短訟連三次得伸者, 勿許聽理.〉 一般奴婢, 其族屬雖換面相訟, 更計得決度數, 兩度得伸後勿聽.〈若不干前訟之別人, 持明白文記起訟者, 許更理, 勿以已決爲拘.〉 落訟上言者, 三度

『경국대전』에서 대원칙만 언급된 삼도득신은 시대적 요구에 따라 개념이 점차 명확해졌으며, 삼도득신이 '세 번 소송에서 한 쪽이 두 번 승소하는 것'임을 밝혀 더 이상 논란이 없도록 했다. 또한 '두 번 패소한 뒤 다시 소송을 제기한 자는 "비리호송률"로 논죄한다'고 명시함으로써 호송 好訟으로 이어질 수 있는 여지를 차단했다.

법은 언제나 사람들 뒤를 따라간다. 노비 소송의 경우 사람을 바꿔가며 소송을 지연시키는 폐단이 생기자 같은 소송 건에 대해서는 여러 사람이 소송을 제기하더라도 한 사람이 한 것으로 간주해 법규화시켰다. 하지만 예외 규정도 두어 앞의 소송과 관계없는 사람이 명백한 문기를 갖고 소송을 제기하는 경우에는 이미 판결한 것에 구애받지 않고 다시 청리하는 것을 허락했다. 그리고 삼도득신한 사안에 대해서는 패소한 자가 상언하는 것도 허락하지 않음으로써 소송의 적체를 막고자 했다.

② 친착결절법

소송에는 반드시 승자와 패자가 있을 수밖에 없고, 이는 자신의 이해에 상당한 영향을 끼치므로 소송에 임하는 이들은 매우 철저하게 준비하고 승패를 위해 고의로 소송을 지연시키는 일도 있었다. 대표적인 것이 일부러 송정에 나오지 않는 것으로, 이를 막고 신속한 판결을 위해 원고와 피고가 송정에 나온 날짜를 갖고 판결의 중요 근거로 삼는 법이 『경국대전』, 「형전」 사천조에 규정되었다. 이를 친착결절법이라고 하는데, 소송에서 불리한 입장에 있는 자의 고의적 지연을 막기 위한 목적에서 마련된 것이었다.

以後, 則該曹勿受理."

○ 노비 소송에서 원고와 피고 중 스스로 이치가 바르지 못함을 알고 몇 달 동안 나타나지 않아 다시 집종을 가둔 뒤에도 만 30일 동안 나타나지 않는 경우와 소송이 시작된 뒤 50일 가운데 이유 없이 송정에 나오지 않은 날이 30일이 넘은 경우에는 송정에 나온 자에게 소송 노비를 모두 준다.
― 송정에 나와 직접 이름을 써서 징험했으면 [패소자가] 오결했다고 소지를 올리더라도 다시 청리하지 않고 친착할 때 간위가 있는 경우에만 다시 청리한다.8)

소송에서 불리한 사람이 몇 달 동안 계속 나타나지 않을 경우 소송의 속결을 위해 관에서는 집종을 가두어 송정에 나오도록 유도하지만 만약 집종을 가둔 뒤에도 30일 동안 나오지 않거나 소송을 시작하고 50일 동안 30일 넘게 나오지 않는 경우에는 소송 건의 시비 여부를 막론하고 송정에 나온 사람에게 승소 판결을 내리도록 했다. 그러나 50일이 지난 뒤에 소급해 30일의 기한을 계산해 승패를 결정하자 이를 악용해 30일이 지나기 전에 나타나 소송을 재개하는 식으로 소송을 지연시키는 일이 발생했다. 이에 대해 1555년(명종 10년)의 수교에는 친착법의 목적이 소송의 시비를 따지기보다는 단송에 있음을 밝히고9) 이를 『속대전』에 반영했다.

○ 소송을 시작한 뒤에 50일의 기한은 관원이 개좌하지 않은 날을 제하고 계산한다.
― 50일 동안 송정에 나오지 않은 날이 30일이 넘은 경우는 송정에 나와 친

---

8) 『經國大典』 刑典, 私賤條. "相訟奴婢元告被論中, 自知理屈, 累月不現, 再囚家僮後, 滿三十日不現者, 始訟後五十日內, 無故不就訟, 過三十日者, 並給就訟者.<以就訟庭親着名字爲驗, 雖呈誤決, 勿許聽理, 唯親着時有奸僞者, 許更理>."
9) 『受敎輯錄』 刑典, 聽理條. "嘉靖乙卯承傳. 親着之法, 不計事之是非, 而以斷訟爲重, 其不勝於親着, 而別無奸僞, 不可撓改以開訟端."

착한 자에게 준다는 법이 원전에 있지만 만 50일이 지나야 판결한다는 것은 아니다. 가령 갑이 30일이 지나도록 송정에 나오지 않았으면 을이 송정에 나온 것이 만 30일이 되지 않았더라도 을에게 주되, 을이 친착한 것은 반드시 21일이 되어야 하고 갑이 송정에 나오지 않은 날은 반드시 만 30일이 되어야 을에게 결급한다는 것이다. 을이 친착한 21일과 갑이 송정에 나오지 않은 30일은 원고와 피고가 모두 나오지 않은 날까지 계산한 것이다.

― 그리고 갑이 이치에 맞지 않아 송정에 나오는 것을 피하고 을은 송정에 나온 지 21일이 가까워지면 갑이 하루나 이틀 송정에 나왔다는 이유로 을이 친착한 것을 곧바로 버려서는 안 되므로 갑이 간헐적으로 나와 친착한 것을 적용할 수 없다.10)

『경국대전』에서 규정한 '소송을 시작한 뒤의 50일'이라는 기한은 재판할 수 없는 날을 제하고 계산한 날이다. 조선시대에는 임금과 왕비의 탄신일, 왕세자의 생신, 대제사 및 치제일致祭日, 삭망과 상하현上下弦, 조회와 시장을 열지 않는 날에는 고문과 형벌을 집행하지 않는다는 법 조항에 따라 소송을 시작한 뒤에 이런 날을 만나면 재판을 하지 않았다.11) 송정에 나와 친착한 자에게 승소 판결을 내리기 위해서는 반드시 친착한 날이 21일이 되어야 하고 상대편의 친착하지 않은 날이 30일이 넘어야 했으며, 이 조건이 갖추어졌을 경우에는 소송을 시작한 지 50일이 되지 않았더라

---

10) 『續大典』 刑典, 私賤條. "始訟後五十日之限, 除官員不坐日計之.〈五十日內不就訟過三十日者, 給就訟親着者之法在原典, 而不須滿五十日後可決. 假如甲者過三十日不就訟, 則乙者就訟, 雖未滿三十日給乙者, 乙者親着. 必至二十一日, 甲者不就訟, 必滿三十日, 然後決給乙者. 乙者親着之二十一日, 甲者不就訟之三十日, 並計元隻俱不現之日而充之. 且甲者理屈退避, 乙者就訟, 將近二十一日, 則不可以甲者一二日出現, 旋棄乙者之親着, 不用甲者出沒間着.〉"
11) 『經國大典』 刑典, 禁刑日條. "京外各衙門, 每遇大殿王妃誕日王世子生辰大祭祀及致祭朔望上下弦停朝市日, 勿行拷訊決罰."

도 친착한 자에게 승소 판결을 내리도록 한 것이다. 또한 패소 가능성이 있는 자가 간헐적으로 송정에 나온 것에 대해서는 친착을 인정하지 않음으로써 고의적으로 소송을 지연시키려는 행위를 차단했다.

③ 상피법과 청송관

상피제는 관료 제도의 공정한 운용을 도모하고 권력이 특정 가문에 집중되거나 그로 인해 권력이 남용될 수 있는 소지를 미연에 방지하기 위해 마련된 것으로, 혈연적으로 가까운 일정 범위 내의 친족 간에는 같은 관청 또는 상하 종속 관계에 있는 관청이나 특히 공정성이 요구되는 사안을 다루는 곳에서 함께 근무할 수 없게 하는 제도였다. 우리나라의 상피제도는 고려시대 선종 9년(1092년)에 제정되었는데 오복친제五服親制에 근거해 실시되었다. 적용 범위는 본족本族과 모족母族, 처족妻族의 4촌 이내와 배우자로 규정되었는데, 대성臺省의 경우는 사돈 간에도 상피 제도가 적용되었다. 조선시대에는 고려시대와 마찬가지로 친족, 외족, 처족 등의 4촌 이내로 규정되었는데, 고려시대에 비해 보다 엄격히 적용된 것이 특징이다. 권력 독점과 남용, 집단화를 막기 위해 활용된 상피제도는 관리들의 청송 지연에 교묘하게 이용되는 경우도 있어 이를 위한 대책 마련이 요구되었다.

○ 무릇 소송에서 잘못된 판결이라고 소장을 올린 것은 다른 관사로 이관하되 먼저 관리의 판결 여부를 심사한다.
— 혹 소송한 자가 [청송관에게] 허물을 돌리거나 법 이외의 이유로 상피하면서 다른 관사로 이관하는 자는 승정원에서 규찰한다.
○ 잘못 판결한 것을 다른 관사로 옮겨 다시 판결을 받는 경우는 삼도득신의 수에 포함시키지 않는다.12)

소송에서 잘못된 판결을 할 경우 다른 관사로 옮기되 그보다 먼저 관원의 공정한 판결 여부를 심사함으로써 청송관의 오결에 대한 책임도 분명히 했다. 요즘 잘못된 판결로 인해 억울하게 누명을 쓴 채 옥살이를 하다가 나와도 해당 법조인에 대해서는 어떤 책임을 묻지 않는 것과 비교해 볼 때 훨씬 더 합리적인 법운용이라고 할 수 있었다. 여기서 전근대 사회의 법이더라도 긍정적 역할을 할 수 있는 법 조항에 대해 법 제정을 담당하는 부처에서 고민한다면 법조인이 보다 공정한 판결을 위해 애쓰지 않을까하고 고민해본다. 법조계의 적폐 청산은 함께 살아가는 이들에 대한 따뜻한 고민이 수반될 때 가능할 것이기 때문이다.

조선시대에는 청송관의 공정성도 법을 통해 제재했지만 소송한 자들이 소송 지연을 위해 계획적으로 청송관에게 허물을 돌리는 행위에 대해서도 다른 관사로 이관하지 못하게 하고 강력한 처벌을 함으로써 함부로 청송관을 모함하지 못하도록 했다. 공정한 청송관에 대한 국가적 보호 장치 또한 마련하고 있었던 것이다. 오늘날 형사소송법의 기조 중 하나가 '열 명의 범죄자를 잡지 못해도 한 명의 억울한 피해자는 만들지 말라'이다. 조선시대의 법운용 또한 이 원칙에 충실하면서도 소송자들이 이 법을 악용해 공정한 청송관을 모함하는 것에 대해서도 철저하게 처벌했음을 알 수 있다.

④ 과한법

범죄를 저지른 자를 재판에 넘기지 않아 일정 기간이 지나면 해당 범죄 행위에 대한 국가의 형벌권이 소멸되는 제도로, 현재 운용되고 있는 '공소 시효'에 해당된다. 현재 가장 심각한 살인죄에 대해서는 2007년에

---

12) 『續大典』 刑典, 聽理條. "凡訟, 呈誤決者, 啓移他司, 先辨官吏正誤決〈或因訟者歸咎, 或以法外相避, 啓移他司者, 承政院察推.〉其誤決移他司, 改分揀者, 勿計度數."

공소 시효가 15년에서 25년으로 연장되었으며, 2015년에는 일명 '태완이 법'13)을 계기로 살인죄 공소 시효가 폐지됐다.

이처럼 공소 시효가 꼭 필요한 강력 범죄가 있기도 하지만 절대적으로 필요하지 않은 범죄도 있게 마련이다. 조선시대에는 과한법이라고 해서 소송을 제기할 수 있는 기한을 3년, 5년, 30년, 60년으로 정했다.『경국대전』의 시행 전에는 일률적인 과한 규정이 없다가『경국대전』에서 전택과 노비 소송의 과한을 5년으로 정했다.

○ 전택에 관한 소송은 5년이 지나면 청리하지 않는다.
— 도매한 경우, 소송이 끝나지 않은 경우, 부모의 전택을 독차지한 경우, 남의 토지를 소작하다가 아주 차지하는 경우, 남의 집에 세 들어 살다가 영구히 차지하는 경우는 기한에 구애받지 않는다.
— 소장을 제출하고 송정에 나오지 않은 지 5년이 지난 경우에도 청리하지 않는다. 노비의 경우도 같다.14)
○ 서로 소송하는 노비 양쪽이 다 부당한 자는 속공하고, 서로 소송해 속공된 노비는 3년이 지나면 청리하지 않는다.15)
○ 대개 오결함에서 부자, 적첩, 양천良賤을 분간하는 등 사정이 절박한 사안은 즉시 다른 관사로 옮겨 소송하는 것을 허락하며, 나머지는 당상관과 방장이 교체된 뒤 다시 소송하되 교체한 뒤 2년이 지난 것은 청리하지 않는다.16)

13) '태완이법'은 지난 1999년에 대구에서 발생한 황산 테러로 6살 김태완 군이 숨진 뒤 범인을 잡지 못한 채 공소 시효 만료(2014년)가 임박하자 추진되었다. 하지만 법 개정이 소급 적용되지 않아 정작 공소 시효를 폐지시킨 김태완 군 사건에는 공소 시효 폐지가 적용되지 않아 역설적이게도 살인죄 공소 시효 폐지에 핵심 역할을 한 김태완 군 사건은 영구 미제로 남게 되었다.
14)『經國大典』戶典, 田宅條. "凡訟田宅, 過五年則勿聽〈盜賣者, 相訟未決者, 父母田宅合執者, 因並耕永執者, 貰居永執者, 不限年. 告狀而不立訟過五年者亦勿聽. 奴婢同.〉."
15)『續大典』刑典, 聽理條. "相訟奴婢兩邊不當者屬公, 相公屬公奴婢, 過三年則勿聽"
16)『經國大典』刑典, 決獄日限條. "凡誤決, 如父子嫡妾良賤分揀等項情迫切事, 許卽訴他司, 其餘決

전택에 대한 소송은 분쟁이 발생한 때부터 5년 내에 소송을 제기하라고 했지만 다섯 가지 예외 조항도 마련했다. 도매한 경우, 소송이 끝나지 않은 경우, 부모의 전택을 독차지한 경우, 남의 토지를 소작하다가 아주 차지하는 경우, 남의 집에 세 들어 살다가 영구히 차지하는 경우 등 악질적이라고 판단되는 경우에는 공소 시효를 두지 않았다.

5년의 과한은 『속대전』에서는 속공 노비에 대한 소송의 경우 3년의 과한을 적용하도록 했다. 노비 소송에서 원고와 피고가 다 부당할 경우 계쟁 노비는 속공시키되 이의가 있으면 3년 안에 소송을 제기해야 했는데, 정소 기한을 5년에서 3년으로 단축한 것은 공천公賤의 확보라는 국가 이익이 반영된 것이었다. 이는 30년과 60년의 과한 규정에서도 나타나는데, 개인 간의 노비, 토지 문제에 대해서는 60년을 적용하고 양인과 공천 등 신분에 관계되는 것은 30년을 적용해 양역良役 인구와 공천을 확보하려는 국가의 의지를 드러내었다. 오래된 토지와 노비에 관한 소송은 30년과 60년 기한을 정해 권리의 안정을 꾀했는데, 이는 30년이나 60년이 지나면 소송 대상물의 가치가 없다고 판단한 데서 나온 것이다. 다음은 『속대전』에서 규정한 30년과 60년의 과한 조항이다.

○ 오래된 토지와 노비를 소송하는 경우 일률적으로 대한과 소한을 정해 시행한다.
— 60년을 대한이라 하고, 30년을 소한이라 한다.
— 조상의 토지와 노비를 독차지했거나 도매한 경우 그리고 도망쳐 누락된 공천에 대한 소송의 경우에는 모두 이 기한에 구애받지 않는다.

折, 堂上官及房掌遞代後更訴, 遞代後, 過二年者勿聽"

○ 내노비는 선두안에 기록하고 역노비는 형지안에 기록하는데, 본주라고 하면서 추심하는 경우에는 소한을 적용하고 30년 이전의 일로 30년 동안 문제가 없었다면 청리하지 않는다.
— 만약 주인을 배반하고 투탁했다가 [발각되어] 본주와 소송해 판결이 났는데도 도피해 30년이 지난 경우는 과한으로 논할 수 없으니, 60년의 대한을 적용한다.
○ 조상의 도망 노비라고 하거나 노의 양처 소생이라고 하면서 소송하되 당사자가 살아 있는 경우가 아니면 대한을 적용하고 60년 전의 일은 청리하지 않는다.
○ 60년 이전의 일로 2대에 걸쳐 양역을 진 자는 비록 자기의 노비일지라도 청리하지 않으며, 함부로 이를 위반한 자는 압량위천률로 논죄한다.
— 2대에 걸쳐 양역을 지었더라도 투탁한 경우와 이미 소송 중인 경우는 대수를 따지지 않는다.
○ 소송해 승소한 횟수가 같을 경우 60년 전 일이면 현재 점유한 자를 위주로 한다.17)

 전택과 노비의 송사가 오래된 것에 대해서는 30년과 60년의 기한을 정해 송사가 길어지는 것을 막았는데, 여기에도 예외 규정을 두어 조상에게 물려받은 노비와 토지를 독차지했거나 도매한 자와 도망해 누락된 공천에 대해서는 과한을 적용하지 않았다. 30년의 소한은 선두안에 들어 있는 내노비와 형지안에 들어 있는 역노비에 대해 본래의 주인이라고 하면

---

17) 『續大典』刑典, 聽理條. "凡久遠田民相訟, 一定大小限施行.〈六十年謂之大限, 三十年謂之小限. 若相訟祖先田民合執盜賣者及逃漏公賤, 並不用此限.〉內奴婢入宣頭案, 驛奴婢入形止案, 而稱以本主推尋者, 用小限. 事在三十年以前, 十式年無頉則勿聽.〈若反主投屬, 本主相訟得決 而逃避過三十年者, 不可以過限論, 用六十年大限.〉或稱祖上逃奴婢, 或稱奴良妻所生爭訟, 而非當身現存者, 用大限. 事在六十年以前則勿聽. 事在六十年以前, 連二代良役者, 雖自己奴婢亦勿聽, 橫侵者以壓良爲賤律論.〈雖連二代良役, 而或投屬或已入訟辨者, 勿論代數〉相訟得決數相等, 而事在六十年前者, 以時執者爲主."

서 추심하는 경우에 적용했는데, 만약 주인을 배반하고 투탁했다가 도망해 30년이 지난 경우에는 60년의 대한을 적용했다. 60년의 대한은 조상의 도망 노비라고 하거나 노의 양처 소생이라고 하면서 소송하되 당사자가 생존하지 않은 경우에 적용했다.

30년과 60년의 과한의 적용 기준은 소송 대상물이 소송 결과 어디로 귀속되느냐에 따라 달라졌다. 즉 60년을 적용하는 경우는 개인 간의 전답송이나 사노비주 간의 노비송일 경우로, 소송의 결과 대상물 노비의 소속이 승패에 관계없이 사노비로 귀속될 때였다. 이에 반해 30년을 적용하는 경우는 도망 노비나 양역 문제, 내노비와 역노비의 추쇄 등에 적용되었는데, 이는 국가의 양인 확보, 공천 확보라는 입장이 반영된 것이었다. 노비 추쇄의 경우 개인은 30년으로 제한된 반면 국가의 공천 추쇄는 기한의 제한을 받지 않아도 된다는 규정에서 나타나듯이 30년의 과한 규정도 국가에서 필요한 양인과 공천을 확보할 수 있는 제도적 장치로 마련된 것이었다.18)

결송입안은 소송에 대한 판결서로, 소송의 시작부터 판결까지의 전 과정을 빠뜨리지 않고 그대로 기록하는 것이 특징이었다. 조선전기의 소송은 노비에 관한 것이 주를 이루었지만 1600년대 이후에는 전답에 관한 소송이 대폭 증가하고, 1700년대에는 공물과 구광舊壙, 봉사손奉祀孫에 대한 소송이 등장하며 1800년에는 금양禁養에 관한 소송이 나타났다. 금양에 관한 소송은 산림의 경제적 효용 가치가 새롭게 부각되면서 나타난 사회 현상의 일부로 이해할 수 있다.

3) 소송의 증가와 문기

시대가 내려오면서 다양한 계쟁물에 따른 소송이 증가하자 공정한 소

---

18) 崔淵淑, 앞의 글, 63~68쪽 참조.

송을 위해 『속대전』에는 청리조와 문기조가 신설되는데, 소송의 객관적 판결 기준은 소송 당사자의 문기에 의지했으며 재산과 관련된 소송, 즉 토지나 노비 소송의 경우 문기는 승패를 가르는 결정적 요인이 되었다. 필자가 다룰 결송입안 역시 지방관은 문기에 의지해 판결을 내리고 있음을 보여준다. 그러면 결송입안을 이해하기 위해 『속대전』의 문기조를 살펴보자.

① 부모의 노비를 화회하는 문기는 한 사람이라도 착명하지 않으면 시행하지 않는다.
— 부모가 분배하지 못한 노비는 자녀들이 골고루 화회해 분배하고 초문기를 작성해 보관하되 혹 한 사람이라도 유고해 착명하지 못하고 각각 자의로 갖고 오래도록 사용했으면 작성되지 않은 문기라고 논할 수 없으니, 그대로 주고 고치지 않는다.
② 고치고자 하는 자가 사유를 갖추어 관에 고하는 법은 모두 백문과 관서를 지적해 말한 것이니 백문문기도 관에 고하면 고쳐 성급한다.
— 백문을 응용하는 이외에 법을 위반한 백문으로 죄를 모면하는 자는 '거집타인노비율'로 논죄한다.
③ 외조부모의 유서는 모두 다 통용된다.
④ 계모의 전계 문기는 관서한 것을 사용한다.
— 적모와 서모도 이와 같다.
⑤ 위조한 문기에 협잡한 것이 드러난 자는 장일백, 유삼천리에 처하되 만일 선조가 한 것이면 감등해 논죄한다.
— 잃어버렸거나 불에 탄 입안에 대한 간위가 드러난 자도 같은 율로 논한다.
⑥ 대개 문기에 관서하는 것은 재주가 있는 곳이 아니면 수리하지 않는다.
⑦ 전득, 매득한 노비를 기한 내에 고장한 자는 비록 1년 뒤라도 모두 입안을 성급하고 그 뒤 다시 1년이 지나면 들어주지 않는다.

⑧ 만력 임진 5월 이후부터 무술 12월 이전까지 매매한 문기는 비록 사출하지 않았더라도 증참이 명백한 것은 모두 시행한다.19)

『속대전』문기조에는 8개 조항이 신설되었는데 위조(⑤)와 과한(⑦), 재산 상속(①, ③) 관련 조항이 각각 하나씩 추가된 반면 관의 공증(②, ④, ⑥, ⑧)에 관한 것이 4개 조항이나 된다. 이는 문서에 대한 관의 공증이 그만큼 중요시되고 판결에서 공증된 문기가 상당한 영향력을 발휘하고 있음을 보여주는데, 이것이 입안 제도의 발전을 가져오게 되었다. 소송 과정에서 문기의 중요성을 보여주는 것이 『사송유취』청송식으로, 24개 항목 중 20개가 문기에 관한 것이다. 그만큼 문기에 대한 철저한 고증이 공정한 판결을 가져온다는 믿음이 있었던 것이다.

○ 소송을 시작한다.
○ 원정을 아뢴다.
○ 문기를 현납한다.
○ 문기를 열람해 봉인한 다음 원고와 피고가 서명하면 다짐을 받고 원주인에게 돌려준다.
○ 문기를 뒷날 다시 현납하게 할 때는 또 완전한 다짐을 받고 개봉한다.
○ 문기의 선후.

---

19) 『續大典』刑典, 文記條. "父母奴婢和會文記, 一人未着名則勿施＜父母未分奴婢, 其子女等和會分衿, 草文記成置, 雖或一人有故未着名, 而各自執持, 積年使用, 則不可以未成文記論, 仍給勿改＞ 欲改者具由告官之法 見原典並指白文與官署而言之, 白文文記, 亦告官改給.＜應用白文外, 以違法白文謀免其罪者, 以據執他人奴婢律論.＞ 外祖父母遺書並皆通用. 繼母傳係文記用官案.＜嫡母庶母同＞ 偽造文記奸詐現著者, 杖一百流三千里, 若其祖先所爲則減等論.＜紛失及燒火立案奸僞現露者同律＞ 凡文記官署, 非財主所在處, 勿受理. 傳得買得奴婢, 限內告狀者, 雖在期年後, 並合立案, 期年後過一年則勿聽. 自萬曆壬辰五月以後, 戊戌十二月以前買賣文記, 雖未斜出, 證參明白者, 皆許施行."

○ [군적, 호적 등의] 입적 여부.

○ 격식을 어기고 사출받았는지의 여부.

— 노비는 장예원인지, 가사와 전답은 한성부인지, 재주의 거주지인지?

○ 과한인지의 여부.

○ 격식을 어긴 허여인지의 여부.

— 부모, 조부모, 외조부모, 처의 부모, 남편, 적처, 첩이 아닌지의 여부.

○ 참고할 만한 문기와 대조한다.

○ 문기에 덧칠했거나 긁어낸 흔적이 있는지의 여부.

○ 관인을 받은 뒤에 더 써넣었는지의 여부.

○ 증인과 필집이 족친으로 현관인지의 여부.

○ 부인인 경우 도서를 살핀다.

○ 관인을 조사한다.

○ 문서가 만들어진 날짜와 재주가 죽은 날짜를 상고한다.

○ 문서가 만들어진 날짜와 재주가 관직에 제수되어 재직했던 날짜가 같은지 다른지의 여부.

○ 다른 관사에서 문서를 가져온 뒤에는 점련한 곳에 조작이 없는지와 다짐이 같은지 다른지를 가려낸다.

○ 입안 내에 판결한 당상관과 낭청이 해당 관직에 있던 연월과 이름, 서압을 조사한다.

○ 노비의 부모 및 소생의 순서와 이름이 같은지 다른지의 여부.

○ 가옥대장과 전답대장을 조사한다.

○ 정장일, 사출일, 입안일, 모든 문서의 다짐한 날이 국기일이나 일이 생겨 업무를 보지 않은 날에 해당하는지를 조사한다.

○ 귀농하기 위해 정송할 때의 문서에는 원고와 피고가 동봉하고 다짐을 받은 곳에 이름을 쓰고 서압을 한 다음 관인을 찍는다.[20]

3 　 토지 소송의 사례들

『경국대전』 형전조에는 자녀 없이 사망한 공천과 사천의 재산에 대한 조항이 규정되어 있다. 재산을 소유한 노비에게 상속할 자식이 없는 경우 해당 재산은 국가나 노비의 상전에게 귀속되도록 했는데, 이때에는 기상명문記上明文을 작성해 입안을 받았다. 요즘으로 치면 무연고 사망자에게 재산이 있을 경우와 유사하다고 보면 될 듯하다.

　○ 공천으로서 자녀가 없이 사망한 자는 노비와 전택을 본사와 본읍에 귀속시킨다.
　— 사천이면 재산과 함께 본주가 구처하도록 한다.21)

오늘날의 경우 민법상 재산을 가진 무연고자가 사망한 경우 ① 사망자와 채권 관계가 있던 자가 우선 변제받고, ② 무연고자를 요양 간호한 자 등 특별히 피상속인과 연고가 있던 사람이 법적 절차를 거쳐 재산을 상속받을 수 있다. 그러나 법적 절차를 밟아 합법적으로 재산을 상속받거나 국고에 환수되는 사례는 극히 드문 실정이다. 경찰은 사망자의 연고자

---

20) 『詞訟類聚』刑典, 聽訟式條. "始訟 ○ 原情 ○ 文記現納 ○ 文記憑閱後封印, 元隻着名, 捧侤音, 還給本主 ○ 文記後日更納時, 又招完固侤音開封. ○ 文記先後 ○ 入籍與否 ○ 違格斜出(奴婢掌隷院, 家舍田畓漢城府, 非財主所居處) ○ 過限與否 ○違格許與(非父母內外祖父母妾父母夫妻妾之類) ○ 可考文記比對 ○ 文記塗擦 ○ 印後加書 ○ 證筆族親顯官與否 ○ 婦人圖書憑閱 ○ 印跡憑考 ○ 文記成置年月·財主身死年月相考 ○ 文記成置年月·與財主除職見在月日果異同事 ○ 他司作文取來後, 考粘連處有奸僞及侤音異同事摘發. ○ 立案內決折堂上郎聽在官年月及官署憑閱 ○奴婢父母及所生次第異同 ○ 家舍統記·田畓衿記憑考 ○ 呈狀日·斜出日·立案日·凡作文內侤音日, 國忌及有頉不坐日相考事. ○ 歸農停訟時作文, 元隻同封, 名署踏印捧侤音庫上."
21) 『經國大典』刑典, 公賤條. "公賤無子女身死者奴婢田宅, 屬於本司本邑<私賤則並其財産許本主區處>."

확인까지만 담당하고 있는데다 지자체는 경찰의 확인 결과에 따라 무연고자로 확인되면 장례비를 지원하는 정도에 그치고 있기 때문이다. 상속인이 있는 경우는 제도적 장치가 잘 마련되어 있지만 상속인이 없는 무연고자의 경우 이를 누군가 임의로 처리해도 확인할 방법이 없는 것이 현실이다. 조선시대에는 이런 경우를 대비해 제도적 보완 장치를 마련했지만 주인 없는 눈먼 재산은 소송의 여지가 늘 남아 있었다.

1) 1661년의 손광 — 이소근올미 경주부 결송입안

1661년에 경주부에 사는 손광孫鑛은 자식 없이 죽은 자기의 노비 응남應男이 기상한 전답을 응남이 죽은 3년 뒤에 추심했는데, 이소근올미李小斤㖱乙未라는 사람이 자기 조상의 전답이라고 주지 않자 소송을 제기했다. 결송입안이 보통 한 장에 기재되는 것과 달리 이 입안은 원고의 소지와 절린切隣의 초사, 입안을 각각 작성한 뒤 점련해 사급입안斜給立案 형태로 발급하고 있다. 손광이 기상 전답이라고 주장하는 것은 유등원柳等員의 속俗 자 23답 38복 3속이었다. 입안은 왼쪽부터 소지 — 초사 1 — 초사 2 — 입안 순으로 점련되어 있으며, 관인 19개가 찍혀 있다.

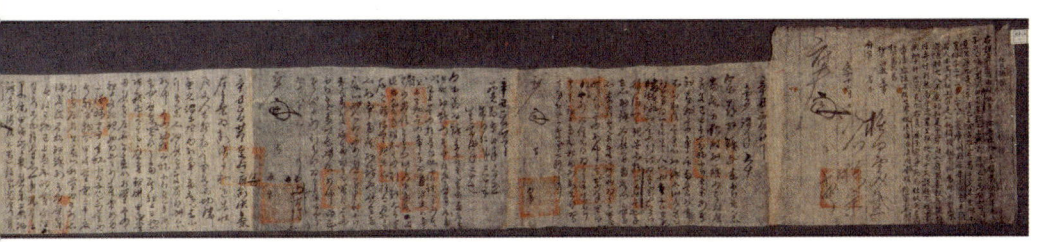

이 입안을 논하기에 앞서 입안 형식에 대해 살펴보자. 입안의 기본 틀은 『경국대전』에 이미 규정되어 있었는데22), 발급일과 발급처, 발급 목적을 쓰고 해당 당상관과 당하관이 서압하도록 함으로써 공정성을 담보했

다. 발급일과 발급처를 1행에 기입하고, 2행 이후에는 입안 발급 목적과 본문 내용을 상세하게 기록하고, 말미에 결어로 '이에 입안함合行立案者'라고 쓴 뒤 발급처의 당상관과 당하관이 서압했다. 결송입안은 사안이 중대한 만큼 당상관과 당하관 각 1인이 서압하면 되는 다른 입안과 달리 당상관과 당하관이 모두 서압하고 해당 당하관은 서압한 다음 착명까지 하도록 했다. 이러한 입안의 기본 틀은 조선 후기까지도 거의 지켜지고 있다.

(1) 손광의 소지

화민 손광이 삼가 소지로 사정을 아룁니다. 신광현에 살던 종 응남이 연로하고 자식이 없기 때문에 그의 전답을 생시에 이미 상전에게 기상했습니다. 노 응남이 죽은 지 3년이 지난 뒤에 기상문기에 기재된 전답을 추심했는데, 그 가운데 유등원에 있는 속자 23답 38복 3속을 동현에 사는 이소근올미라는 사람이 조상 답이라고 핑계 대며 차지하고 주지 않으니, 이는 다른 고을 사람으로 불응하는 것에 불과한 것이 틀림없지 않을까 라는 생각이 들었습니다. 과연 응남의 처족이 부동해 농간한 것이 분명하기 때문에 누차 관에 아뢰어 붙잡아 들였지만 그들의 속임수는 드러나지 않고 일은 더욱 간악합니다. 자식 없이 죽은 종의 기상문기에 기재된 전답을 숨기고 주지 않는 죄를 법에 따라 엄하게 다스리신 뒤에 동답을 추심해 주도록 각별히 분부를 내려주시는 일로 부관께서는 처분해 주소서.

[추문해 처치하도록 붙잡아 올 것. 경자 12월 14일 부윤(서압) 판관23)]

---

22) 『經國大典』 禮典, 用文字式條. "立案式 <決訟立案則堂上官堂下官僉押 當該堂下官 押上直書姓名> 某年月日 某司立案 右立案爲某事 云云 合行立案者 堂上官押 堂下官押."

23) "化民孫廣右謹言所志情由段奴應男亦居在神光縣爲乎矣年老無子息乙仍于其矣田畓庫數己上典前生時己上爲有如可同奴應男身死過三年後己上付田畓推尋爲乎矣其中柳等員俗字二十三畓三十八卜三束庫同

(2) 절린의 초사

신축 1월 20일.
김윤해, 나이 60세.
아룁니다. 이번 손광과 이소근올미가 답을 갖고 상송할 때, 손광은 그의 노 응남이 기상한 것이라고 하고 소근올미는 조상 답이라고 쟁론하는 것에 대해 양측의 말을 믿을 수가 없기 때문에 손광이 저를 응남의 이웃에 사는 사람으로 소근올미의 답이 아니라는 사실을 자세하게 알고 있다고 논증했으니 이러한 내용에 대해 빠뜨리지 말고 송정에 나와서 고하라고 추문하셨습니다. 손광의 노 응남의 답은 응남이 이소근올미에게 방매했고 이소근올미가 매득해 갈아먹고 있다고 들었는데, 지금 몇 년이 지났기 때문에 매득한 연월은 기억하지 못하거니와 이소근올미의 조상 답이 된 이유는 모르겠습니다. 상고해 처치하실 일입니다.
아룁니다. (압)
부윤 (압) 판관24)

(3) 절린의 초사

신축 1월 21일.
신광에 사는 정경득鄭景得, 나이 65세, 주득인朱得仁, 나이 35세, 최종해崔宗海,

縣居李小斤吾乙未稱名人亦其矣祖上畓是如托稱據執不給爲臥乎所此不過他村之人不應的知是乎乙可向入應男妻族等果符同弄奸判然爲乎等以累呈推捉爲乎矣謀避不現事狀加于奸惡爲良尒右良無子息身死爲在奴矣已上付畓庫容隱不給之罪依法痛治後畓庫推給事乙各別行下爲只爲行下向敎是事[府官推問處置次以捉來. 庚子十二月十四日 府尹(押) 判官]"

24) "辛丑正月卄日 金允諧年六十. 白等節孫鑛與李小斤吾乙未畓庫相訟時孫鑛段其奴應男處已上是如爲㫆小斤吾乙未段其祖上已物是如爭卞兩邊所言不可取信是乎等以孫鑛亦汝矣身乙應男同里隣生之人以非小斤吾乙未畓庫係當詳知是如論證爲有置右良辭緣――現告亦推問敎是臥乎在亦孫鑛奴應男畓庫以應男亦李小斤吾乙未處放賣爲去乙買得耕食是如所聞今已累年買得年月段記憶不得爲白去果李小斤吾乙未末祖上畓庫起因段知不得爲白去乎相考處置敎事. 白 (押), 府尹 (押) 官."

나이 27세.

아룁니다. 손광과 이소근올미가 답을 갖고 상송할 때 손광은 후사 없이 죽은 노 응남이 기상한 것이라고 하면서 추심했고 소근올미는 조상 답이라고 하면서 쟁론하는 것에 대해 피차가 쟁론하는 것을 다 믿을 수가 없기 때문에 저희들이 어느 쪽이 맞는지 자세하게 알고 있다고 논증했으니 이러한 내용에 대해 빠뜨리지 말고 송정에 나와서 고하라고 추문하셨습니다. 소송하는 답은 손광의 노 응남의 답으로 갈아먹다가 응남 생전에 소근올미에게 방매했고 이소근올미가 매득해 갈아먹고 있다는 얘기만 들었을 뿐 다른 것은 알지 못합니다. 상고해 처치하실 일입니다.

아룁니다. (우촌), 아룁니다. (압), 아룁니다. (압)

부윤 (압) 판관25)

(4) 입안

신축 1월 21일, 경주부 판결 입안.

이 입안은 판결에 관한 일이다. 점련한 고장 및 위 사람들의 초사에서 말한 바에 근거해 절린 김윤해의 초사 내용에 '소쟁 답을 이소근올미가 노 응남에게서 매득해 갈아먹고 있다고 들었습니다'라고 공초를 들였고, 소근올미는 본래 응남에게서 매득한 답이 아니라 조상 답으로 묵혀 버려졌던 것을 응남이 개간해 갑술양전에 응남 이름으로 올봄에 측량했다고 조상의 문기를 현납했는데, 그 동안의 일이 매우 수상하다. 소근올미가 실제 조상 답이었다면 갑술양안에 노

---

25) "辛丑正月卄一日 光鄭景得年六十五, 朱得仁年三十五, 崔宗海年二十七. 白等節孫鑛李小斤吾乙未等畓庫相訟時孫鑛段其無后奴應男畓庫以己上是如推尋爲旅小斤吾乙未段其祖上己物是如爭下爲有矣彼此所爭段不可盡信是乎所以汝矣等畓庫彼此當不當詳知是如論訂爲有置右良辭緣一一現告亦推問敎臥乎去亦所爭畓庫孫鑛奴應男畓庫以耕食爲白如加應男生時小斤吾乙未處放賣爲去乙買得是如小斤吾乙未時齋耕食所聞而已其他事段知不聞爲白去乎相考處置敎事. 白(右寸), 白(押), 白(押). 府尹(押) 判官."

응남의 이름으로 올봄에 측량한 것도 매우 근거가 없다. 손광도 그의 노 응남이 후사 없이 죽은 뒤에 기상한 답이 틀림없었다면 지금 많은 시간이 지났는데 즉시 추심하지 않은 것도 맞지 않는 일이다. 갑술양안에 따라 응남의 상전 손광에게 결급하고 후일 참고하기 위해 이에 입안한다.

　　부윤 (압) 판관.

　　속자 23답 38부 3속.26)

내용을 이해하기 쉽게 입안에 나타난 소송의 추이를 보면 다음과 같다.

번호	날짜	신청자(供招人)	문서	내용	비고
1	1660년 12월 14일	손광	소지	신광현에 살고 있던 노 응남의 기상전답에 대한 소유권 주장.	경주부윤의 판결: 추문해 처치하도록 붙잡아 올 것.
2	1661년 1월 20일	김윤해	초사	사실 확인을 위한 증인 심문.	절린切隣.
3	1661년 1월 20일	정경득 주득인 최종해	초사	사실 확인을 위한 증인 심문.	절린.
4	1661년 1월 21일	경주부	입안	손광 승소 판결.	
				계쟁전답 후록.	

손광의 소지는 1660년(현종 1년) 12월 14일에 접수되었는데, 관에서는 추문해 처치하도록 관으로 붙잡아오라는 제사를 내렸다. 지방관의 제음은 보통 소지를 올린 당일에 내려졌다. 손광의 소지와 절린의 초사, 경

---

26) "辛丑正月卄一日慶州府判決立案. 右立案爲判決事粘連告狀及右人等招辭是置有亦切隣金允諧等招內所爭畓庫乙李小斤吾乙未亦奴應男處買得耕食所聞是如納招爲㫆小斤吾乙未段本非應男處買得之畓其祖上己物以陳廢爲有去乙應男起耕甲戌量田用應男爲名今春以打量是如祖上文記現納爲臥乎所其間所爲事涉殊常是㫆小斤吾乙未實爲其祖上己物則甲戌量案之中奴應男爲名今春以打量爲乎所亦涉無披是㫆孫鑛段其奴應男無後己物己上畓庫的實乎俚□年久不卽推尋亦一違端是在果依甲戌量案應男上典孫鑛處決給爲遣後考次合行立案者. 府尹 (押) 判官[俗字二十三畓三十八負三束印]."

4 조선중기 토지 분쟁과 관의 대응

주부의 판결을 통해 원고와 피고의 주장, 그리고 이에 대한 경주부의 판결을 살펴보자.

1) 손광의 주장
① 신광현에 살던 종 응남이 연로하고 자식이 없기 때문에 전답을 생시에 이미 기상 받음.
② 노 응남이 죽은 지 3년이 지난 뒤에 기상문기에 기재된 전답을 추심함.
③ 그중 유등원에 있는 속자 23답 38복 3속을 동현에 사는 이소근올미라는 사람이 조상 답이라고 펑계 대며 차지하고 주지 않음.
④ 자식 없이 죽은 종의 기상문기에 기재된 전답을 숨기고 주지 않는 죄를 법에 따라 처벌해줄 것을 청함.

2) 이소근올미의 주장
① 자기 조상 답으로 묵혀 버려졌던 것임.
② 이를 손광의 종인 응남이 개간해 갑술양전에 응남 이름으로 올봄에 측량했다고 함.

3) 절린의 공초
① 소쟁 답을 이소근올미가 종 응남에게서 매득해 갈아먹고 있다고 들었음.

4) 경주부의 판결
① 이소근올미의 주장과 절린의 공초 내용이 맞지 않음.
② 이소근올미가 실제 조상 답이었다면 갑술양안에 종 응남 이름으로 올봄에 측량한 것이 매우 근거에 맞지 않음.
③ 손광도 그의 노 응남이 후사 없이 죽은 뒤에 기상한 답이 틀림없었다면 많

은 시간이 지났는데 즉시 추심하지 않은 것도 맞지 않음.

④ 그러나 갑술양안에 따라 응남의 상전 손광에게 결급함.

원고인 손광은 계쟁 답이 자기 종 응남에게서 기상받은 것이라고 주장하고, 피고인 이소근올미는 자기 조상 답으로 묵혀 버려졌던 것을 응남이 개간해 갑술양전에 응남 이름으로 측량했다고 주장하고 있다. 경주부에서는 사실 확인을 위해 1661년 1월 20~21일에 응남이 살던 신광현에 사는 사람들을 증인으로 불러 추문했는데, 이들은 응남이 이소근올미에게 방매한 것으로 이소근올미가 매득해 갈아먹던 것으로 알고 있다는 초사를 들였다.

절린은 '소쟁 답을 이소근올미가 노 응남에게서 매득해 갈아먹고 있다고 들었다'고 공초했는데, 이는 이소근올미가 '본래 응남에게서 매득한 답이 아니라 조상 답으로 묵혀 버려졌던 것을 응남이 개간해 갑술양전에 응남 이름으로 올봄에 측량했다'고 한 것과 배치되는 것이었다.

경주부에서는 소지와 절린의 초사 및 이소근올미가 제출한 문기를 갖고 판단한 결과, 우선 이소근올미가 자기의 조상 답으로 묵혀 버려졌던 것을 응남이 개간해 갑술양전에 응남 이름으로 측량했다고 한 것도 근거가 없고, 원고인 손광도 종 응남이 후사 없이 죽은 뒤에 기상한 답이 틀림없었다면 지금 많은 시간이 지났는데 즉시 추심하지 않은 것도 맞지 않다고 했다. 그러나 일반적인 전답송에서 양안의 내용이 중요한 역할을 했던 것처럼 이번 판결도 양안에 등재된 이름이 손광의 종인 응남이었다는 것을 근거로 계쟁 답의 소유권을 손광에게 귀속시켰다. 조선시대 소송에서 문기가 차지하는 영향력을 알 수 있는 대목이다.

'법은 권리 위에서 잠자는 자를 보호하지 않는다'는 말이 있다. 이 말은 독일의 법학자 예링Rudolf von Jhering이 『권리를 위한 투쟁』에서 한 말로, 권리를 행사하지 않으면 해당 권리는 소멸될 수밖에 없으므로 자기 권리는 자기가 적극적으로 찾아야지 누구도 대신 권리를 찾아주지 않는다는 말이다. 피고 말처럼 본인의 조상 대대로 내려온 전답이더라도 다른 사람이 측량해 양전에 올리는 것조차 모르고 있었다면 그것은 자기 권리를 자기가 지키지 못한 것으로, 그것을 보호해줄 장치는 아무것도 없는 것이다. 이는 재산권뿐만 아니라 무형의 권리에 대해서도 마찬가지다.

2) 1768년(영조 44년) 김약룡金若龍 결송입안

이 입안은 1768년 1월에 안동부에서 김약룡에게 결급한 것으로, 장인동원長仁洞員에 있는 이眙자 58전 20부 2속 등 전답 소유권의 귀속을 판결해 발급한 것이다. 결송입안은 소송의 진행 과정을 순차적으로 기록하고 원고와 피고가 제출한 문기와 진술 내용, 소송을 유리하게 끌고 가기 위해 근거로 든 법 조항 등을 상세하게 기록하기 때문에 내용을 상세하게 파악할 수 있다. 그러나 이번 입안은 원고와 피고가 제출한 소지와 문기 등을 갖고 판결하고 있는데, 결송입안의 발급처는 지방의 경우 주부군현州府郡縣 수령에게 관할권이 있으므로 안동도호부사가 판결했다. 입안의 상태는 상당히 양호하며 사방 9cm의 관인 25개가 찍혀 있다.

번호	행수	날짜	신청자	내용	제출 서류
1	01			제목	
2	02			기두어.	
3	02~21	1768년	장세형	장인산의 묘위전墓位田	양안과

		1월	張世衡	4섬지기石落와 논 7마지기斗落에 대한 소유권을 주장하는 소지.	김사국이 준 두 통의 표문.
4	21~40		김약룡	장세형의 주장을 반박하는 소지.	1692년 입지.
12	40~76		안동부	김약룡 승소 판결.	
13	78~85			계쟁 전답 후록.	

입안에 나타난 소송의 진행은 다음과 같다.

원고 장세형과 피고 김약룡의 주장, 이에 대한 안동부의 판결을 따라가 보자.

1) 장세형의 주장

① 7대조인 훈도공訓導公은 소감少監 김공金公의 증손 사위임.

② 소감부터 아래로 연이은 4대의 산소가 본부 남쪽 장인산에 있는데 후사가 없어 제사가 끊어짐.

③ 6대조인 진주목사공晉州牧使公은 김씨 문중의 외손으로 산소를 수호함.

④ 훈도공과 목사공 이하 3~4대를 김씨 묘와 같은 산기슭에 계장함.

⑤ 이에 산소를 수호하고 제사 지내는 일들을 대대로 담당함.

⑥ 지난 임진년에 예안에 사는 김사국金師國이 김집지金集枝의 손자로, 가솔들을 거느리고 산소 아래에 와 살면서 산지기를 내쫓고 틈을 노리며 송추松楸와 위전位田을 멋대로 차지할 계획을 냄.

⑦ 장세형의 조부가 소지를 올리려고 하자 김사국이 표문을 작성해 화해를 청함.

⑧ 경자년에 양전量田할 때가 되었을 때 김사국은 옛 양안量案을 고치고 종 장수영張守永의 이름을 산지기 명철命哲이라고 씀.

⑨ 이에 대해 장세형의 조부가 또 소지를 올려 밝히려 하자 김사국이 또 표문을 작성해줌.

⑩ 김사국이 죽은 후 아들 동일東一이 거리낌 없이 나무를 베고 흙을 치우며 재산을 독차지함.

⑪ 자기 집안은 당시 집안의 재앙을 당해 소지를 올려 변별할 겨를이 없었음.

⑫ 증거물로 집안에 있는 관인이 찍힌 양안과 김사국이 준 두 통의 표문을 제출함.

2) 김사국의 주장

① 11대조인 소감공少監公의 산소가 노림魯林 장인동에 있는데, 10대조가 약간의 토지를 마련해 묘위墓位로 정하고 3백 년 동안 제사를 폐하지 않음.

② 그런데 산 아래 근처에 사는 장세형이 자기네 선영이 소감공의 산소와 같은 산기슭에 있다는 이유로 자신들이 10여대 동안 전해온 위전을 멋대로 빼앗을 계획을 내고 무고함.

③ 장세형의 선조인 진주목사가 소감공의 외손이라 같은 산기슭에 장사 지내는 것을 허락함.

④ 그 뒤로 장세형은 묘소 근처에 살고 있기 때문에 때때로 외손으로 제사를 지낼 때 와서 참여함.

⑤ 자신들의 집은 그곳과 조금 떨어져 있기 때문에 묘위전의 곡식을 수확하는 일은 매번 소홀히 하는 경우가 많았음.

⑥ 50여 년 전에 장세형이 갑자기 분란을 만들어 그곳을 멋대로 차지하고자 하기에 자신들의 부형이 한번 소송을 해 간교한 실상을 타파함.

⑦ 이번에 장세형이 다시 소송을 제기해 자신들의 위전을 빼앗고자 함.

⑧ 그러나 위전을 경영하는 사람은 홍치弘治 계축년(1493년, 성종 24년), 숭정崇禎 갑술년(1634년, 인조 12년)부터 경자년(1660년, 현종 1년)까지 모두 자신들의 산지기 이름으로 등재함.

⑨ 지지난 임신년(1692년, 숙종 18년)에 산지기가 혹 차지할 계획을 세울까 염려해 연명으로 소지를 올려 입지를 받음.

3) 안동부의 판결

【장세형의 문기 검토 결과】

① 종가 밭에 대해 혹 처리한 문기를 계사년 3월에 작성했는데 마지막에 '장인사 묘전 4섬지기와 논 10마지기는 장가의 묘위'라고 기록되어 있을 뿐이고, 자호字號를 차례대로 상세하게 기록한 일은 애초에 없음.

② 갑술년에 개인적으로 작성한 전답치부기田畓置付記의 말단에는 '장인동 묘위전'이라고 쓰고 자호의 순서도 기록함.

③ 장세형이 얼룩덜룩한 두 통의 표문을 지금까지 갖고 있는 것으로 보아 대대로 전해 오는 물건임에는 틀림없음.

④ 그러나 문서에 자호의 차례가 없고 범범하게 묘위 전답 몇 섬지기 몇 마지기라고 되어 있거나 혹은 자호의 차례는 있지만 복수卜數를 누락시키고 오래된 종이에 몰래 기록해 사사로이 전하고 있으니, 이는 문서의 격식에서 크게 벗어나고 매우 허술해 증빙으로서의 자격이 없음.

⑤ 산소를 갖고 말한다면 장세형은 김씨 문중의 외손으로 산지를 빌려 쓰고 함께 수호했으며, 산소 근처에 살면서 묘제墓祭에 와서 참여했을 뿐으로 오랜 시간이 지나 점차 묘 아래 토지를 간섭하게 된 것으로 보임.

【김사국의 문기 검토 결과】

⑥ 지지난 임신년에 소지를 올려 받은 입지의 후록後錄과 비교해보니, 대략 유사하긴 했는데 핵覇 자 83의 2복 5속 밭이 누락되어 들어가 있지 않음. 일은 1백여 년 전에 발생했고, 소송을 1백여 년이 지난 뒤에 하니, 형편상 문권을 갖고 중요도를 따질 수는 없고 사리로서 참작해 보아야 함.

⑦ 김약룡 등은 비록 전래된 매매문서를 현납現納한 일은 없지만 지지난 임신년에 소지를 올려 입지를 받은 것 가운데 자호의 차례와 전답의 복수를 뒤섞어

수록하고 관의 입안을 거쳐 관인을 찍은 것을 지금까지 갖고 있으니, 이는 증빙 자료로서 긴요함.

⑧ 산소를 갖고 말한다면 김가가 먼저 장사를 지냈고, 2대 3대를 지나 4대에 이르러서는 송추를 재배해 전답에 심어 영원토록 바꾸지 않을 터전으로 삼고자 하는 것은 또한 인간사에 반드시 있는 일임.

【결론】

⑨ 산지山地로 보나 문권으로 보나 주객의 형세와 진위가 분명함.

⑩ 게다가 장세형은 김씨 문중에서 준 두 통의 표문을 갖고 승소의 중요 물건으로 삼고 있는데, 이른바 표문에서 한 말은 '선영이 한 곳에 함께 있으니 피차간에 잘 처리해 사사로이 간여하지 말자'는 것임. 산을 같이 쓰는 이들이 함께 수호하는 의리에서 번거롭게 분란의 단서를 만들고자 하지 않고 이처럼 잠깐 편안한 계획을 세웠으니, 이것은 이 소송에서 패소의 단서가 되기에는 부족함.

⑪ 더구나 두 통의 표문 중 착명 서압한 것이 크게 서로 같지 않고, 김사국이 직접 써서 주었다는 것도 알 수 없는 바임.

⑫ 소송의 이치가 이미 이와 같으니 전후의 양안 가운데 장노와 산지기가 번갈아 주인으로 이름을 올린 것을 따지지 말 것이며, 특히 소송의 중요도에서는 논할 바가 아님.

⑬ 이에 장가의 백문 치부기 가운데에서 이른바 묘위전 운운한 것을 일체 먹으로 지우고, 분쟁 대상인 전답은 법에 따라 김약룡 등에게 결급함.

⑭ 자호 중에서 경更 자와 핵覈 자는 바로 지금의 양안 가운데 이貽 자와 궐厥 자로 고쳤기 때문에 후록한 것에서 당시의 용도에 따라 써서 채워 주도록 함.

⑮ 장인동원 이자 58전 20부 2속, 59전 9부 9속, 60전 9부 6속, 61전 5부 9속, 62답 3부 9속과 궐厥자 17전 14부 1속, 16번답反畓 4부 5속, 37전 1속을 김약룡의 소유로 판결을 내림.

안동부의 판결을 보면 문기가 완벽한 증거력을 담보하기 힘든 경우 문기와 함께 사리를 갖고 판단하고 있음을 볼 수 있다. 원고인 장세형은 양안과 김사국이 준 두 통의 표문을, 피고인 김사국은 1692년의 입지를 제출하고 있다. 그러나 입안에 언급된 '일은 1백여 년 전에 발생했고, 소송을 1백여 년이 지난 뒤에 한다'는 것처럼 제출한 문기는 많지 않고 시기는 오래된 경우 문기와 사리를 함께 참작해 판결하는 것이 당연할지도 모른다. 그럼에도 불구하고 안동부에서는 원고와 피고가 제출한 문기의 증거력을 판결의 중요 사항으로 삼고 있는데, 표문은 문서의 격식에서 크게 벗어나고 매우 허술해 증빙으로서의 자격이 없는 반면 피고는 전래된 매매문서를 제출하지는 않았어도 소지를 올려 입지를 받은 것 가운데 자호의 차례와 전답의 복수를 뒤섞어 수록하고 관의 입안을 거쳐 관인을 찍은 것은 증빙 자료로 긴요하다며 문기의 증거력을 언급했다. 문기는 후기로 갈수록 중시되었는데, 이는 문기의 위조를 성행하게 만드는 부정적 결과도 초래했다. 그러나 소송에 대한 판결이 권력이 있거나 돈이 많거나와 관계없이 문기에 의해 이루어질 수 있도록 제도적으로 보완한 점은 소송이 보다 객관적이고 공정하며 합리적으로 진행될 수 있도록 한 점에서 분명 높이 살만한 일이다.

4 나가며

조선시대는 유교에 기반해 소송 없는 이상 사회를 꿈꾸었지만 결국 타협책으로 '단송'을 지향하는 방향으로 법제도를 마련했고, 이는 소송의 적체를 막기 위한 다양한 절차법의 발전을 가져왔다. 또한 법치국가라는 명성에 걸맞게 조선시대에는 법률 서적도 많이 간행되었으며, 소송의 증가는 새로운 법 조항의 신설을 가져왔다. 그러나 법은 언제나 사람을 따라가는 것처럼 끊임없이 법 조항을 수정·보완했지만 그만큼 소송도 많아졌다. 물론 사회의 분화에 따른 소송의 사안도 다양해졌다. 조선후기까지 법 조항의 지속적 정비가 이루어진 이유이다.

그리스 철학자 아리스토텔레스는 '인간은 사회적 동물'이라는 정의를 내렸다. 인간은 나면서부터 가족의 일원이 되고, 성장하면서 또래집단, 학교와 사회의 일원으로 본인 의지와는 상관없이 끊임없이 사회적 동물로서 평생을 살아가게 된다. 인간이 존재한 이후 사회적 동물로 합리적 사회 질서를 유지하기 위해 사람들은 서로가 합의할 수 있는 법을 만들어왔고, 이를 어겼을 경우 그에 상응하는 대가를 치르도록 했다. 법은 양면적 성격을 지닌다. 그래서 우리는 법 없는 이상적인 세상을 원하지만 그러한 세상으로 가기 위해서 아이러니하게도 법이 필요한 것인지도 모른다.

필자는 토지 분쟁을 둘러싸고 벌어지는 조선시대 사람들의 모습을 통해 인간의 본질은 시대를 초월해 다르지 않다는 것을 발견했다. 서로 우위를 점하기 위해 문서를 위조하기도 하고 편의를 봐준 친척에 대해 얕은 술수를 쓰기도 했다. 그러나 사람들의 욕망에 대처하는 관의 대응을 보면서는 개인의 얄팍함을 법의 합리적 잣대로 판단하는 등 국가가 그 안에 사는 모든 이들의 울타리가 될 수도 있는 것을 알 수 있었다. 물론 요즘에도 '법 앞에 만인은 평등하다'는 명제가 살아 있기는 하지만 '유전무죄, 무전유죄'라는 말에 사람들이 공감하는 것을 보면 국가가 법을 제대로 운용하는 시대를 우리는 얼마나 기다려야 할지, 그런 사회를 우리는 후손에게 전해 줄 수 있을지 의문이 드는 것도 사실이다. 하지만 우리 역사가 증명하듯 역사의 수레바퀴는 한시도 멈추지 않고 굴러가고 있으니 사람의 본성이 선하다는 맹자의 말을 믿어보자.

5장

영해 무안박씨와 산송, 그 끝없는 분쟁

김건우

1 ____ 머리말

산송山訟은, 말 그대로 풀면 '산과 관련된 송사'이다. 여기서 산은 묘지 또는 묘지 주변 영역을 가리킨다. 산송은 쉽게 말하자면 묘지를 둘러싸고 벌어지는 소송이다. 조선후기에 양반 가문치고 얽히지 않은 집안이 없을 정도로 산송이 폭발적으로 증가했다. 따라서 산송은 당대의 사회상을 고스란히 반영하고 있다. 고려시대 화장 문화가 조선시대에 들어와 유교식 매장 문화로 전환되었고, 묘지에 대한 사회적 인식이 『주자가례』와 결합되면서 산송이 확산되었다. 물론 종법宗法이라는 유교적 질서 확립과 함께 길지를 추구하는 풍수지리, 산지라는 경제적 이권 등도 산송의 주요한 배경이었다.1)

산송에 대한 법적 규정은 숙종 대에 편찬된 『수교집록受敎輯錄』, 「예전禮典」 상장조喪葬條에 처음 보인다. 산송은 예禮에는 어울릴 것 같지 않지만 「예전」에 수록되었다. 이를 통해 당시 사람들이 산송을 바라보던 생각을 알 수 있는데, 산송 역시 '예송禮訟'처럼 한 치의 물러섬도 없었다.

이 글은 영해 무안박씨 무의공武毅公 박의장朴毅長(1555~1615년) 가

---

1) 김경숙, 『조선의 묘지 소송 — 산송, 옛사람들의 시시비비』, 문학동네, 2012년.

문에서 일어난 산송들을 중심으로 그것의 전개 과정을 살펴봄으로써 당시 사회상을 알아보려고 한다. 무의공 가문에는 17~19세기 말까지 산송 관련 소지를 비롯한 여러 문서가 지속적으로 전해 내려오고 있다. 소지류 52건 중 28건(점련소지粘連所志 포함)이 산송 관련 내용이다. 그밖에 산송과 관련된 통문, 패지 등 많은 문서가 남아 있다. 그리하여 조선시대 양반가 산송의 이모저모를 살펴보는데 손색이 없다.

영해 무안박씨 가문은 1470년에 박지몽朴之蒙이 큰아버지 박이朴頤의 부임지인 영해에 함께 내려왔다가 토성 사족인 영덕박씨 박종문朴宗文의 딸과 결혼해 영해에 정착하면서 시작되었다. 박지몽이 처음 산 곳은 인량리仁良里(나라골)였다. 인량리는 재령이씨, 영양남씨, 안동권씨, 대흥백씨 등 양반이 세거하던 마을이었다. 이후 박지몽의 셋째아들 박영기朴榮基에 이르러 1520년경에 원구리元邱里로 이거했다.

박영기의 셋째아들 박세렴朴世廉의 아들이 바로 무의공 박의장이었다.2) 박의장은 1555년(명종 10년)에 원구리에서 태어났다. 무과에 급제해 1588년에 진해현감을 거쳐 임진왜란 때는 경주판관으로서 경주성 탈환에 큰 공적을 세웠다. 이후 경주부윤, 성주목사겸방어사, 경상좌도병마절도사, 공홍도수사公洪道水使를 거쳐 경상도수사에 올랐다. 시호는 무의武毅이다. 박세렴, 박의장, 박유로 이어지는 3대가 모두 무과 급제자 출신이었다. 무반가의 전통을 이어가면서 자제들에게 학문에 전념하도록 장서藏書를 모으고 퇴계 이황 문인으로 활동하는 한편 퇴계 집안과 혼인 관계를 맺는 등 문한文翰의 전통을 이루었다.

---

2) 우인수, 「무안박씨 영해파와 무의공 박의장」, 『조선사연구』 17, 2008년.

2 ___ 종산을 확보하고 수호하기 위한 노력

1) 무의공 분암 집희암과 치표

　박의장 가문의 고문서 중 제일 이른 시기의 산송 관련 소지는 1683년(숙종 9년) 11월과 12월에 박하상朴夏相 등이 올린 문서이다. 두 문서는 현재 점련되어 있는 상태이다. 당시 영해부사가 공석으로 있어 겸관兼官이 영해부를 관할했다. 조선시대에 이웃 고을 수령이 휴가나 파면 등으로 공석일 경우 인접 고을 수령이 이를 겸임했는데, 겸임 수령을 겸관이라고 불렀다. 보통 겸읍兼邑의 창고를 봉하고, 관인官印을 회수해 자기 고을로 가져가는 조치를 내렸다. 영해의 겸관은 영덕盈德 수령이 맡았다.3) 내용상 당시 영해부에 본관 사또가 부임하기 이전이기에 영덕 수령이 겸관으로 관할했던 것이다.

　영해 무안박씨 가의 소송 상대방은 울진에서 이곳으로 옮겨와 사는 남두명南斗明과 남시두南時斗였다. 남두명 등은 영해 지역에 거주하는 영양 남씨 계열이었다. 무안박씨 가는 11월에 올린 소지에서 자기들의 선산을 범장犯葬했다는 이유로 남씨 집안의 가매장을 옮겨 갈 것을 요구했다. 문제가 된 곳은 영해 무안박씨 선조의 분묘가 있는 영해부 서면 집희암集喜庵 부근이었다. 집희암은 집희재사集喜齋舍라고도 하는데, 박의장 분묘를 관리하고 지키기 위해 건립한 재실이었다.

　원래 박의장의 시신을 영덕군 창수면 보림리寶林里 오현烏峴에 안장했다가 1633년(인조 11년)에 영덕군 창수면 수리水里로 천장遷葬했다. 이장 이후 무안박씨 집안은 17세기 말경에 집희암을 건립했다. 건립 당시에는 마루와 방 정도만 갖춘 소박한 규모였다고 한다. 이후 박이상朴履相과 박

---

3) 이만운李萬運, 『국조진신안國朝搢紳案 — 외편外編』.

인상朴寅相 주도로 각각 증축되어 1730년경에는 덕후루德厚樓를 갖춘 규모가 되었다.4) 덕후루 우측으로 약 50m 떨어진 곳에는 무의공의 신도비각이 있었다.

무안박씨 가문은 집희암의 관리와 수호에 온 노력을 기울였다. 무안박씨 가에는 집희암 관리를 위한 전답과 소작인 현황을 정리한 문서들이 남아 있다. 영해부에서는 명현名賢의 분묘 관리와 관련해 각종 세금을 감면해주는 관행에 따라 집희암의 묘지기들에 대해 군역, 요역 등 각종 신역을 면제해주었다. 하지만 어느 정도 세월이 흐르자 영해부에서 세금이 다시 부과되어 면세를 요청하는 청원서를 여러 번 올리기도 했다.

박하상 등의 소지를 본 겸관은 본관이 부임한 뒤 법에 따라 엄중히 죄를 다스리고 무덤을 파서 옮기도록 하면 된다고 했다. 그리고 본관이 돌아오기를 기다려 다시 소장을 올리라는 처분을 내렸다. 현 상태를 유지했다가 해당 본관이 부임하면 직무를 그대로 되돌려주기 마련이었다. 따라서 판결에서도 소극적인 자세로 임할 수밖에 없었을 것이다.

그런데 12월의 소지 내용을 보면 상황이 반전되고 있는 것을 볼 수 있다. 남시두 등이 올린 소장을 근거로 관에서는 무안박씨의 사내종 승남勝男을 붙잡았다. 사내종 승남이 이장했는데, 그곳이 무안박씨 측에서는 금양禁養하는 선산 구역 안이었다. 예부터 점유하고 있던 상전의 산기슭에 사내종이 입장入葬한 것이었다. 당시 상전의 선산에 노비의 입장은 엄격히 금하고 있었는데, 훗날『대전통편』을 편찬할 때 새 조항으로 추가되기도 했다.

무안박씨 측은 예전부터 묘지로 쓸 예정하라고 표시해둔 곳[置標]이 남씨 측과 분쟁을 겪게 되자 사내종 승남을 시켜 분쟁 지역에 이장시킴으

---

4) 『명가의 고문서 – 절의를 숭상하고 충정에 뜻을 두다』 7, 무안박씨 무의공후손가, 한국학중앙연구원, 2009년. 225쪽.

로써 남시두의 사유권 주장을 봉쇄하려고 한 것이었다. 남시두 측에서는 당연히 자신들이 사유권을 주장하는 영역을 침범하는 행위인 동시에 사내 종에게 일을 시킨 행위를 지적했을 것이다. 관에서는 남시두의 주장을 받아들여 승남을 잡아 가두었다.

이에 대해 박하상 등은 본관 사또가 공석임을 엿보고 이를 기회로 삼아 남시두 측이 투장偸葬한 것이라고 줄곧 주장했다. 한밤중에 영구靈柩도 제대로 갖추지 못하고 관을 메고 와 띠풀만 덮는 행위는 자식으로서의 본분이 아니라고 주장했다. 하지만 이 사안은 일시적으로 일을 맡고 있는 겸관이 처결할 일이 아니라면서 본관이 다시 직무를 맡게 될 때를 기다려 소장을 올리라고 앞의 처분과 동일한 취지로 12월 29일에 처분이 내려졌다.

무안박씨 가는 집희암과는 어느 정도 거리가 있는 곳에 치표를 했던 모양이다. 치표는 매표埋標, 치총置塚과 같은 말로, 묏자리를 미리 잡고 무덤 모양으로 표시해두는 것을 말한다. 조선시대에 매표 행위를 통해 유력한 양반들은 분산을 선점하고 확대해갔다. 치표는 본래 법조문에는 없는 일종의 관습법이었다. 그런데 아직 장례를 치르지 않는 상대에게는 치표가 우선하고, 아무리 치표로 입안을 받았더라도 입장하는 쪽을 우선으로 삼았다.5) 하지만 관습상 치표 역시 실제 무덤과 같이 여겨 상대측이 입장하더라도 사유권을 주장하고 범장犯葬으로 여겼던 것이다.

2) 수천정 유허와 치표

1718년(숙종 44년) 8월에 박하상, 박정환朴廷煥, 박정걸朴廷杰6) 등이

---

5) 『승정원일기』(숙종 30년 6월 11일).
6) 박정걸(1683~1746년)의 본관은 무안, 자는 회영懷英, 호는 남포南浦, 아버지는 박하상이다. 갈암 이현일과 그의 아들 밀암 이재李栽 문하에서 수학하며 과거에 응시하지 않고 학문에 전념했다. 문집으로 『남포집』이 전한다.

소지를 올려 치표한 곳의 소유권을 재확인하는 입지立旨를 요청했다. 입지는 개인이 청원한 사실에 대해 관부에서 약식으로 공증해주는 것을 말한다.

이전에 무안박씨 가는 영덕 사람 임상견林尙堅과 내고곡內古谷을 두고 송사를 벌였다. 그곳은 무안박씨의 선조 박문립朴文立(1601~1673년)이 말년에 거주한 수천정壽泉亭의 유허遺墟이고 또 예전부터 치표했던 영역이었다. 수천정은 박문립이 1671년(현종 12년)에 태고사太古祠 별서別墅에 지었던 건물이다.7) 수천정의 유허라는 소지 내용에 따르면 수천정은 건립한 지 40여 년이 지나 터만 남았던 모양이다.

예전에 산 아래 거주민들은 임상견이 점유한 곳이 인가와 너무 가깝다고 금단禁斷한 적이 있었다. 이 때문에 관에서는 특별히 감색監色을 파견해 적간摘奸했는데, 감색이 거리를 측량하고 돌아와 임상견에게 승소 판결을 내렸다. 인가와 거리가 멀다는 이유였다. 즉 임상견이 점유한 곳에 대해 사유권을 인정한 것이었다. 다급해진 무안박씨 측은 소지를 올렸다. 하지만 무안박씨의 수천정 유허와 치표한 곳이 임상견이 점유한 곳과는 보수步數가 멀다고 하여 청리聽理[관에서 소송을 받아주는 것]조차 하지 않았다.

그 후 무안박씨 측에서 몇 차례 소지를 올리자 드디어 관에서 접수해 다시 거리를 측량하라는 뜻으로 본면本面 풍헌風憲에게 하체下帖를 보냈다. 결국 거리가 모두 100보 이내라는 내용으로 보고가 올라오자 금단한 후 첩보하라고 특별 처분을 내렸다. 즉 무안박씨 측에 승소 판결을 내렸던 것이다. 보수는 물리적인 실제 거리로, 보수를 기준으로 판결이 번복되는 상황을 쉽게 이해할 수는 없다. 하지만 임상견에 대해 투장 또는 범장이라는 표현이 아니라 점유라는 표현을 쓴 것으로 보아 무안박씨 가에서는 아직 묏자리로 쓰지 않았음을 알 수 있다.

7) 태고사는 도곡陶谷과 5리 정도 거리였고, 수천정은 태고동 시냇가에 위치한 정자였다.

소송 종결 후 무안박씨 가는 근거할 만한 문안文案이 없고 영덕 사람 임상견이 번복해 훗날에 다시 이와 같은 폐단이 또 발생할까 걱정해 입지를 내려주기를 요청했다. 관에서는 소지에 써서 내려준 제사題辭를 훗날 상고하기 위한 입지로 활용하도록 처분을 내렸다.

3 남씨, 권씨, 신씨 세 집안과의 산송

무안박씨 가 후손들의 노력과 지역 여론 형성과 국왕의 최종 승인으로 1784년(정조 8년)에 박의장은 '무의武毅'라는 시호를 받게 되었다. 그리하여 가문의 영광인 시호를 맞이하는 연시延諡 행사와 잔치를 대대적으로 벌였다.8) 그러다가 영해 무안박씨 가문은 무의공 시호를 받고 10여 년이 지난 1794년부터 3년간 무의공 박의장의 묘역을 둘러싸고 인근의 남씨, 권씨, 신씨 세 집안과 산송으로 치열하게 다투게 되었다. 영해 무안박씨 측에서는 세 집안이 범장한 산송을 '희암산변喜庵山變'이라고 표현했다.

1) 사굴私掘과 유배

무안박씨 측 주장에 따르면 계축년, 즉 1793년(정조 17년) 10월쯤에 영해부에 사는 남섭양南燮陽과 권운섬權雲暹이 함께 계략을 꾸며 자신들의 선산 왼쪽 산기슭 위에 늑장勒葬을 했다. 뒤이어 신운한申雲漢이라는 자가 동생 시신을 무안박씨 선산 오른쪽 산기슭 위에 투장했다.9) 늑장은 말 그대로 자기 세력을 믿고 강제적으로 남의 분산墳山 내에 묘를 쓰는 행위이고, 투장은 타인의 분산을 몰래 훔쳐 묘를 쓰는 행위를 말한다. 보통 늑장

---

8) 『고문서집성』 90(한국학중앙연구원, 2008년), 「무의공연시시일기武毅公延諡時日記」, 「연시시부조일기延諡時扶助日記」.
9) 『고문서집성』 82(한국학중앙연구원, 2005년), 소지류 10번.

행위라는 표현은 향촌 사회의 권세 있는 사족이나 지방 토호와 관련해 사용되었다.

무안박씨 가는 선산의 국내局內에 투장한 사태가 일어났지만 한 해를 넘겨 소송을 제기했다. 산송의 성격상 즉시 관에 소지를 올렸는데, 이는 예외적인 경우였다. 이에 대해 무안박씨 가는 이렇게 주장했다. 즉 남씨와 권씨 두 집안이 범장한 1793년 10월부터 다음 해 1월까지 5~6차례 편지를 보내 향촌의 이웃 간에 우의友誼를 바탕으로 잘 처리하자고 했다는 것이다. 하지만 도리어 저쪽에서 패악스러운 말로 답변해 결국 무덤을 옮길 수 없어 소송을 개시했다. 또한 그동안 본관 사또의 서울 행차가 있었고, 돌아온 뒤에 큰 가뭄을 만나는 등 관아에 일이 많아 자연 지체되었다고 주장했다.

1794년(정조 18년) 5월에 박한대 등이 올린 소지 내용을 보면, 관에서는 남씨와 권씨 두 사람에게 관정에 출두하도록 전령傳令을 내리고, 신씨 집안에는 무덤을 파 옮겨가라는 처분을 내렸다. 하지만 신씨 집안은 무덤을 파 옮겨갈 의사가 전혀 없어 영해 무안박씨 가의 애를 태우는 실정이었다. 무안박씨 가는 저쪽 편이 패소한 뒤에도 움직일 생각이 전혀 없으면 무슨 사송詞訟이 필요가 있겠느냐며 다시금 하소연했다. 이에 대해 관에서는 20일 전까지 적간하고, 원고와 피고 양쪽에 전령을 보내고, 남씨와 권씨 두 사람도 모두 대령하도록 처분을 내렸다.10)

1795년(정조 19년) 윤2월 박희영 등이 올린 소지를 보면, 남씨, 권씨, 신씨의 세 성씨 집안이 범장한 곳을 계속 파 옮기질 않자 무안박씨 측에서는 박희복 주도로 사굴私掘을 행해 결국 유배형에 처해지고, 속전贖錢까지 납부하라는 형률을 받게 되었다.11) 이를 통해 산송의 경우 여타 소송과

10) 위의 책, 소지류 7번.
11) 위의 책, 소지류 8번.

달리 판결이 내려진 다음에도 분쟁은 지속되었음을 알 수 있다.

조선시대 분묘는 살아 있는 사람처럼 취급했기에 타인의 분묘를 파내거나 훼손하면 살인죄를 적용해 엄중히 처벌했다. 사굴은 금장자禁葬者가 사적으로 상대편 무덤을 파는 행위를 말한다. 투장한 무덤은 투장한 본인 스스로 파내는 자굴自掘이 원칙이었다. 공권력을 동원해 투총을 파내는 관굴官掘이 있었지만 매우 제한적이며 예외적이었다. 사굴은 어떤 경우에도 금지되었고, 이를 어길 경우 엄중한 처벌이 뒤따랐다. 사굴을 행하면 유배형에 처해졌지만 18세기 후반 이후 산송 지체와 사굴이 확산되어 고질적인 폐단이 되었다.12)

따라서 승소하더라도 직접 투장한 분묘를 파낼 수 없고, 투장자가 버티면 속수무책일 수밖에 없었다. 투장자는 이러한 상황을 잘 알고 있어 패소한 후에도 대부분 어떤 방식으로건 투장총을 파내지 않고 계속 버텼다.

1790년 4월 9일에 정조는 전국적으로 만성이 된 사굴에 대해 특별 전교를 내렸다. 정조는 이날 여러 도에서 풀어 줄 부류와 풀어 주지 않을 부류를 보고한 계본[放未放啓本]에서 보이는 관련 죄인이 대부분 사굴죄를 범한 자인 것을 알고 관찰사가 일벌백계해 미연에 막지 못한 것을 꾸짖으며 이후에도 이런 죄인이 많을 경우 관찰사와 수령을 나처拿處하겠다고 했다. 그리고 여러 도道에 신칙申飭하라고 형조에게 지시했다.13) 하지만 정조의 단호한 전교에도 불구하고 사굴을 좀처럼 진정되지 않았음은 물론이다.

남씨와 권씨 집안의 두 무덤이 예전 그대로 있기 때문에 무안박씨 측에서는 속전 납부를 지체했다. 그리고 관에서 남섭양을 붙잡아와 무덤을 파 옮기게 한다면 속전을 즉시 납부해 죄책을 면하겠다고 청했다. 이에 대

---

12) 김경숙, 위의 책, 101쪽.
13) 『일성록』 정조 14년 4월 9일.

해 관에서는 속전은 속전이고 굴이掘移는 굴이라고 언급하면서 즉각 납부를 명령했다. 그리고 남섭양을 붙잡아 오도록 한 청원에 대해 그의 억울한 사정을 밝히기 위해 그쪽에서 상언上言하려고 상경上京했기에 청리聽理하지 않는다고 난색을 표했다. 관에서 속전을 계속 독촉하는 상황에서 무안박씨는 이틀 뒤인 윤2월 15일 다시 올린 소지에서 억울하다면서 저들의 묘지를 굴이하면 곧장 속전을 납부하겠다고 재차 말했다. 하지만 관에서는 속전을 금액대로 납부하라고 단호한 처분을 다시 내렸다.14)

영해 무안박씨와의 산송 분쟁의 상대방인 권운섭은 한성부에 상언을 올렸다. 상언은 소송 당사자가 직접 작성해 직접 제출해야 했다. 타인이 대신 작성할 경우에는 장 100대에 처하고 문서는 접수하지 않았다.15) 권운섭의 상언을 접수한 한성부에서는 국왕에게 보고해 경상도관찰사에게 사굴에 대한 조사를 결정했다.16)

상언의 내용을 보면, 권운섭은 우선 자기가 국구國舅였던 경혜공景惠公 권전權專의 11대손17)임을 언급했다. 영해 서쪽에 있는 삼승산三升山18)에 형과 누나 시신을 매장하려고 했는데, 같은 고을의 박계주朴啓周가 송사를 일으켜 관에 정소呈訴했다. 도형圖形을 그리고 거리를 측량했더니 보수가 600여 보가 되어 본관 사또는 권씨 집안에 승소 판결을 내려주었다. 법조문에도 아무리 용호龍虎 금양禁養하는 곳 안쪽이더라도 광점을 막기 위해 500~600보 이상은 인정하지 않았다. 그런데 박계주의 친족인 박진악朴

14) 『고문서집성』 82, 소지류 12번.
15) 『대전통편』, 「형전」 소원조訴冤條.
16) 『일성록』(정조 19년 윤2월 19일). 『일성록』에는 '권운섭權運暹'으로 표기되어 있다.
17) 화산부원군花山府院君 권전權專은 본관이 안동이다. 현덕왕후가 권전의 딸이다. 현덕왕후는 1437년에 세자빈이 되었으며 1441년에 단종을 낳고 3일 뒤에 죽었다. 문종이 즉위한 후에 왕후로 추봉되었다.
18) 삼승산은 영양군과 영덕군 창수면 경계에 위치하고 있다.

鎭岳이 다시 송사를 일으키고 그의 아들 박한종朴漢宗을 사주해 형과 누나의 무덤 및 사인士人 신광한申光漢의 무덤과 상인常人의 무덤 2기를 파헤치도록 했다고 권운섬은 주장했다. 따라서 무덤 5기를 파헤친 박한종 등의 죄를 법대로 엄히 다스리도록 요청한 것이다.

이에 대해 무안박씨 측은 권운섬의 상언 내용을 조목조목 반박하는 소지를 올렸다. 위 상언의 내용들이 자세히 소개되어 있는데, 현재의 소지는 사본으로 추정된다. 무안박씨 측은 박계주의 어버이 산소가 새 무덤과는 거리가 600보에 이른다고 했지만 300보를 넘지 않는다고 했다. 권씨 측은 입장한 타인 무덤이 무려 일백 기라고 했는데, 선산 구역이 비록 조금 넓으나 전후좌우로 자손들이 계장繼葬한 것이 40여 기가 있으니 그 사이에 틈이 없다고 반박했다.

권운섬은 박진악과 그의 아들 박한종이 돈과 곡식으로 족인族人 박희복을 유혹해 사굴의 범인으로 자수하게 해 뇌물을 써서 버젓이 죄를 모면하고 있다고 보았다. 하지만 무안박씨 측은 박진악은 당시 200리쯤 떨어진 경주에 나가 있어 전혀 모르니 그것은 무망誣罔한 말이라고 반박했다. 또한 권씨 측에서는 수장교首將校 박건주朴建周가 관문官門에서 자신들을 발로 차면서 들어오지 못하게 했다고 주장했다. 이른바 혼권閽權으로, 백성이 소장을 갖고 관문에 이르면 소장이 이속吏屬과 관계될 경우에는 저지하는 것을 말한다. 무안박씨 측에서는 이 또한 무망한 말이라고 주장했다. 결국 상황을 역전시키려고 상언을 올렸던 권운섬은 도리어 남을 무고한 죄에 걸려 유배형에 처해졌다.19)

---

19) 『일성록』(정조 20년 3월 21일)의 기사 내용을 참조하면, 권운섬은 전라도 진산에 유배 갔다가 풀려났다.

2) 17세 여자의 석물 훼손

박계주는 어버이 산소에서 매우 가까운 곳이 침해당하자 이를 금지했다가 도리어 저쪽 편 장정들에게 구타를 당한 후 결국 분통한 마음을 품고 죽었다. 또 본관 사또가 직접 살펴본 후 무덤을 옮겨 가도록 처결했지만 남씨, 권씨, 신씨 세 집안은 아랑곳하지 않고 버티는 와중에 박희복은 사굴이라는 죄를 저질러 유배형에 처해졌다.

1795년 8월에 박희녕朴熙寧 등이 관찰사에 올린 소지를 보면, 세 집안과의 산변은 더욱 격화되었다. 부녀자와 마을 상놈들까지 끌고 와 선조 무의공의 분암墳菴을 파괴하고, 이어 선조의 무덤을 지키던 중들의 기물까지도 다 깨부수었다고 무안박씨 측은 주장했다.[20]

『속대전』, 「형전」 청리조聽理條에 '부녀자를 이끌고 산에 올라가 금장할 경우 가장이 있으면 가장을 치죄하고 가장이 없으면 이끌고 간 남자를 정배定配한다'고 규정되어 있었다. 남녀유별이 엄격한 유교사회에서 여성의 산송 개입을 법적으로 엄격히 금지하고 있던 것이다. 그런데 신씨 측의 17세 여아가 무의공의 분묘 석물을 훼손하는 일이 발생했다.

무안박씨 측은 남씨, 권씨, 신씨 세 집안이 계략을 꾸며 아녀자를 핑계로 형벌을 면하려고 모의했다고 주장했다. 즉 신씨 집안의 17세 여아에게 관아에 자수하도록 했다는 것이다. 무안박씨 측에서는 모의한 근거로 바로 신씨의 계집종과 수복守僕의 진술서를 들었다. 신씨의 계집종은 신씨 쪽 집안 여아의 삼촌 신운한申雲漢과 사촌 신상의申相宜가 모의했고, 얼마 뒤에 어떤 양반이 와서 모의했다고 진술했다. 그리고 신씨 수복의 진술서에서도 박씨의 선산 앞에서 여자는 보지 못하고 갓을 벗고 있는 양반 몇 명만 보았다고 진술되어 있었다.

---

20) 『고문서집성』 82, 소지류 10번.

무안박씨 측은 세 성씨 집안사람이 주모자인데, 천얼賤孼인 신가申哥와 그의 여자아이에게 거짓으로 죄를 대신하게 했다고 주장했다. 그런데 무의공의 분묘 석물이 뽑히고, 집희암 기물이 파손되고 자제들이 구타당하는 등 가만히 있을 수 없어 영문營門에 소지를 올렸지만 관에서는 읍보邑報를 통해 이미 알고 있다면서 영문에서 응당 법에 따라 엄정히 규명해 처리할 것이니 굳이 이처럼 와서 정소할 필요가 없다는 처분을 내렸다.

1795년 10월에 박희영 등은 사관查官에게 다시 소지를 제출했다. 원범으로 신씨의 여아가 자수했지만 무안박씨 측에서는 이를 받아들이지 않고 현장 검증을 요구했다. 즉 17세의 신씨 여아를 단독 범인이라고 믿지 않고 배후가 있을 것이라고 의심했다. 박의장 분묘의 석물 3좌는 세운 지 얼마 되지 않아 쉽게 흔들리지만 1좌는 여자 힘으로 도저히 흔들어 뽑을 수 없다는 견해였다. 관에서는 10월 15일 장교將校와 관비官婢가 동행해 석물이 흔들리는지를 검증했다. 당시 영해 무안박씨 집안사람도 한 명 참관했다.

결국 사관은 무안박씨 측의 주장을 받아주지 않고 상대방에 승소 판결을 내렸다. 그리고 만일 원통한 점이 있으면 다시 강명剛明한 사관을 정해 조사하라고 처분을 내렸다.21) 사관이란 어느 고을의 수령이 인근 고을의 소송을 조사 처리하기 위해 파견되는 사람을 가리켰다. 여러 이유로 공정하게 소송을 처리하기 위해서였다.22) 이번 경우 영해부사가 소송 사건 처리를 상피한 것인지 어떤지 구체적인 이유는 알 수 없지만 사관의 결정에 대해 무안박씨는 상당한 불만을 갖고 있어 사관 역시 다시 영문에 보고해 사관을 정해 재조사하라고 강경하게 처분을 내렸다.

21) 위의 책, 소지류 13번.
22) 전경목, 「조선중기 수령의 관외 업무 — 김현의 만경일기를 중심으로」, 주명준교수화갑기념논총 『전주사학』 9호, 2004년.

무안박씨 측에서는 선산의 산변이 남섭양에게서 시작되어 권씨와 신씨가 그것을 따라 동조하는 바람에 일어났다고 보았다. 세 성씨가 한 관정에서 형신刑訊을 받을 때 남씨와 권씨는 신가申哥에게 한마디 말도 변명하지 않았고, 신가가 형장을 받을 때 남씨와 권씨가 혹시 진술서에 나올까 두려워 벌벌 떨었다고 주장했다.23) 무안박씨 측은 남씨와 권씨가 석물을 훼손한 신씨 측의 배후 세력임을 줄곧 의심하고 있다.

박희녕 등은 1796년 2월에 의송議訟을 올려 영문에서 남섭양을 엄한 형벌로 처벌해 달라고 다시 요청했다. 상대측인 신상의申相宜는 1년이 넘도록 옥에 갇혔다고는 하지만 제 마음대로 왕래하고 있는 상황을 하소연했다. 하지만 환자에게 형벌을 더할 수 없고 영문에서 의당 다시 처분을 내릴 것이니, 지금 소장을 올리는 것은 심히 온당치 않다고 27일에 처분이 내려졌다.24)

3) 통문 위조 사건

1795년에 영해 무안박씨 가는 구봉서원을 통해 집회암 산변 관련 통문을 각지에 보냈다. 구봉서원은 1784년에 박의장이 '무의'라는 시호를 받으면서 이듬해 구봉정사가 승격된 서원이었다. 단산서원丹山書院과 함께 영해의 대표적 서원으로, 선비들의 교유와 강학처로 중요한 위치를 차지하고 있었다. 구봉서원에서 보낸 통문에 안동의 용계리사龍溪里社의 도유사都有司 이하 회원들은 답통문을 보냈다.25) 영해부에서 발생한 사안으로 원근의 이웃 고을에서 모두 들어 아는 일로 간흉한 무리가 법을 어기고 상도常道를 어지럽히는 행동으로 주벌해야 한다는 내용이었다. 그리고 지

---

23) 위의 책, 소지류 16번.
24) 위의 책, 소지류 14번.
25) 위의 책, 통문 2번.

금 경상도관찰사가 부府에 도착하니 본사本社 재회齋會가 끝나는 날에 한 두 명의 유생을 보내 호소할 수 있도록 하겠다고 무안박씨 측에 호응해 동조했다.

하지만 집회암 산변 관련 통문에 대해 남씨 문중에서도 이를 반박하는 패지牌旨를 보냈다. 무안박씨 측은 통문 내용 중 권씨, 신씨, 남씨 세 성씨를 혼칭해 '삼성괴쟁三姓乖爭'이라고 표현했다. 이에 대해 남씨 문중 측에서는 권씨, 신씨와 모의하지 않았으니 통문을 고치고, 보냈던 통문은 회수해야 한다고 주장했다.26) 또 통문 내용 중 복수형인 '척중隻中'의 '가운데 중中'자와 '흉도凶徒'의 '무리 도徒'자는 저의가 있는 표현으로, 굳이 '중'자와 '도'자를 붙일 필요가 없다는 것이었다. 통문 전체 내용이 종이 가득히 조종하고 농간을 부리고 중언부언하면서 은연중에 세 성씨 집안이 한마음으로 도모한 것처럼 표현하고 있다고 남씨 측은 반박했다.

또한 통문을 통한 영해 무안박씨 측의 여론 활동을 저지하기 위해 1795년 9월 6일에 안동권씨 문중에서는 구봉서원 고자庫子 앞으로 배지를 보냈다.27) 주요 내용은 무안박씨 측을 두둔한 통문을 속히 추심해 회수하라는 것이었다. 안동권씨 측은 이번 집회암 산변은 무안박씨 가문이 자초한 화禍라는 점을 앞부분에서 명백히 밝혔다. 향교 모임에서 무안박씨 자손의 불초한 죄에 대해 먼저 벌을 내리고 또 통문을 보내 두루 알려 일제히 한목소리로 통분하도록 할 것을 요구했다. 그런데 뜻밖에 위조 통문이 나왔고 내용 중에도 사실과 다른 부분이 매우 많았다고 알려왔다. 또 위조된 통문의 아랫부분 명단에 권씨 일문一門 역시 아무런 이유 없이 거짓으로 기재되어 있다는 점을 지적했다.

백동栢洞에 사는 친족 권운섭은 선산이 파헤침을 당하자 이를 저지하

26) 위의 책, 패지 1번.
27) 위의 책, 패지 3번.

려다가 도리어 중형重刑을 받게 되어 유배형에 처해졌다. 그런데 도리어 권운섭의 여러 친척 이름이 통문 가운데 열서列書까지 된 점은 사실을 날조하고 해악을 끼치려고 모의한 것으로 파악되었다. 또 지금 호계서원虎溪書院에서 보낸 통문을 보니 원 주모자를 그냥 놔두고 세 성씨에게 허물을 돌리고 있다고 주장했다. 지난번 단산서원의 재중齋中에서 통문을 보내서는 안 된다는 뜻으로 이치를 들어 말했는데, 중간에서 몰래 보낸 자가 있어 더욱 해괴하다고 비판했다.

1795년 10월 15일에 권씨 문중의 권일령權一齡 등이 향중 양반에게 통문을 보냈다.28) 권운섭의 상언으로 인한 사건으로 은인자중하고 있었지만 무의공 자손들의 해괴한 행위에 대해 경계하는 의미로 보낸 것이다. 신씨의 여아가 무의공 묘역의 석물을 범한 죄로 자수했으면 사관査官에게 맡겨 죄를 따져야 하는데도 구봉서원의 통문 위조 사건으로 공의를 크게 잃었다는 것이다. 이 때문에 구봉서원 고자를 경책 차원에서 태형笞刑을 행했는데, 이에 대한 앙갚음으로 박씨 측에서 권씨 문중의 차노差奴를 남장濫杖하는 사태를 일으켰다는 것이다.

그런데 바로 이 날이 신씨의 여아가 관아의 명으로 무의공의 분묘 석물을 대상으로 현장 검증을 벌이고 있던 날이었다. 관의 명으로 신씨의 여아를 데리고 직접 석물을 흔들면서 범행을 검증했다. 이에 대해 권씨 문중 측에서는 무의공의 분묘 석물이 또다시 무의공 후손들에 의해 욕을 당했다고 주장했다.

1795년 12월 3일에 남씨 문중의 남경우南景雨 등이 향중에 통문을 보냈다. 신씨의 여아가 박씨 선산을 굴파掘破한 사건은 남씨 친족인 남섭양과는 아무 관련이 없는데도 재앙을 당해 3차례 형장을 받아 아침저녁으로

---

28) 위의 책, 통문 4번.

목숨이 경각에 달린 정도로 위태롭다고 호소했다. 그리고 그렇게 된 연유는 바로 통문 위조 때문이라는 것을 분명히 하며, 통문 위조로 이웃 고을을 뒤흔들고 법사法司를 현혹시켰다는 것이었다. 그리고 박씨 문중의 모록이 분명하다는 점을 사건의 진행 과정과 정황을 근거로 조목조목 설명했다. 즉 명첩에 기재된 인원의 실제 문서 작성 참여 여부, 향교 통문과 위조 통문의 발송 날짜, 글자의 도말塗抹, 무안박씨 문중의 위조 항변에 대한 반론 등을 통해 무안박씨 문중에서 명첩을 모록한 것이 분명하다고 주장했다. 또 박씨 문중의 명첩 모록은 죄 없는 사람을 무고하는 일이므로 향중에서 공정한 논의를 펴 이 사실을 원근의 사람들이 알게 해야 한다고 주장했다. 심지어 구봉서원 통문인데 원장의 명첩도 쓰지 않고 그때의 재임齋任 역시 모른다고 비판했다.

무안박씨 문중에서도 1795년 11월 27일에 명첩名帖을 모록했다는 권씨 문중과 남씨 문중의 주장에 대한 자신들의 입장을 통문으로 보냈다. 위조 통문 사건이 격화되는 과정에서 무의공 박의장의 신도비가 훼손되는 일까지 발생했다. 1796년(정조 20년) 1월에 박희녕 등이 무의공 신도비 훼손에 대해 영문에 엄중히 치죄해줄 것을 요구했다. 무의공 박의장 신도비명은 김응조金應祖(1587~1667년)가 지었고, 신도비 글씨는 박의장의 손서孫壻인 노이흥盧以興이 써 1667년(현종 8년) 10월에 건립한 것이었다.

무안박씨 가는 1796년 1월 3일에 여러 친족과 함께 상차喪次에 갔는데 신도비 아래 비각 앞면의 몇 글자가 돌에 의해 손상되어 자획字劃이 깨져 손으로 어루만지니 돌가루가 흩어졌다. 1~2일 양일간 벌어진 사태라고 무안박씨 측은 주장했다. 관에서는 또다시 불측한 변고가 일어나자 교화하기 어려운 사람이라고 규정하면서도 '진짜 범인을 잡지 않는다면 어찌 영문營門에 보고해 엄히 다스리겠는가'라는 처분을 내렸다.29) 범인이 구체적으로 누군지 모르지만 거듭된 산송에 앙심을 품고 무의공 신도비를 훼손했던 것으로 보인다.

20여 년이 지난 1818년경에 여현余峴 선산 아래 백호白虎에 어떤 상한常漢이 투장하는 일이 발생했다. 여현 일대는 무안박씨 가가 풍기, 영주, 순흥 세 읍에 수백 명 흩어져 살고 있었는데, 거리가 3~4백 리이기에 종산 수호의 책임이 영해부에 사는 무안박씨 집안에게 있어 이곳을 관리하고 있었다. 그리하여 이 사실을 권방한權邦翰에게 통지하고 함께 송사를 했다. 이유는 그곳의 한 모퉁이가 권방한의 증조 묘소 아래 지역이었기 때문이다. 결국 승소했는데, 몇 년이 지난 1823년 10월에 또다시 이곳에 권도동權度同이 범장했다. 문제는 권방한이 먼 친족인 권도동의 입장入葬을 허락한 것이었다. 권방한의 기존 선조 묘소에서 40보 떨어진 곳으로 잘 보이지 않았는데, 무안박씨 측은 백호 머리 부분을 누르는 곳으로 친족 박홍복朴弘復의 친산親山이 오른쪽 기슭에 있다고 주장했다.

당시 영해 지역에서는 각 성씨의 자손이 모여 제사를 드리는 곳에는 서로 범장하지 말자는 향촌 규약을 맺고 있었다. 무안박씨 측에서는 향촌 규약을 무시하고 범장했으며, 이곳은 피차 모두 입장할 수 없다고 주장했다. 그런데 이를 허락한 권방한을 무안박씨 측에서는 강도 높게 비판했다.30) 그리고 권도동은 계장繼葬함으로써 타인 선산의 중요 지역을 차지하려고 병으로 누워 있는 권방한을 대신해 소지를 작성해 관정에 무고해 무안박씨를 붙잡아 오라는 처분을 받았다고 주장했다.31)

1823년(순조 23년) 10월에 박만수朴萬秀 등이 다시 소지를 올려 하소연했지만 결국 무안박씨 측이 금장을 하지 못하게 되었다. 10월 23일에 권도동에 대해서는 본관이 부임해 직무를 볼 때까지 기다렸다가 처결 받

---

29) 위의 책, 소지류 15번.
30) 위의 책, 소지류 21번.
31) 위의 책, 소지류 21번.

아 승소한 후 입장하도록 처분을 내렸다.32)

4 　향리층의 투장

1) 도장 김성근의 투장

1868년(고종 5년) 3월 영해부 남면 하반포下反浦에 사는 무안박씨 가는 웅창熊倉의 화림산花林山을 두고 김성근金性根과 분쟁을 겪게 되었다. 김성근은 당시 영해현도장都長이라는 향리 직에 있었다. 도장은 역참에 둔 직책 중 하나로 규모가 작은 역에서는 역무를 총괄하던 직무로 추정된다.

임란 이후 무안박씨 가에서는 박선朴璿(1596~1669년)과 박문립을 중심으로 새로운 거주 기반을 모색했는데, 1632년을 전후한 시기에 현재의 도곡리에 정착했다. 도곡리가 바로 남면의 하반포였다.33) 화림산은 영덕현 북쪽 10리에 위치하고 있었는데, 현재의 영덕군 영덕읍 화수리가 그곳이다. 이 산에는 박시찬 등 무안박씨 가의 6대조 이하 4세대의 분묘 좌우 4총塚이 한 언덕에 함께 안장되어 있었다.

이 산은 영해부 남쪽에서는 제일 높은 곳으로 산세가 빙 둘러 서 있어 국내局內가 되었다. 산이 높고 계곡이 깊어 국내의 지세가 좁고 주산主山과 안산案山이 벽처럼 서 있고 두 산의 머리 부분이 마주 대해 보수步數는 비록 멀지만 바라보면 마치 가까이 있는 것 같았다고 한다. 화림산 아래 약간의 전토田土가 있어 묘지기 3명에게 나누어 주어 그곳을 지키게 했다. 무안박씨 가는 이 선산을 2백여 년 동안 수호하고 있었다.

그런데 도장 김성근이 1868년 2월에 아내 시신을 이들의 선조 묘소

---

32) 위의 책, 소지류 20번.
33) 도곡리는 영해부 남면으로, 독을 구웠으므로 짓골, 독골, 정신골, 도곡陶谷이라 했다. 1789년에 간행된 『호구총수』를 보면 도곡리는 상반포, 원포리元浦里, 하반포로 구성되어 있었다.

안대案對에 몰래 매장했다. 이런 사실을 모르고 있다가 선산의 묘지기가 3월 12일 축시丑時[오전 1시~3시]에 김성근이 또다시 형의 시신을 묻으려 하는 계획을 미리 탐지하고 알려왔다. 무안박씨 가 측에서는 전날인 11일 한밤중에 기다리고 있다가 김성근 측이 상여를 짊어지고 곧장 선산 구역 내로 진입하는 모습을 보고 길을 막고 꾸짖었지만 돌진하는 형세를 막을 수가 없었다. 무안박씨 측은 하는 수 없이 김성근이 무덤으로 예정한 곳에 먼저 가서 빙 둘러앉아 저항했다. 김성근 측이 일이 탄로 나자 다른 곳으로 갈 모양새를 취하다가 얼마 뒤 큰소리를 지르며 돌진해 와서 붙잡아 마구 때렸다고 주장했다. 그리고 아침이 밝아올 때쯤 임시 매장을 하고 떠났다.34)

관아에서는 투장 여부에 앞서 김성근이 양반을 모욕한 죄를 징계하는 처분을 내렸다. 하지만 당시 영해부에 옥사獄事가 크게 일어나 관아 문밖에서 관예官隸들이 막아 들어가지 못하는 등 어수선한 분위기에서 제대로 징계 처분이 처리되지 못했다.35)

무안박씨 가는 김성근이 작년의 투장 외에 지금 두 달 사이에 또다시 투장했는데, 하나는 선산 내 안산을 직접 쏘는[直射] 땅이고, 다른 하나는 선산 혈전穴前의 100보 내 땅이라고 주장했다. 이 소지에 대해 겸관은 마땅히 차사差使를 보내야 하지만 겸읍兼邑의 백성에게 소란스럽게 하기는 어렵기에 유향소에서 아전을 보내 도척圖尺과 아울러 사실을 탐지한 후 잡아 오도록 처분을 내렸다.36)

---

34) 위의 책, 소지류 27번.
35) 위의 책, 소지류 32번.
36) 위의 책, 소지류 32번.

2) 향리층의 결속

무안박씨 가는 이 처분을 받고 한밤중에 달려가 정신없이 유향소에 도착해 아침에 김성근을 불러 관아의 처분을 말했다. 이에 대해 김성근은 청원한 내용을 알았다고 둘러대고는 물러난 뒤 다시는 모습을 나타내지 않았다. 뿐만 아니라 아들과 조카도 모두 숨어버렸다. 형리를 정해 보내려고 해도 형리가 여러 가지로 핑계를 대며 전혀 거행할 뜻이 없이 하루 종일 움직이질 않았다. 그런데 무안박씨는 저물녘 귀가할 때 선산 아래에 하룻밤 사이에 큰 무덤이 생겼다는 말을 전해 들었다. 이에 차사差使를 보내 엄히 다스리고 파내도록 독촉할 것을 요청했다. 3월 23일에 겸관은 김성근이 양반과 상한의 구별을 무시하고 또 불리함을 알고 관아의 처분을 한결같이 피하려고 도모하고 있다고 보았다. 그리하여 반드시 그를 잡아들이고 무덤을 파 옮기도록 처분을 내렸다.37)

이틀 뒤인 25일에 무안박씨 측은 다시 소지를 올렸다. 그리고 유향소 및 수교와 수형리首刑吏에게 김성근을 잡아오라는 처분을 받자 잠시도 지체하지 않고 당장 유향소에 도부到付[접수]했다. 유향소는 수교에게 처분을 보냈는데, 밖에 나가고 없었다. 또 형리에게 처분을 보냈는데, 형리는 전혀 움직일 뜻이 없었다. 유향소에서 두세 번 계속 알렸지만 끝내 수교나 형리는 거행할 뜻이 없었다. 이런 상황을 관에 보고하기 위해 소지를 올리려 하자 형리가 온갖 방도로 방해하고 심지어 '겸관에게 책임이 있으면 내가 스스로 감당하겠다'고까지 말했다. 무안박씨 측에서는 아전과 장교將校들이 김성근과 내통하면서 관에서 내린 엄한 명령을 어기고 있으며, 자신들이 죄를 뒤집어쓰더라도 아랑곳하지 않고 오로지 김성근을 엄호하고 있다고 비판했다. 이에 대해 겸관은 형리가 한 행위는 매우 놀랍지만 해당

---

37) 위의 책, 소지류 31번.

읍에 옥사가 일어나 시끄러우니 우선 며칠을 기다리라고 처분을 내렸다.38)

3월 30일에 영해부사는 산송과 관련된 사안은 도척이 아니면 결정할 수 없는데 김성근은 대령조차 하지 않으며 애당초 모면하려고만 하니 우선 사실을 조사하기 위해 김성근을 붙잡아오도록 처분을 내렸다. 그리고 형리에게는 도형을 그려서 오라고 했다.39) 관에서는 차사를 보내지 않고 무안박씨 측이 자력으로 김성근을 데리고 오라는 처분을 내리는 한편 형리에게 분묘의 도형을 그리도록 했다.

문제는 도척의 결과가 김성근 측에게 유리하게 나온 것이었다. 무안박씨 가에서는 도척이 실제와 어긋난 점을 들어 당시 수압手押[서명]하지 않았다. 그리고 처분 후에 원통한 뜻을 품었다가 1868년(고종 5년) 윤4월에 박시찬 등은 김성근과 그의 조카인 김후손金厚孫의 투장에 대해 암행어사에게 소지를 올렸다. 영해부에 암행어사가 도착했는데 무안박씨 집안은 늦어 연일읍延日邑까지 가서 정소했다. 그리고 '상세히 조사해 독촉해 파 옮기라'는 처분을 받아 영해부에 도부到付했다.

암행어사의 처분을 접수한 무안박씨 가는 영해부사에게 친히 적간摘奸한 후 곧바로 독촉해 파 옮기도록 할 것을 청원했다. 영해부사는 이미 판결을 거쳤고 농사짓는 절기가 한참이니 가을걷이를 기다려 상세히 조사해 다시 제사를 내릴 것이라고 처분을 내렸다.40)『경국대전』,「형전」정소조停訟條에는 '외방의 사송詞訟은 춘분일부터 추분일 전까지 정지한다'고 규정되어 있었다. 관에서는 일손이 바쁜 농사철임을 상기시키며 추수 이후로 산송을 미루었다. 조선시대에 농사철에는 농사에 방해가 되지 않도

---

38) 위의 책, 소지류 33번.
39) 위의 책, 소지류 27번.
40) 위의 책, 소지류 29번.

록 산송뿐만 아니라 모든 송사가 중단되었다.

더 이상의 관련 문서가 없어 최종 결론은 알 수가 없다. 무안박씨 측에서는 도장 김성근은 향리층과 연결되어 향촌 사회에서 힘을 행사하고 있다는 것을 지속적으로 지적했다. 무안박씨 측의 주장을 전적으로 그대로 믿을 수는 없지만 조선후기 행정 실무를 장악하고 영향력을 행사하고 있던 향리층의 성장과 결속의 일단을 여기서 알 수 있다.

5   하층민의 투장

1) 관노의 투장

1811년(순조 11년) 9월에 무안박씨 박진화 등은 5대조 분묘가 있는 영해부 서쪽 여현의 언덕에 투장한 관노官奴 장가張哥의 무덤을 파서 옮기도록 탄원하는 소지를 올렸다.[41] 무안박씨 측에 따르면 여현 일대는 전후좌우로 몇 대동안 계장해 거의 십수 총塚의 무덤이 있는 선산이었다. 이곳의 용호와 안대案對에 원래 조금도 막힘이 없고 사면에서 곧장 국내局內로 뻗어 있고 좁기 때문에 수백 년 동안 타인이 엿보아 차지한 일이 없는 땅이었다는 것이다. 그런데 뜻밖에 십여 년 전에 안대에서 곧장 뻗어나가는 중요한 곳에 한밤중을 틈타 몰래 투장하는 일이 발생했다. 무안박씨 가에서는 투장한 무덤 주인을 찾으려고 했지만 누구 소행인지 알 수 없어 지금까지 분통하게 여기고 있던 상황이었다.

그러던 중 성묘 가는 길에 관노 장가가 십 수 년 전 무덤을 할아버지 산소라고 주장하면서 그곳에 무덤을 쓰려고 산을 깎고 돌을 깨는 모습을 보았다. 그러자 새로 마련하려는 무덤을 엄히 금단할 것뿐만 아니라 십여

---

41) 위의 책, 소지류 18번.

년 전에 투장한 무덤을 파서 옮기도록 관에 요청했다. 해당 소지는 관에 제출된 원본이 아니라 관장의 제사題辭가 없는 사본이다. 세력 있는 양반가와 관노의 신분적 차이로 인해 관노의 할아버지 무덤은 굴거掘去되었을 것으로 추정된다.

2) 상한 박인금의 투장

관노의 투장 산송 이후 몇 년이 지난 1818년(순조 18년) 7월에 영해부 서쪽 여현余峴 선산에서 산송이 다시 발생했다. 상한常漢 박인금朴仁金이 아버지 시신을 여현에 범장했다. 영해 무안박씨 선조 정랑공正郞公 양대兩代의 분산 역시 그쪽 기슭에 위치해 있었다. 순흥과 화천 지역에 사는 무안박씨들이 모두 그의 자손이었다. 3백여 년 동안 수호하고 수백여 명의 자손이 모여 제사를 올리던 곳이었다. 그리고 십여 기 정도가 부장祔葬될 정도로 무안박씨 분산이었다.

그런데 무안박씨 선산에서 바로 보이는 백호白虎 머리 부분에 박인금은 부친 무덤을 쓰려고 흙을 파고 있었다. 무안박씨 측은 이렇게 주장했다. 즉 보수步數로 말하자면 산이 높고 골짜기가 깊어 숲에 나무들이 울창하고 빽빽해 명확히 몇 척인 줄 모른다. 하지만 형지形止를 갖고 말하면 저기는 높고 여기는 낮아 굽어 내려 보는 곳이라는 것이었다. 박인금이 이장하려고 하는 장소는 무안박씨 묘소와 거리가 상당히 되는 것으로 보이지만 풍수지리로 중요한 부분을 차지하고 있다는 주장이었다. 이에 대해 관아에서는 8일 날짜로 도척해 오라는 처분을 향소와 예리禮吏에게 내렸다.42) 더 이상 관련 문서가 없어 최종 결론은 알 수 없다. 하지만 이를 통해 세력과 명망 있는 양반 가문이 종산을 확대하고 수호하는 과정에서

---

42) 위의 책, 소지류 19번.

하층민의 분묘와 산송이 이어질 수밖에 없는 구조였음을 알 수 있다.

6 맺음말

　이상으로 영해 무안박씨 무의공 박의장 가문에서 일어난 산송들을 중심으로 산송의 전개 과정과 함께 당시의 사회상을 살펴보았다. 본론에서 기술한 내용을 정리하는 것으로 맺음말을 대신하고자 한다. 영해의 무안박씨 가에서는 17～19세기 말까지 지속적으로 산송이 있었다. 이는 종산을 수호하고 확보하려는 과정과 무관하지 않다. 집희암과 수천정의 유허와 치표가 이를 대변하고 있다. 1794년부터 3년간 무의공 박의장 묘역을 둘러싸고 인근의 영양남씨, 안동권씨, 영해신씨 세 집안과 치열하게 산송이 전개되었다. 영해의 무안박씨 측에서는 이를 '희암산변'이라고 표현했다. 무안박씨 친족 중 박희복은 사굴을 감행했다가 유배형에 처해졌고, 상대측 권운섭 역시 무고형으로 유배형에 처해졌다. 신씨 집안의 17세 여자아이가 무의공 석물을 훼손하는 한편 무안박씨 가는 구봉서원을 통해 향촌 사회의 우호적 여론을 확보하기 위해 통문을 위작했다는 혐의를 받아 산송이 격화되고 확전되었다. 또한 누구 소행인 줄 모르지만 무의공의 신도비가 훼손되는 사태까지 발생했다.

　무안박씨와 관련된 산송 사건의 특징으로 겸관이 처분한 소지가 많은 점을 들 수 있다. 하지만 겸관은 본관의 복귀 이후 다시 소장을 올리라는 처분을 자주 내렸다. 현 상태를 유지했다가 해당 본관이 직무를 맡으면 그대로 직무를 되돌려 주려고 했기 때문에 판결에서 소극적 자세로 임할 수밖에 없었다.

　또한 김성근의 투장으로 야기된 산송은 조선후기 향리층의 성장과 결속의 일단을 보여준다. 영해부 향리인 김성근이 소송 실무를 담당하는 형리, 수교들과 연결되어 있음을 무안박씨 가에서는 지속적으로 지적했다. 무안박씨 측 주장을 전적으로 그대로 믿을 수는 없지만 조선후기 행정 실무를 장악하고 영향력을 행사하던 향리층의 성장과 결속은 어느 정도 인정할 수 있는 부분이 있다. 그리고 무안박씨 가에서는 1810년대에는 관노 및 상한 같은 하층민의 범장과 관련된 산송이 일어났다. 이것은 역으로 양반 가문이 종산을 확대하는 과정에서 하층민의 분묘를 범장이라고 규정하는 산송이 이어질 수밖에 없던 조선후기 사회의 구조를 잘 보여준다.

〈부록〉

순번	문서류	연대	발급	수급	내용	비고
1	소지류	1683년(숙종 9년) 11월	朴夏相 등	성주城主	남시두南時斗의 범장	1번(점련)
2	소지류	1683년(숙종 9년) 12월	朴夏相 등	성주	남시두의 범장	
3	소지류	1718년(숙종 44년) 8월	朴夏相 등	성주	임상견林尙堅의 범장	2번
4	소지류	1794년(정조 18년) 5월	朴漢大 등	사使	권씨, 남씨의 범장	7번
5	소지류	1795년(정조 19년) 12월	朴熙寧 등	성주	南·權·申氏 범장	6번
6	소지류	1795년(정조 19년) 윤2월	朴熙寧 등	성주	상동	8번
7	소지류	1795년(정조 19년) 윤2월	朴熙復 등	성주	상동	12번
8	소지류	1795년(정조 19년) 3월	朴熙寧 등	성주	상동	9번
9	소지류	1795년(정조 19년) 8월	朴熙寧 등	순사巡使	상동	10번
10	소지류	1795년(정조19년) 8월	朴熙寧 등	성주	상동	11번
11	소지류	1795년(정조 19년) 10월	朴熙寧 등	성주	상동	13번
12	소지류	1796년(정조 20년) 1월	朴熙寧 등	성주	상동	14번
13	소지류	1796년(정조 20년) 1월	朴熙寧 등	성주	상동	15번
14	소지류	18세기 후반	朴熙寧 등	성주	권씨의 범장	16번
15	소지류	18세기 후반	朴熙寧 등	성주	권운섬의 상언 반박	17번(소지초)
16	소지류	1811년(순조 11년) 9월	朴鎭華 등	성주	관노 장가의 투장	18번(소지초)
17	소지류	1818년(순조 18년) 7월	朴時永 등	성주	상한 박인금의 범장	19번
18	소지류	1823년(순조 23년) 10월	朴萬秀 등	성주	권씨의 범장	20번
19	소지류	1823년(순조 23년) 10월	朴宗永 등	성주	권씨의 범장	21번
20	소지류	1836년(헌종 2년) 9월	朴秉周 등	성주	권압의 범장	23번
21	소지류	1868년(고종 5년) 3월	朴始燦 등	성주	김성근의 투장	27번
22	소지류	1868년(고종 5년) 3월	朴始燦 등	성주	상동	31번
23	소지류	1868년(고종 5년) 3월	朴始燦 등	성주	상동	32번

24	소지류	1868년(고종 5년) 3월	朴始燦 등	성주	상동	33번
25	소지류	1868년(고종 5년) 3월	朴始燦 등	성주	상동	34번
26	소지류	1868년(고종 5년) 윤4월	朴始燦 등	성주	상동	28번
27	소지류	1868년(고종 5년) 윤4월	朴始燦 등	암행어사	상동	29번
28	소지류	1868년(고종 5년) 10월	朴始燦 등	성주	상동	30번
29	통문	1795년 9월 2일	용계리사	구봉서원	희암산변	2번
30	통문	1795년 10월 15일	權一齡 등	향중	통문 위작	4번
31	통문	1795년 11월 27일	朴氏 門中	향중	상동	5번
32	통문	1795년 12월 3일	南景雨 등	향중	상동	9번
33	통문	작성시기 미상	박씨 문중	향중	상동	7번
34	패지	1795년	남씨 문중	향중	상동	1번
35	패지	1795년 9월	권씨 문중	구봉서원 고자庫子	상동	3번

* 비고란의 번호는 『고문서집성』 82(영해 무안박씨편 1— 무의공종택, 한국학중앙연구원, 2005) 문서번호이다.

6장

조선후기 소지에 나타난 민의 청원 전략
— 예안 광산김씨 가문을 중심으로

정긍식

1 머리말

지상낙원은 존재하지 않는다. 사람들은 불평불만 — '민원民怨' — 을 갖기 마련이다. 불평불만은 개인이 해결할 수도 있지만 대개는 주위, 즉 국가나 관의 도움을 받아야만 해결할 수 있다. 그리고 '민원'을 방치하면 국가와 사회는 유지될 수 없다. 그리하여 그것의 해결을 제도적으로 보장해야 하는데, 그것을 위한 대표적 제도가 '청원과 재판'이다.

조선시대에 민民은 국가나 관에 '민원'을 적극 제기했는데, 내용은 개인 사이의 채권채무 등의 분쟁 해결, 범죄자 처벌, 부세賦稅 감면, 조상 추증, 효자 열녀의 정표旌表 등 다양했다. 그리고 민원을 해결하기 위해 관에 문서를 작성해 올렸다. 이 문서를 '소지'라고 불렀다. '소지'는 민이 자기의 요구를 관에 호소하는 문서로, 다양한 '관문서' 양식을 규정한 『경국대전』 등 법전에는 규정되어 있지 않지만 고려시대 이래 존재해왔다. 그리고 관례의 집적으로 18세기 말에 처음 간행된 『유서필지』에서 양식이 정립되었다. 『유서필지』에서는 국왕께 올리는 '상서'와 수령 등에게 올리는 '소지'를 구분하고 있다. 또 소지는 단독이나 집단으로 올리기도 했는데, 후자를 '등장等狀'이라고 했다.[1]

'민원'은 내용으로는 조상 추증이나 부세 감면처럼 관과 제출자 사이의 편면적片面的 관계에서 관의 은혜적 조처로 해결 가능한 것도 있었으며, 또 채권 추심이나 분쟁 해결처럼 제출자는 물론 상대방까지 함께 다면적으로 고려해야만 해결될 수 있는 것도 있었다.

따라서 소지 제출자는 당연히 민원의 대상에 따라 내용을 달리하는 전략을 동원할 것이다. 즉 편면적으로 관의 은혜를 바라는 경우에는 본인의 불우한 처지에 중점을 두는 방법을 동원할 것이다. 그리고 다면적이면 본인의 정당함과 불우한 처지, 나아가 상대방의 부당성을 강조할 것이다. 마지막으로 양자 모두 최종 처분을 하는 수령에게 감정적으로 호소해 그의 지위와 역할의 중요성을 강조하고 해당되는 처분이 본인은 물론 후대에 미칠 영향까지 언급하면서 수령의 자애로움을 칭송할 것이다.

본고에서는 예안 광산김씨 후조당2)에 소장되어 있는 소지를 대상으로 민원을 해결하기 위한 다양한 전략을 분석해 조선시대의 법감정 내지 법의식을 탐색해보려고 한다.

첫째, 민은 권리와 이익[권익權益]을 수호하려고 소지를 관에 제출했으며, 권익은 사회경제적 변화에 따라 시기별로 다르게 나타날 것이다. 이를 시계열적으로 분석해 조선사회의 변화상을 그려볼 것이다.

둘째, 소지는 신분에 따라 명칭을 달리했는데 양반은 단자單子, 평민은 발괄[白活] 등으로 표시했으며 또 지방관이 아닌 국왕에게 호소하는 경우에는 상언으로 표현했다. 따라서 가문의 정치적·사회적 위상에 따라 잔존하는 소지의 종류에 가문별로 편차가 있을 수 있다. 나아가 조선후기로 갈수록 특정 종류의 소지가 더 많이 잔존할 수도 있을 것이며, 이를 통해 사회 변동의 편린을 찾아볼 수도 있을 것이다.

---

1) 전경목 외 옮김, 『儒胥必知: 고문서 이해의 첫걸음』(사계절, 2006년) 참조.
2) 1982년 '光山金氏 烏川古文書'로 간행되었기 때문에 본고에서는 '烏川古文書'로 약칭한다 (2011년 영인본을 간행하면서 '古文書集成 一: 禮安 光山金氏 後凋堂篇'으로 했다).

셋째, 소지에 나타난 '감정적 표현'3)을 호소의 대상별로 유형화시켜 시계열적으로 분석해 법감정을 찾도록 한다. 21세기인 현재 우리나라는 대법원에 계류된 상소 사건이 연 4만 건을 돌파하는 소송 폭주 사회, '동방소송지국東方訴訟之國'이란 별칭을 얻고 있다. 현재의 이러한 현상은 갑자기 나타난 것이 아니라 역사가 켜켜이 쌓인 집적물이다. 또 경제적 이익과 무관한 재판도 많은데, 이는 대부분 당사자의 억울함[원억冤抑]을 호소하는 것이다. 이러한 호송好訟과 건송健訟 현상은 법과 재판에 대한 백성의 의식이 반영된 것으로, 현재 사법 제도의 문제점을 해결하는 데도 도움이 될 것이다.

'광산김씨 오천고문서'에는 다양한 종류의 문서가 시기적으로는 15~20세기까지 1,375건 소장되어 있다. 그중 소지는 17~20세기까지 123건이다. 이 문서들이 발견되기 전까지는 고문서를 단편적으로만 연구했을 뿐 특정 지역이나 가문을 대상으로 한 연구는 거의 없었다. '오천고문서'는 고문서 생산 배경을 알 수 있는 한 가문의 집단 문서로 처음 소개된 것이다. 이를 계기로 한국에서 '고문서학'이 성립될 수 있었고, 나아가 한국사 연구에도 큰 기여를 했다.

본고에서는 먼저 경상도 지방 소재 소지류의 현황과 특성을 소개해4) 소지 형식과 민원의 내용 등을 종합적으로 검토한다(Ⅱ. 1). 이어 '오천고문서'의 현황과 소지 123건의 특징을 검토한다(Ⅱ. 2). 본론으로 소지를 내용별로 분석해 민원을 해결하기 위해 동원한 방법을 소개한다(Ⅲ). 시기

---

3) 박병호 선생께서 소지의 서두書頭[기두起頭]와 말미末尾[결사結辭]에 감정적 표현이 사용되었음을 최초로 언급했다. 철저한 개인주의, 이기주의, 배금주의拜金主義가 소유권의 바탕을 이루고 있으며, 이 소유권 의식이 재판의 기능과 법의식 속에 관철되었음을 논증했다(박병호, 『韓國法制史攷』[법문사, 1974년], 288~291쪽, 221~232쪽 참조). 본고는 이를 이으려는 목적에서 출발했다.
4) 藏書閣 編, 『古文書集成總目: 第1~100卷』(韓國學中央研究院, 2011년)을 이용했다.

에 따라 '권리 수호, 공공성과 부세, 조상 현양'의 순서로 살펴보았다.5)

2   후조당 소장 소지류의 특징

1) 경상도 지방 소장 소지류의 현황과 특징

한국학중앙연구원에서 간행한 『고문서집성』 제1권(1982년)~제100권(2011년)까지 경상도 지방 고문서는 39책이며, 이중 개별 가문은 21개 가문 총 27책이다.6) 고문서 중 소지류는 1,414건으로 평균 67건이다. 시기적으로는 1461년(세조 7년)~1919년으로, 연대가 분명한 소지류는 1,182건인데, 19세기 후반 이후가 504건(43%), 19세기 전반이 291건(25%), 18세기가 255건(22%), 17세기 이전이 130건(11%)이다. 그리고 종류별로는 소지가 916건(65%), 상서가 304건(22%), 등장이 75건(5%), 기타 119건(9%)으로 총 1,414건이다. 가문마다 편차는 있지만 거의 모든 가문에 17세기 이후의 소지는 있으나 30건 미만을 소장한 가문에는 18세기 이전 것은 없다(자세한 것은 〈부록 I-1〉, 2 참조).7)

소지류의 소장 현황에서 특정 가문만의 특성을 찾을 수는 없는데, 이를 통해 거의 모든 가문에 민원이 발생했고 이를 해결하기 위해 끊임없이 소지를 올렸음을 추론할 수 있다. 또한 후대로 갈수록 절대수가 증가하며, 특히 19세기에는 모든 가문에 소장되어 있는 등 795건(77%)으로 폭증했다. 이는 조선후기 민권의식이 성장하면서 민원 제기도 함께 늘었으며, 민원을 사전에 제도적으로 예방할 수 없던 체제의 불안정성을 반영하는 것

---

5) 산송 관련 소지가 76건(64%)로 대부분을 차지하는데, 분량이 방대하기 때문에 제외했다.
6) 가문 27책, 서원 6책, 향교 4책, 마을과 절 각 1책이다. 그리고 한 가문이 여러 책이나 정서본으로 간행된 경우도 있다.
7) 시기나 종류별 현존 현황은 다른 지역과 큰 차이가 없을 것이다.

이기도 했다.

광의의 소지류는 형식에 따라 상서, 소지, 등장으로, 그리고 협의의 소지는 다시 '단자, 정사呈辭, 발괄, 의송議送, 입지' 등으로 구분할 수 있다. 의성김씨 천상각파川上各派(2)와 하회의 풍산류씨(3)에는 모든 형식의 소지가 소장되어 있으며, 나머지는 소지가 대부분이다. 소지가 946건(67%)으로 가장 많으며, 상서는 304건(21%), 등장은 75건(5%)이다. 여러 사람이 연명으로 제출하는 상서와 등장이 26%인 점에서 민원 해결을 위해 이해 관계자들이 집단으로 호소한 것으로 파악할 수 있다.

협의의 소지는 국왕에게 올리는 상서와 양반층의 단자, 평민층의 발괄로 명칭을 달리했다. 단자는 24건(2%)으로 4가문에서만, 발괄은 63건(5%)으로 8가문에서 보이는데, 이는 양반층은 단자보다 상서를 더 많이 활용했기 때문이다. 그리고 30건 이상 소장된 가문 중 상서가 없는 가문은 6가문으로, 그중 3가문에는 발괄이 있다. 특히 칠곡 석전의 광주廣州이씨 가문(19)과 성주의 벽진이씨 완석정 종택浣石亭宗宅(20)은 소장 소지류 중 발괄이 각각 28건(38%), 10건(19%)로 전체 평균 5%보다 아주 높은 비율을 차지하고 있다(부록 I-2 참조).

소지류를 상서와 단자 등을 모두 포함하는 광의의 소지, 등장으로 나누어 시기별로 살펴보면 〈표 1〉과 같다.

〈표 1〉 경상도 지역 소지류 종류 시기별 통계

시기	상서	소지							등장	첩정기타	전체
		소지	단자	정사	발괄	의송	입지	소계			
-16C		14				2	2	18	1	7	26
17C	10	72	3		3	3	2	83	11	5	109
18C	34	168	2		6	10	4	190	6	9	239
19C전	47	176	2	6	29	1	2	216	9	16	288
19C후	112	159	11		13	2		185	22	17	336

1895~	55	86					1	87	19	26	187
소계	258 21.7	675 57.0	18 1.5	6 0.5	51 4.3	18 1.5	12 1.0	779 65.7	68 5.7	80 6.8	1,185
간지	16	77	2		11	2	2	93	5	6	121
미상	30	66	4		1	1	1	73	2	6	111
합계	304 21.4	818 57.7	24	6	63	21	14	946 66.8	75 5.3	92 6.5	1,417

가장 오래된 상서는 1644년(인조 22년)에 김시구가 안동부에 올린 것이며(『집성』 5: 424, 봉서 127),[8] 마지막은 1905년(광무 9년)에 김하상 등이 안동부에 올린 것이고(『집성』 1: 134, 소지류 93), 국왕에게 올린 상서는 1658년(효종 9년)의 정도응 것만 있다(『집성』 88: 213, 상언 1). 그런데 1780년(정조 4년)에 김시전은 국왕에게 올리려고 하면서 특이하게 '소지초所志草'라고 하고 있다(『집성』 5: 382, 소지류 80).

최초의 소지는 1461년(세조 7년)에 귀동이 추쇄도감推刷都監에 제출한 것(『집성』 56: 17, 소지 1)이며, 최후의 소지는 1907년(융희 1년)에 고방곡古方谷 주민이 선산군에 제출한 것(『집성』 56: 74, 소지 36)이다. 1634년(인조 12년)에 이지의 처 신씨가 안동부사에게 올린 발괄이 가장 오래 된 것이며(『집성』 49: 54, 소지류 1), 1890년(고종 27년)에 김흥낙이 안동부에 올린 것이 마지막이다(『집성』 5: 456, 발괄 158). 단자는 1643년(인조 21년)에 김시강이 안동부에 올린 것(『집성』 5: 482, 단자 182)에서 1894년(고종 31년)에 김흥락이 안동부에 올린 것(『집성』 5: 484, 단자 190)까지 있다. 의송은 1537년(중종 32년)에 손광서의 첩 정 조이[召史]가 경상도에 올린 것(『집성』 32: 130, 소지 1)에서 1887년(고종 24년)에 하문환이 관찰사에게 올린 것(『집성』 56: 42, 소지 15)까지 보인다. 등장은 1599년(선조 32년)에 양좌동 주민이 경주부에 올린 것이 최초이며(『집성』 32: 133, 소지 4),

---

8) 인용은 『고문서집성』의 일련번호와 쪽수, 그리고 유형별 일련번호로 한다.

최후는 1905년(광무 9년)에 고방곡 주민이 선산부에 올린 것이고(『집성』 56: 72, 소지 34), 대상은 지방관 또는 암행어사이다.

조선시대의 문서 양식은 1894~1895년의 갑오·을미개혁을 계기로 일변했는데, 특히 1895년 6월의 「공문유별급식양公文類別及式樣」에서 조회照會, 통첩通牒 등 새로운 공문서 양식을 규정했다. 이와 함께 1895년 5월의 「민형소송규정民刑訴訟規程」에서는 소지 등을 갈음해 소장訴狀 등을 규정했다.9) 그리고 1901년의 신촌자愼村子 황필수黃泌秀가 편찬한 『신식유서필지新式儒胥必知』〈목록〉에서는 '民刑訴訟(新式) ○ 前日 所志議送單子 一以新式改定: 訴狀 訴答 委任狀 告訴狀 告發狀 私訴狀 上訴書'라고 밝혀 새로운 환경을 반영했다. 이는 경상도 지방의 소지류에 나타나, 고소장은 1897년(광무 1년)에 처음 보이고(『집성』 1: 252, 소지 62), 또 청원서도 1899년(광무 3년)부터 보인다(『집성』 88: 289, 청원서 6-1). 또한 1895년 이후 소지류에서 신분제 폐지를 반영해 양반의 단자와 평민의 발괄이 사라지고 소지로 통일되는 양상을 보이고 있다.

상서, 소지, 등장, 기타 등으로 구분한 시기별 변화 추이는 〈표 2〉와 〈그림 1〉이다.

〈표 2〉 경상도 지역에서의 소지류 종류의 시기별 통계(건/%)

시기	상서	소지	등장	기타	전체
-16세기 [㉮]		18/69.2	1/ 3.5	7/26.9	26
17세기 [㉯]	10/ 9.2	83/76.1	11/10.1	5/ 4.6	109
18세기 [㉰]	34/14.2	190/79.5	6/ 2.5	9/ 3.8	239
19세기 전반[㉱]	47/16.3	216/75.0	9/ 3.1	16/ 5.6	288
19세기 후반[㉲]	112/33.3	185/55.1	22/ 6.5	17/ 5.1	336
1895~ [㉳]	55/29.4	87/46.5	19/10.2	26/13.9	187
소계	258/21.8	779/65.7	68/ 5.7	80/ 6.8	1,185

9) 정긍식, 『韓國近代法史攷』(박영사, 2002), 76~77쪽.

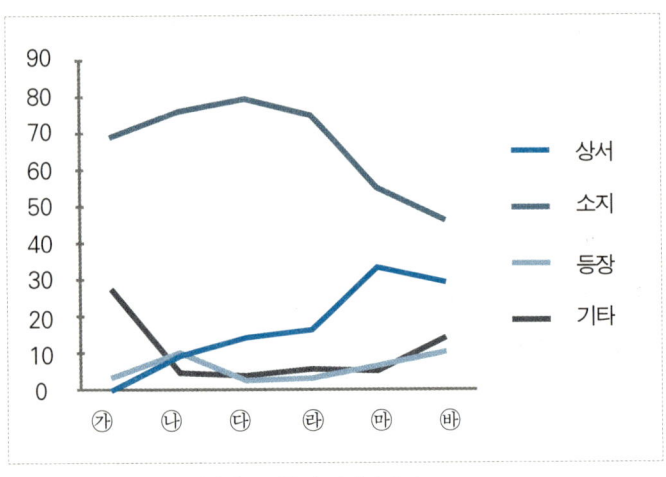

〈그림 1〉 경상도 지역에서의 소지류의 시기별 추이

'소지'가 전시기에 걸쳐 절대다수를 차지하지만 18세기를 정점으로 하강하고 있으며, '상서'는 계속 증가하다가 1895년 이후 감소했다. 그리고 '등장'은 소수지만 17세기에 정점을 이루며, '기타'는 16세기에는 1/4을 차지했지만 하락하다가 1895년 이후 증가한다.

16세기에는 소지를 주축으로 해 다양한 종류가 있었으나 점차 소지와 상서로 통일되는 경향을 보인다. 그리고 19세기에 들어서서는 상서가 많아지면서 상대적으로 소지 등이 줄어드는데, 이는 '민원' 해결의 절박성을 반영하는 현상이다. 또 1895년 이후에는 제도 변화를 반영해 비록 소수지만 소지나 상서 등 전통적 방식에서 고소장, 청원서 등 근대적 명칭의 문서로 확대되었다.

3. 후조당 소장 고문서의 현황과 소지류의 특징

1) 고문서의 현황

예안의 광산김씨는 고려의 무신란 이후 중앙 정계에서 실각한 후 광주

光州의 향촌에서 재지적 기반을 구축했다. 여말선초의 왕조 교체기에 안동 김씨 김서린의 사위 김무金霧는 당시 혼속에 따라 안동으로 이주했다. 이 가문은 16세기 초에 김연(1487~1544년: 문과, 강원도관찰사), 김부필(1516~1577년: 퇴계 이황 문인, 시호: 문순文純), 김해(1555~1593년, 문과, 검열) 등의 인물을 배출했다. 이후 벼슬을 하지 않고 재지에서 학문 활동에 전념했으며, 이황 등 영남의 명문가와 통혼해 명망을 유지했다. 김해와 그의 아들 김광계는 왜란과 호란 때 의병장에 추대되었다. 이 가문은 이런 식으로 선조들의 벼슬과 의병장 활동 그리고 영남의 유력 가문과의 통혼, 학술 교류 등을 배경으로 안동 지역에서 기반을 확고히 했다.

이 가문에는 1487년의 호구단자10)부터 1967년의 간찰까지 총 1,375건의 문서가 남아 있는데, 특히 15세기 고문서 11건이 남아 있다. 특히 가계 계승과 재산 상속과 관련된 문서가 연속되어 가문의 역사를 복원할 수 있으며, 나아가 혼인 등으로 연결된 다른 가문과의 관련성도 찾아볼 수 있다. 18세기 이후에는 지방관에 올린 소지 등이 많은데, 대부분은 산송과 관련된 것이다.11) 산소 관련 소지는 조선후기 향촌 사회의 실상을 잘 보여주며, 민이 분쟁에 대처하는 방법 등과 법과 재판, 나아가 지방관 등에 대한 기대를 잘 드러내고 있다.

후조당 소장 총 1,375건의 고문서 중 신분이나 권리와 관계되는 법률 문서는 500건(36%)이며, 그렇지 않은 비법률 문서는 875건이다. 비법률 문서는 지역사회에서 조상 현양과 가문의 교류 범위와 위상을 알려주는 '간찰, 시문, 혼서, 시권詩卷, 문안단자問安單子, 제문, 만사輓詞, 통문' 등이 있으며, 기타로는 김효로 등 조상 관련 문서가 있다. 가장 많은 것은 간찰 647건으로 전체의 절반을 차지한다. 전체 내역은 〈표 3〉에서 볼 수 있다.

---

10) 전사문서轉寫文書로는 1333년의 김진金稹의 호구단자가 있다.
11) 이상, 문숙자, 「고문서로 본 烏川 光山 金氏의 家系와 사회적 활동」, 『고문서집성』 1, 20~30쪽.

이들 문서는 내용은 단편적이지만 종합하면 지역사회 — 안동권, 경상도권 — 에서 이 가문의 교유 범위와 위상의 변화 등을 추적할 수 있는 좋은 자료가 될 수 있다.

〈표 3〉 후조당 소장 비법률 고문서의 종류별 현황

종류	건수	연도	종류	건수	연도
간찰	647	1564~1967년(미상: 366)	혼서	18	1536~1934년
시문	58	미상	문안단자	1	1721년
제문	57	1596~1864년(미상: 50)	통문	1	1691년
만사	33	미상	기타	34	미상
시문	26	1555~1848년(미상: 19)	소계: 875/ 합계: 1375건		

법률 문서는 13종으로 다양하며, 500건에 달하는 방대한 양이다(〈표 4〉 참조). 그중 가장 많은 것은 토지 매매 후 작성하는 토지 문기류로, 15세기 말부터 20세기 초까지 걸쳐 있다. 이를 통해 이 가문의 경제력 변화 등을 규명할 수 있다. 다음이 본고에서 다룰 소지류이며, 교서와 교지류로 관직 등 가문의 정치적 위상을 가늠할 수 있다. 가장 중요한 문서는 분재기分財記로, 1429년(세종 11년)~1731년(영조 7년)까지 연속되는 45건이 있다. 이를 통해 가족이 조선초기에는 다양성을 띠다가 점차 종법의 확산에 따라 일원화되어 가는 과정을 재산 상속의 변화와 함께 추적할 수 있을 것이다. 그리고 15세기의 입안立案과 호구단자 등 소중한 자료가 소장되어 있다.

〈표 4〉 후조당 소장 법률 고문서의 종류별 현황

종류	건수(%)	연도	종류	건수	연도
토지 문기류	181/36.2	1487~1909년	노비문기류	3	1544~1795년
소지류	123/24.6	1657~1905년	노비천안	3	1723년, 미상
교서와 교지류	84/16.8	1481~1893년	고음侉音	2	1861년, 정해
분재기류	47/9.4	1429~1731년	완문	2	1854년, 1861

| 호구단자* | 46/9.2 | 1585~1897년 | 완의·수표 | 각 1 | 1834년, 1788년 |
| 입안 | 7 | 1480~1768년 | 기타: 19건(3.8)/ 소계: 500건(100) |

* 1333년 김지의 호구단자(전사문서) 제외

그리고 소지는 아니지만 권리 관계를 확정하거나 관에 호소하는 문서로는 완의完議와 입안 7건 등 13건이 있다. 다짐侤音 2건은 모두 산송에서 패소한 자가 이굴移掘을 약속한 것이며(1861년*, 정해년)12), 수표는 낙천향사洛川鄉社에 토지를 희사하면서 묘위토 등은 배제한 문서이다(1788년). 완문完文은 관에서 낙천향사의 하예下隸에게 부세를 줄이는 것을 허용하는 것이며(1854년*, 1861년*), 완의는 태자산회중太慈山會中 구성원 31명이 새로 마련한 선영에 함부로 장사지내지 말 것을 합의한 문서(1834년*)이다(〈부록 II-2〉, 〈3〉 참조).13) 그리고 계후입안繼後立案 4건과 결송입안 3건, 총 7건의 입안이 소장되어 있는데, 그것은 〈표 5〉와 같다. 이미 소개된 것도 있고 해서 본고에서는 다루지 않는다.14)

〈표 5〉 후조당 소장 입안 현황

연도	작성자	신청자	내용	출전(영/정)
1480년: 성종 11	예조	김효로	계후	123/13~14
1483년: 성종 14	사헌부	김효로	계후	124侤音125/14~15
1517년: 중종12	안동부	김효로	결송: 노비 상속	128-131/16~18
1627년: 인조 5	예조	김광계	계후	126/15~16
1660년: 현종 1	예조	김석렴	계후	127/16
17세기	행부윤겸검판관	만강	결송: 노비 상속	132~135/18~22
1768년: 영조44	안동부	김약용	결송: 토지 분쟁	136~139/22~23

12) 연도 다음의 '*'는 추정 연도이다.
13) 본고에서는 직접 다루지 않고 관련된 곳에서 부분적으로 검토한다.
14) 1517년과 1768년의 결송입안은 정긍식, 심희기가 소개했다.

2) 소지류의 특징

소지류는 1657~1905년까지 123건으로 전체의 9%, 법률 문서의 25%를 차지한다(〈부록 II-1〉 참조).15) 그중 소송 절차 등에서 부수적으로 작성된 문서가 4건 있는데, 고목告目과 초사招辭(1657년, § 80), 초사(1692년, § 85), 다짐(1855년, § 35), 관의 제사題辭(1861년, § 77)이며, 고소장(1897년, § 62)도 1건 있다.16) 그리고 불망기不忘記가 첨부된 소지도 있다(1709년, § 9). 123건의 소지류 종류는 소지가 31건/25%, 등장이 11건/9%, 상서가 76건/62%로, 기타가 5건/4%이며, 상서가 대부분을 차지한다. 그리고 소지 중에는 발괄이 1건(1703년, § 120), 의송이 3건(1807년, § 94/1820년, § 99/1866년, § 91), 입지가 2건(1773년, § 116/ 1829년, § 115) 있다.

작성 시기를 분명히 알 수 없는 5건을 제외한 118건의 소지류 작성 시기는 17세기 13건/11%, 18세기가 10건/8%, 19세기 전반이 37건/31%, 19세기 후반이 58건/49%으로, 마지막이 절반을 차지하는데, 시기별 종류의 분포는 〈표 6〉에서 볼 수 있다.

〈표 6〉 시기별 종류(건/%)

	상서	소지	등장	전체
17세기	5/38.5	4/30.8	4/30.8	13/11.0
18세기	5/50.0	3/30.0	2/20.0	10/ 8.5
19세기 전	18/48.6	15/40.6	4/10.8	37/31.4
19세기 후	48/82.8	9/17.3	1/ 2.0	58/49.2
계	76/64.4	31/26.3	11/9.3	118

상서가 압도적으로 많고 지속적으로 증가하는 점이 큰 특징이다. 또한

---

15) 인용은 〈부록 II-1: 상서와 소지〉의 연도와 부록의 일련번호(§)로 한다.
16) 이 5건은 분석에서 제외한다.

등장 비율이 경상도 전체에 비해 소지보다 상대적으로 높고 이에 따라 소지 비율이 낮은 점도 특징의 하나이다. 상서가 후대로 올수록 증가하고 등장은 감소하며, 일반적 명칭인 소지는 19세기 후반에 급속히 감소해 소지류가 상서로 통일되는 현상을 보이고 있다. 이는 분쟁이 개인적인 것을 넘어서 가문의 위상을 둘러싸고 집단적인 것, 그리하여 수령의 관심 내지 자비를 촉구하는 것으로 변하는 현상을 반영하고 있다.

① 민원의 내용별 특징

민원의 내용을 '㉮ 토지 쟁송, ㉯ 토지 도매, ㉰ 권리 확보, ㉱ 공공성, ㉲ 부세, ㉳ 조상 현양 ㉴ 산송' 등으로 구분해 시기별 추이를 살펴본 것이 〈표 7〉이다. 10건(8.5%)에 불과한 개인 민원(㉮-㉰)은 전시기에 비교적 고르게 분포되어 있으며, '㉳ 조상 현양'이 18%, '㉴ 산송'이 64%로 전체의 82%를 차지하며 19세기에 집중되고 있다. 조상 현양은 19세기 후반에는 줄어드는데, 이 현상은 조상 현양이 19세기 전반에 어느 정도 달성되었으며 이후 조상의 묘역을 침탈하려는 위협에 맞서 산송에 주력했기 때문으로 보인다.

〈표 7〉 민원의 시기별 내용

	㉮	㉯	㉰	㉱	㉲	㉳	㉴	전체
17세기	2		2			5	4	13
18세기			1		1		8	10
19세기 전		2	1	2	4	12	16	37
19세기 후		2			4	4	48	58
계 비율(%)	2 1.7	4 3.4	4 3.4	2 1.7	9 7.6	21 17.8	76 64.4	118

이를 좀 더 자세히 소지 종류별로 세분해보면 〈표 8〉과 같다. 상서는 대부분 19세기에 '㉳ 조상 현양'과 '㉴ 산송'에 집중되어 있으며, 등장은

전부 조상과 직간접적으로 관련된 것이고, 소지 역시 후대로 올수록 이와 관련된 것이 늘어난다. 또 조상 묘지의 도매나 위토位土에 대한 면세와 관련된 상서가 있어 상서는 등장과 마찬가지로 거의 전부가 조상 현양과 관련된 것이다.

〈표 8〉 민원의 시기별 종류별 내용

	상서(76)					소지(31)							등장(11)	
	나	라	마	바	사	가	나	다	라	마	바	사	바	사
17세기[13]				5		2		2						4
18세기[10]					5			1		1		1		2
19세기 전[37]	1	1	1	10	5		1	1	1	3	1	8	1	3
19세기 후[58]			4	4	40		2					7		1
계	1	1	5	19	50	2	3	4	1	4	1	16	1	10

이 가문에 소장된 소지는 조선후기의 상황을 반영해 대부분은 수령이나 관찰사에게 조상을 현양하기 위한 조처를 요구하거나 산송과 관련해 투장 등 묘역을 침해한 자에 대해 이굴을 청구하는 것이다. 즉 이 가문에서 18세기 이후 법 생활의 대부분은 토지 소유권의 보장 등 개인적 권익을 수호하기 위한 것이 아니라 향촌 사회에서 가문의 위상을 지키기 위한 조상 현양과 묘역 수호를 위한 집단적 움직임이었다.

② 참가 인원별 특징

소지를 제출할 때 인원 제한은 없었는데, 대개 여러 명이 올리는 소지를 '등장'이라고 했다. 인원을 정확히 파악할 수 있는 소지류는 111건이며, 참가한 총인원은 4,207명, 평균 37.6명이다. 참가 인원은 1~231명인데 7개 구간으로 나누어 각 특징을 살펴보자.

먼저 시기별 참가 인원의 추이를 살펴보자(〈표 9〉). 19세기로 갈수록

〈표 9〉 시기별 참가 인원(건/%)

명	17세기 (12)	18세기 (10)	19세기 전 (35)	19세기 후 (55)	전체(112)
1	3	2	5	2	12/10.7
2			2	19	21/18.7
3~9			6	3	9/ 8.0
10~19			4	16	20/17.9
20~49	3	2	5	5	15/13.4
50~99	6	6	9	4	25/22.3
100~			4	6	10/ 8.9
총원/ 평균 인원	496/ 41.3	439/ 43.9	1,653/ 47.2	1,619/ 29.4	4,207/ 37.6

참가 인원이 늘어나고 있으며, 또 50명 이상 대규모로 참여하는 것이 늘어나고 있다. 그리고 19세기 후반에는 제출 횟수가 늘어나고 참가 인원은 줄어든다. 특히 17~18세기는 20~99명이 70% 이상을 차지하는데, 민원 대상에 따라 참가자가 확연히 구분되는 모습을 보이고 있다. 위에서 본 것처럼 이것은 19세기로 갈수록 민원의 성격이 개인적인 것보다는 조상 현양 등 가문과 관련된 것이 주 대상이 됨에 따라 집단적으로 호소하는 방식으로 변한 것을 반영하고 있다.

한두 명이 제출하는 것과 50명 이상이 연명으로 제출하는 것의 비율이 각각 약 30% 정도로 비슷한데, 집단으로 민원을 해결하는 경향이 강했던 것을 반영하고 있다. 즉 개인적 분쟁이 줄어들고, 조상 현양과 산송 등 집단적 분쟁이 대부분을 차지했음을 보여준다.

다음으로 종류별 참가 인원을 살펴보자(〈표 10〉). 상서는 2~231명으로 평균 47명, 소지는 1~88명으로 평균 8명, 등장은 2~68명으로 평균 43명이다.

〈표 10〉 종류별 참가 인원(건/%)

명	상서(74건)	소지(27건)	등장(11건)	전체(112)
1		12		12/10.7
2	12	8	1	21/18.7
3~9	5	4		9/ 8.0
10~19	18		2	20/17.9
20~49	13	1	1	15/13.4
50~99	16	2	7	25/22.3
100~	10			10/ 8.9
총원/ 평균 인원	3505/ 47.4	222/ 8.2	480/ 43.6	4,207/ 37.6

상서와 등장은 참가 인원에 큰 차이가 없고, 또 소지도 20명 이상이 제출한 것이 있어 명칭만 달리할 뿐 사실상 같은 종류 내지 형식이라고 할 수 있다. 상서가 주류를 이루고 있는데, 상서는 혼자 올리는 경우도 있지만 대부분 조상 현양과 묘역 수호를 위해 집단으로 올리는 것이 효과적이었을 것이다. 그리하여 최고 231명까지 연명으로 올리는 상서나 소지가 있는 것이다.

종류에 따라 시기별로 참가 인원의 추이는 〈표 11〉과 〈그림 2〉에서 알 수 있다.

〈표 11〉 종류별 시기별 참가 인원(건, 총원, 평균)

명	상서(74건)	소지(27건)	등장(11건)	전체(112)
17세기	5[289/57.8]	3[3/ 1.0]	4[204/51]	12[496/41.3]
18세기	5[287/57.4]	3[34/11.3]	2[118/59]	10[439/43.9]
19세기 전	18[1326/73.7]	13[171/13.2]	4[156/39]	35[1653/47.2]
19세기 후	46[1603/34.8]	8[14/ 1.8]	1[2/ 2]	55[1619/29.4]
총원/ 평균 인원	3505/ 47.4	222/ 8.2	480/ 43.6	4,207/ 37.6

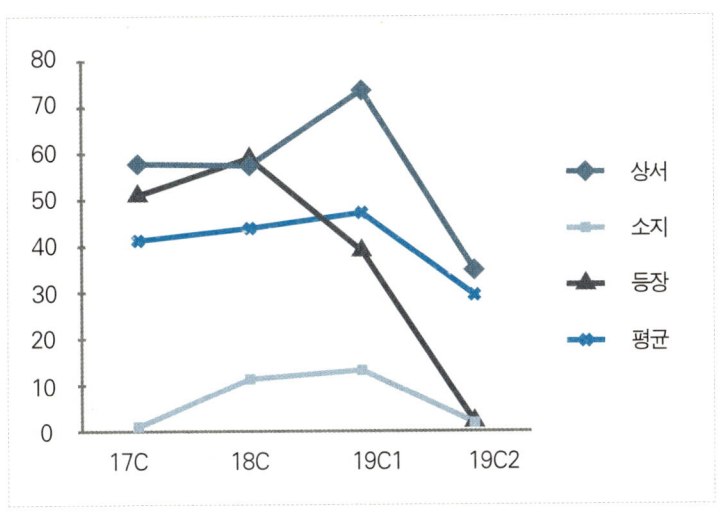

〈그림 2〉 종류별 시기별 참가 인원 추이

전체로는 19세기로 갈수록 참가 인원이 늘고 있으며, 19세기 후반에는 빈도가 늘면서 평균 인원은 감소했다. 그리고 상서는 항상 평균 이상이었고, 등장은 참가 인원이 지속적으로 감소하고 있는데, 등장이 상서에 흡수되는 모습을 보여준다. 소지는 18세기를 경계로 급증하는데, 18세기부터는 소지조차도 개인 민원 해결보다는 집단 민원 해결로 대상이 바뀌는 것을 볼 수 있다. 따라서 참가 인원의 추이에서도 역시 민원 해결 방안이 사실상 상서로 통합되는 모습을 볼 수 있다.

이어 민원 내용별 참가 인원을 '㉮ 토지 쟁송, ㉯ 토지 도매, ㉰ 권리 확보, ㉱ 공공성, ㉲ 부세, ㉳ 조상 현양 ㉴ 산송'으로 구분해 살펴보자 (〈표 12〉).

〈표 12〉 내용별 참가 인원

명	㉮	㉯	㉰	㉱	㉲	㉳	㉴
1	2	2			2	1	5

2				1	5	2	13
3~9			1		1	2	5
10~19			1			2	17
20~49		1				5	9
50~99				2		7	16
100~						2	8
계	2	3	2	3	8	21	73
총원/평균	2/1	34/11.3	22/11.0	171/57	19/2.4	1160/55.2	2798/38.3

두드러지는 현상은 산송과 조상 현양 두 부분이다. 이의 총 참가 인원은 3,958명, 평균 참가 인원은 42.1명으로 전체의 94%를 차지하고 있다. 공공성도 평균 57명으로 높지만 도로의 수보와 관련해 단 2회에 다수가 참가했기 때문에 나타난 현상이다. 가장 적은 것은 토지 쟁송이며, 다음은 부세로 각각 1명, 2.4명이다. 결국 개인 민원과 집단 민원은 참가 인원에서 극단적 차이를 보이고 있다. ㉯ 토지 도매, ㉰ 권리 확보조차도 개인적인 것이 아닌 문중 향사鄕社의 토지와 관련된 것으로 집단적 성격을 보이고 있다.

4 소지의 내용별 분석

여기서는 개인 민원과 집단 민원으로 구분해 관에 호소하는 방식을 추출해 법감정을 살피려고 한다. 개인 민원에는 '㉮ 토지 쟁송, ㉯ 토지 도매, ㉰ 권리 확보, ㉱ 부세'를, 집단 민원에는 '㉲ 공공성, ㉳ 조상 현양, ㉴ 산송'을 포함할 수 있는데, 내용적으로는 양자가 뒤섞여 있어 획일적 구분은 어렵지만 대표적 사건을 추려 민원의 특성에 따른 호소 전략과 법감정을 살펴보기로 하자.

1) 권리 수호

(1) 토지 쟁송

이에는 1657년(효종 8년)에 유학 김렴의 노 응남이 올린 소지 2건과 이와 관련된 초사 1건이 있다(§ 77~80). 전장을 관리하던 노가 도망쳐 땅이 묵게 되었는데, 갑술년[1634년]에 양전 시 거주자인 윤숭해, 정언부 등이 무주지라 해 자기들 명의로 입록入錄했다. 김렴은 상장喪葬 등으로 추심하지 못하다가 1656년에 추심했고 1657년 6월에 제소했는데, 농사철이어서 10월에 노를 보내 조사했고, 12월에 소지를 올렸다.

김렴은 즉시 추심하지 못한 당시의 상황과 피고인 윤숭해, 정언부가 자백한 사실 등 객관적 내용을 중심으로 호소했다. 그리고 소지 말미에는 그들이 간사한 무리相締結反覆巧詐之狀이므로 법에 따라 처리할 것을 당부했다依法治斜給爲只爲. 관련자인 이철금도 초사에서 김렴의 소유이므로 법에 따라 추심함이 당연하며, 향후 다시 분쟁이 발생하면 법에 따라 처치할 것을 다짐했다. 윤숭희 역시 무주전임을 이유로 자기 명의로 등재한 사실을 인정했다.

개인 간 분쟁으로 피고가 쉽게 원고의 주장을 인정해 간단하게 해결되었으며, 원고 김렴은 피고가 간사한 사람이며 법에 따라 처리할 것을 주장했다.

(2) 토지 도매

이것은 1829년(순조 29년)에 김제녕 등 종인 97명이 도매盜賣한 묘위전을 추심하기 위한 상서였다(§ 89). 족인 김인교, 김수교 등이 8~9세 동안 내려온 조상의 묘위전을 도매하거나 무단으로 경작했다. 김제녕 등은 먼저 같은 종인들과 소송하는 불행과 함께 이 때문에 느끼는 부끄러움을 호소했다伏以 民等不幸遭此骨肉之訟 將履君子之庭 先有恧怩之顏. 이어 무식한 무리인 김인교 등은 본손本孫들의 보이지 않는 도움을 받아 침탈했는데, 같은 족인이기 때문에 그냥 두었지만 반성하기는커녕 갈수록 패악悖惡해져 어쩔 수 없이 호소하게 되었음을 밝혔다. 그런데 김수교 등은 권호동과 공모해 묘지를 매수했다고 주장했다. 이에 대해 김제녕 등은 10세의 위토를 팔아버리는 법은 없으며, 설사 그렇게 하려 해도 반드시 종손이 주재하고 문장門長과 상의해 여러 족인이 모두 모여 문서를 작성하는 등 신중하게 하는 것이 도리인데, 권호동이 매득한 사실은 문장과 종손은 물론 여러 족인도 모르는 사실이라고 주장했다. 또 김인교 등은 문기도 없고 증필證筆도 갖추지 못했으며, 위토位土를 훔쳐 팔아버리려는 그들은 짐승 같아 책망하기에도 부족하다고 비난했다. 수령에게는 4~5세의 위토를 빼앗기는 것은 어진이가 반드시 불쌍히 여기는 것이니, 자세히 조사해 패려悖戾한 후손의 탐학한 죄를 징치하고 조상 묘소에 향화가 계속될 수 있도록 해달라고 호소하며 그것은 수령만이 할 수 있는 것임을 강조했다.

안동부사는 권호동과 김인교 등을 출정시켜 대질심문을 한 후 이렇게 결정했다. 즉 전답송은 증거인 문기에 따라 처리해야 하는데, 김인교 등은 무고 받았다고 주장하지만 여러 종족과 상의하지 않고 팔려고 한 것은 이상하며, 대질할 때 제대로 답변하지 못했으며 본문기도 종손에게 있다고 답변했다는 것이다. 안동부사는 매매한 증거도 없고 피고 김인교 등이 답변도 제대로 하지 못했기 때문에 원고 김제녕 등에게 승소 판결을 내렸다.

이 사건은 증거와 당시 관행에 따라 해결되었는데, 김제녕 등은 처음에는 번거롭게 소지를 올리는 데 대해 미안함을 그리고 그들의 권리가 선조 때의 관찰사공 김연부터 8~9세까지 이어짐을 강조하고 피고의 패륜성을 강조하면서 그들의 원억을 풀어줄 수 있는 사람은 수령뿐임을 거듭 호소했다. 이 사건은 피고가 따로 대응하지 않아 비교적 쉽게 해결되었다.

1898년(광무 2년)에 김정옥, 김양좌는 그동안 수호守護한 묘역을 후손들이 못나 침탈당했는데, 경작자를 조사하니 상대는 매입했다고 주장했다. 김정옥 등은 매입했으면 문기가 있어야 하는데, 본문기는 없고 신문기 1장만 있는 것은 침탈한 것이 분명하다고 주장하며 선영을 수호할 수 있도록 해달라고 호소했다(§ 92).

토지 도매는 문기의 수수授受와 구문기의 이전移轉으로 소유권이 이전되는 관행적 질서에 따라 문기의 존부存否 등을 근거로 해결했다. 그러나 여기서도 권리의 내력은 조상으로부터 전해온다는 '역사성'을 먼저 내세우고 권리 주장을 뒷받침할 객관적 사실에 호소했다. 나아가 호소하는 사람의 억울함과 상대방의 간사함을 강조하고, 이 억울함을 해소할 수 있는 관원의 역할을 중시하는 등의 전략을 통해 접근했다.

(3) 권리 확보

1693년(숙종 19년)에 호군 김갱 등은 선조의 묘산을 산직山直 명의로 현록懸錄했는데, 인심이 예와 같지 않아 뒤탈을 염려해 소유권을 확인하는 입지를 안동부에 요청했다(§ 112). 같은 해 김순의는 주민들이 6대조와 고조의 묘소를 침범하기 때문에 사산四山을 수호할 수 있도록 관에서 엄명을 내려줄 것을 요청했다(§ 118). 관노 영암 등 32명은 빈한한 가운데 자금을 모아 토지를 매득한 후 분쟁을 예방하기 위해 예안현에 입지를 요청했다(계사[1773년], § 116). 1829년(순조 29년)에 김제겸은 자식 없이 죽은 종숙 김홍교가 홍수가 난 다음에 이사한 곳의 입지를 보관하고 있다가 화재로 소실했는데, 증거 문서가 없으면 타인에게 탈취당할 우려가 있기 때문에 입지를 사리에 따라論理題下 재발급해 폐단 없이 금양禁養할 수 있도록 요청했다(§ 115).

박창대가 처를 암장하고 이굴을 다짐했지만 계속 미루다가 산지를 실측한 후 패소하고 6월까지 이장을 다짐했으며 만약 이를 어기면 처벌을 받겠다는 다짐을 제출했으며, 이 다짐을 갖고 관의 제사를 받았다(신유 [1861년], 다짐 2: § 77).

향후 발생할지도 모를 분쟁을 예방하기 위해 입지의 발급을 청원한 경우에는 대상물에 대한 권리 등을 주장하는 상대방이 없기 때문에 신청자는 사실관계만 간명하게 주장하는 등 여기서는 감정에 호소하는 등의 특별한 전략은 드러나고 있지 않다. 다만 본인이 권리자가 아닌 경우(§ 115)에는 특수한 사정을 밝혔다.

2) 공공성과 부세
(1) 공공성

1817년(순조 17년) 2월에 김행교, 금태렬 등 9명이 예안에서 안동으로 통하는 옛길을 수리해 이용할 수 있도록 해줄 것을 안동부에 청원했다. 수백 년 동안 거주해오고 있는데, 다리가 낡아 도로를 옮겼지만 마을이 도로 곁에 있어 황폐해지는 폐단이 발생했고, 옛길이 주맥主脈을 끊는다는 풍수설은 믿을 것이 못 되며, 도로 보수는 두 읍 주민의 희망으로, 그렇게 되면 공사公私가 모두 편하게 될 것이고 청원했다. 그리고 관에서 우려하는 다리의 건설비용은 줄일 수 있으며, 방법은 주민들이 상의할 예정임을 밝혔다. 또한 도로 수선은 관청의 일로 정사政事의 하나이니 성주는 민원에 부응하기를 희망했다(§ 111). 3월에 다시 김도홍, 안세익 등 15명이 안동부에 청원했는데(§ 112), 내용은 앞과 거의 같다.

도로 수선은 개인의 권익이 아니라 마을 주민 전체의 이익과 관련되고 또 직접적으로 이해관계가 상반되는 집단이 없기 때문에 도로 수선의 필요성을 언급하면서 그것은 관에서 담당해야 한다고 주장했다. 그리고 비용 문제 등도 언급해 관의 부담을 줄이려고 했다. 도로 보수는 관의 의무임을 주장하면서 비용 감면을 언급하는 전략을 활용했는데, 결과는 알 수 없다.

(2) 환곡과 부세

1703년(숙종 29년)에 김순의는 관에 환곡을 요청했다(§ 120). 그는 이재理財에 어두운 자기 처지와 연이은 흉년을 언급하면서 가난은 선비가 항상 겪는 것으로 개의할 바가 아니라면서도 83세의 노모를 모시는 처지와 주위에 도와줄 사람이 없음을 호소했다. 그리고 이미 성주의 특별한 은혜를 입었지만 그것만으로는 부족하니 다시 한 번 은혜를 베풀어주기를 바라며, 은혜는 갚을 수 없을 정도임을 호소했다. 그러나 그의 간절한 호소에도 불구하고 다시 환곡을 받지는 못했다. 김순의는 환곡을 요청하면서 선비로서 평소의 자세와 불우한 처지를 호소하면서 노모봉양이라는 효를 강조하고 수령의 은혜를 칭송하는 일방적 입장을 택했다.

1820년(순조 20년)에 김시진, 윤경, 이능하, 신사묵 등 8명이 마을에 부과된 환총還摠이 과다하므로 이의 감급을 관찰사에게 청원했다(§ 99). 먼저 관찰사의 처분이 잘못된 것이라고 비난하지 않고 애민愛民의 충정에서 나온 것이라고 칭송하면서도 감급을 호소하는 것이 어쩔 수 없는 일임을 강조했다. 그리고 마을의 상황을 자세히 설명해 세금 부과가 과도함을 증명하려고 노력했다. 나아가 감급하지 않으면 백성은 흩어지게 될 것이지만 감급하면 살게 될 것이며, 이는 백세 동안 칭송받을 미사라고 강온 양면으로 관찰사를 압박했다. 그러나 즉답이 없자 다시 청원했다(§ 98). 이전의 청원을 일단 접수한 것에 대해 감사한 후 부과된 환총이 마을의 실정에 비추어 과다함을 다시 호소했다. 그리고 백성의 폐단을 없애는 것은 관찰사의 임무이며, 관인은 이를 해야 하고 또 할 수 있음을 강조했다. 나아가 이 호소가 위험을 무릅쓰고 하는 것이며, 만약 받아들여지지 않으면 비변사에, 그리고 임금에게까지 상소할 것이라고 결연한 모습을 보였다. 그러고도 환총이 감급되지 않으면 노인은 죽고 젊은이들은 사방으로 흩어져 아예 마을이 사라져버리게 될 비극을 맞이할 것이라며 더 강하게 압박했다. 그러면서 후대 사람들은 예안현이 없어지게 된 것을 지금 관찰사의 잘못 때문으로 기억할 것이니 본인에게 수치가 될 것이라고 일종의 협박을 하면서도 지금 구휼하면 사라지게 될 예안을 살린 관찰사로 백세에 칭송될 것이라고 은근히 종용했다. 또 서리에 불과한 전한前漢의 급암汲黯, 가맹견賈孟堅 등이 백성을 안정시킨 치적을 들어 그들보다 더 높은 지위에 있는 관찰사의 결단을 요구했다. 그리고 이어 예안현 주민의 생사는 관찰사에게 달려 있고, 살리는 것은 국가에도 큰 공헌이 됨을 호소했다. 그리고 마지막으로 이것이 마을 전체의 뜻임을 강조했다.

이처럼 환총의 감급을 호소하면서 칭송과 위협이라는 두 가지 상반된 전략을 구사했다. 일단 마을의 곤궁함을 호소해 관찰사의 동정을 유발하고, 이어 관찰사의 처분을 칭송하고 백성이 살게 되고 마을이 보존되는 것은 관찰사 처분에 달려있으며, 이는 후대에도 칭송될 것임을 강조했다. 그러면서도 감급을 허용하지 않으면 국왕에게까지 상언하겠다고 위협했으며, 나아가 관찰사가 마을이 사라지게 한 자로 역사에 기록될 것이라고 경고했다. 또 역사적 전거를 들어 감급의 타당성을 제시하면서 역사적 인물을 서리에 불과한 자라고 해 관찰사의 자존심까지 건드리는 전략을 구사했고, 그러면서도 관찰사의 자비와 인정에 호소했다. 감정에 호소하고 국왕까지 들어 협박하고 또 역사까지 언급한 이러한 전략이 통했는지 관찰사는 감축할 의사를 표시했다.

1829년(순조 29년)에 김의유 등은 홍수로 묘위답이 유실되자 면세를 요청했다(§ 100). 홍수 피해가 심해 묘위토가 흔적도 없이 사라져 이전 수령이 황무지로 면세를 결정했는데도 억울하게 세금이 다시 부과되었으며, 이 억울함을 풀 사람은 수령뿐임을 호소했다. 수령은 이전의 결정에 따라 면세를 승인했다.

1841년(헌종 7년)에 김두상은 호노戶奴의 군역을 탈하해줄 것을 요청했다(§ 101). 그는 가사가 바쁘며 또 300년 동안 세거하는 동안 요즘처럼 이렇게 침탈된 적은 없으며 선조가 읍에 공덕이 있으면 우대하는 것이 이 읍의 관례이므로 이에 따라 탈하를 요청했다. 그는 역사성과 선조의 공덕을 근거로 요청했지만 거부되었다.

1860년(철종 11년)에 김이유 등 2명은 서리들이 속오군으로 4명을 더 배정한 것을 바로잡을 것을 청원했다(§ 104). 먼저 서리들의 간사함과 자문尺文의 내용을 언급했다. 서리들의 농간으로 폐가 심하며 이를 바로잡지 않으면 10세 동안 세거한 마을을 보존할 방법이 없게 되어 호소가 부득이 함을 변명했다. 수령은 서리들을 징치할 것을 일단 약속했지만 김면교 등 2명은 다시 호소했다(§ 105). 먼저 속오군을 배정하는 것은 국가의 중대한 일로 제도는 충실했지만 법이 오래되면 폐단이 생기기 마련이고, 서리들이 농간을 부리는 것은 속오군의 배정에서 가장 심하다고 했다. 원래보다 3~14명이 더 배정되었는데, 이들은 죽거나 도망간 자로, 오래 된 것은 100년이나 되었으며 친척의 성명을 분별하지 않았기 때문이다. 그러한 사정이 엄청나게 많고 또 서리들이 이를 감추기 위해 면장面掌과 이임里任을 가두었다는 것을 강조했다. 속오군이 중요하지만 근거 없이 배정하면 사람들이 도망가 10세 동안 세거한 마을이 사라질 것이라고 청원했다. 그러나 수령은 이를 허용하지 않자 김순교 등 2명은 또 다시 청원했다(§ 106). 수령의 기세에 눌렸는지 이때는 단순히 사실만 나열했다. 결국 청원이 수용되어 감면을 받았다.

1863년(철종 14년)에는 1860년의 처분에도 불구하고 속오군이 또 더 많이 배정되어 김이유 등 2명은 속오군 배정을 줄여줄 것을 청원했다(§ 107). 이들은 1860년의 사정을 되풀이해 이전 성주의 결단으로 면제받았음을 알렸다. 그런데 이번에는 무려 23명이 배정되었는데, 이 역시 서리의 농간으로 이는 윗사람을 무고하고 아랫사람을 좀먹는 것이라고 비난했다. 또 23명이 합당하더라도 현재에는 근거가 없으며 1860년과 같이 그렇게 되면 마을이 피폐해질 것이라고 호소했다. 그렇지만 수령은 이를 거부했다.

부세와 관련해서는 실무 담당 서리들이 비리를 저지른 것을 비난하고 감독자인 수령을 직접 비난하지는 않았다. 마지막으로 부세의 부담 때문에 10세 동안 세거한 마을이 사라질 것이라는 역사성을 강조했다. 그러나 수령을 직접 비난하거나 칭송하지는 않았으며, 또 일방적으로 자비에 호소하지 않는 등 비교적 객관적인 모습을 보였다.

3) 조상 현양

이 가문은 문과에 합격해 관찰사를 역임한 김연부터 홍기해 김부필, 김해, 김광렴 등의 인물을 낳았다. 이들을 위한 사우의 건립과 유지, 추증과 시호의 하사 등 조상 현양은 지역 사회에서 가문의 위상을 높이는 데서 핵심적인 것이었다.

(1) 사우 건립

1691년(숙종 17년) 8월에 김연의 부인 김효로를 모시기 위한 사우를 건립하는데 필요한 연정烟丁의 제급題給을 김상 등 62명과 금만춘 등 8명 모두 70명이 경상도관찰사에게 청원했다(§ 95). 마을에 서사書社가 있는 것은 상숙庠塾의 유제로 없앨 수 없으며 또 선비를 제사지내 드러내는 것은 오랜 풍속인데, 오천에 내외손이 세거한 지 6~7세가 되고 선비가 적지 않지만 사우가 없기 때문에 공부를 포기하는 것이 마을의 문제임을 호소했다. 중의에 따라 김효로를 위한 사우를 건립하지만 자력으로는 힘들기 때문에 청원함을 밝혔다. 퇴계 이황이 찬한 김효로의 묘갈명으로 필요성을 부각시켰다. 그리고 관찰사는 한 도의 교화를 책임지고 교화는 학문을 부흥시키는 것에서 시작하므로 관찰사가 관심을 가져야 함을 언급해 그의 책임을 강조했다. 마지막으로 관찰사 도움으로 사우를 완성하면 그 자체로 큰 은혜이며, 이를 오래 기억할 것이라고 칭송했다. 14일에 관찰사는 예안현에 가서 현감과 상의할 것이라는 제사를 내렸다. 9월에 김상 등은 다시 관찰사에게 청원했다(§ 96). 한 달이 채 지나지 않았기 때문에 번거로움을 피해 구체적 내용은 생략하고, 일의 성패는 오직 관찰사가 연정을 허용하는가에 달려 있음을 간곡히 호소했다. 관찰사는 5일에 한 마을의 공론에 따른 것이라며 군정의 배정을 허용했다.

그러나 사우가 완공되지 못해 1693년(숙종 19년) 6월에 김상과 금이철 등 61명은 군정의 지원을 예안현에 요청했다(§ 97). 앞서와 마찬가지로 이황에 기대 정당성을 주장했으며, 나아가 내외손인 한 마을의 3성이 200여 년 동안 이어지는 것은 김효로의 음덕陰德이므로 조상 추모는 후손의 도리이며 사우는 교화를 위한 교육의 장소라고 주장했다. 그리고 일손이 모자라 완성할 수 없기 때문에 부득이하게 군정의 지원을 요청하는 것은 일향의 공론임을 강조했다. 마지막으로 수령의 시혜를 영원히 잊지 않을 것이라고 칭송했다. 예안현감은 마을의 공론이지만 함부로 처리할 수 없으므로 관찰사와 상의하겠다는 제사를 내렸다. 7월에 49명이 다시 청원했다. 우선 번거롭게 청원하는 것에 대해 용서를 빌고, 관찰사와 상의하겠다는 결정에 대해 감사했다. 하지만 사태가 급박하기 때문에 다시 올리며 공론에 부응해 은혜로 살펴줄 것을 청원했다. 19일에 현감이 공론은 관가에서 마땅히 고려해야 하지만 군정의 허급은 함부로 할 수 없다고 거절하는 제사를 내렸다.

언제인지는 모르지만 이들의 노력이 결실을 거두어 사우가 완성되어 이황의 조부인 이계양과 김효로 그리고 김부필의 위패를 모셨으며, 사당 이름을 '향현사鄕賢祠'라고 했다. 향현사는 1786년(정조 10년)에 낙강으로 이전한 다음(1863년[철종 14년], § 109) '낙천경현사洛川景賢祠', '낙천향사', '낙천사'로 유지되었다.

그런데 이전한 낙강의 부지는 오천김씨 소유로 강변에 있어 수해의 피해를 많이 입는 지역이었다. 경자양안 후에 홍수로 무주지가 되었는데, 20년 전 하천에 사는 족인 김홍교가 입안을 받아 나무를 심는 등 관리하다가 자식 없이 사망하자 종질 김제겸이 가사를 주관하면서 부지까지 차지했다. 1829년(순조 29년)에 낙천향사 유생 김창교 등 49명17)은 김제겸을 상대로 부지의 소유권을 되찾으려고 했다(§ 90). 김창교 등은 김제겸을 다음과 같이 비난했다. 즉 하천下川의 족인은 멀리 살아 제대로 관리하지 않아 토지는 황무지와 마찬가지이며, 관리한다고 하지만 기껏해야 풀만 벨 뿐이지만 우리는 나무를 심는 등 수호를 하고 있다. 입지의 선후를 주장하지만 상천上川의 선성김씨 및 촌의 중인들과 결탁해 받은 것에 불과하다. 그리고 매매를 주장하지만 근거가 없는 것으로, 원래 본손의 것으로 본손이 나무를 심고 입안을 받아둔 것이다.

그리고 자신들의 정당성은 이렇게 제시했다. 즉 향사를 이전한 후에는 공의에 따라 처리했으며, 심은 나무를 베어간 그들을 달래기 위해 일손을 돕기도 했고 또 문중에서 토지를 매입하려고 했으나 아무런 효과가 없었다. 10여 년 전에는 김시진, 김수유 등은 이사하고 입지까지 받으려고 했으나 뜻을 이루지는 못했다. 도리대로라면 이 토지는 '사'가 아닌 '공', 즉 문중에 속해야 한다.

김창교 등은 선조를 모시는 향사가 있는 중요한 토지가 비리로 침탈되는 것을 내버려두는 것은 자손의 도리가 아니기 때문에 법에 따라 처리해 향사를 수호하고 분쟁을 막기 위해 이렇게 청원을 드리는 것이라고 호소했다.

---

17) 권씨가 2명, 금씨가 9명, 이씨가 1명, 정씨가 4명이며, 나머지는 모두 김씨이다.

수령은 다음과 같은 제사를 내렸다. 즉 입안에는 선후가 있으니 다툴 수 없는 것이며, 향사 보호는 가벼운 것이 아니다. 향사의 토지는 개인 소유지만 여러 선비의 청으로 허용할 수 있는 것인데, 마을의 평민들이 계稧를 맺어 소유한 물건으로 처리할 수 없다. 그러한 분쟁이 생긴 이유는 서로 다투면서 감정과 말이 격해진 탓일 것이다. 그리고 상천의 관에서도 같게 판단했으니 다시 이런 일이 없을 것이다. 이것으로 잘 달래 같은 마을 사람들이 다시는 다투는 일이 없도록 하라.

사우 건립을 위한 인력 배정은 권리의 주장이 아니라 관의 시혜를 바라는 일이었다. 그러기 위해서는 청원의 정당성을 확보해야 했다. 그래서 사우 건립은 특별한 것이 아니라 일반적이고 또 고제古制에 근거가 있음을 밝혀 정당성을 확보하고 이황의 권위를 빌어 이를 강화했다. 다시 한 도의 교화를 책임지는 관찰사의 임무를 강조했으며, 그의 은혜를 영구히 잊지 않을 것이라고 칭송했다. 이는 권리의 주장이 아니라 관의 시혜를 바라는 것이므로, 주체를 최대로 낮추고 관을 올리는 전술을 채택했다.

입안의 선후 등 증거에 따라 다투는 분쟁에서는 객관적 사실과 상대의 비리를 주장하고 있으며, 수령의 감정에 호소하는 등의 모습은 보이지 않는다. 다만 정당한 판단을 바라는 내용으로 글을 마무리했다. 정당한 권리를 주장할 때는 객관적 사실을 주장하고 부수적으로 수령의 감정에 호소할 뿐으로, 강한 권리 의식을 엿볼 수 있다.

(2) 김해 추증

이 가문에서는 1812~1813년에 세 차례 선조 김해의 추증을 호소했다. 1812년(순조 12년) 11월에 검열檢閱을 역임했고 증직이 수찬修撰인 선조 근시재 김해와 임흘任屹의 추증을 위해 예안 유학 이기순과 영주 유학 김성련 등 경상북도 20개 지역의 선비 231명이 관찰사에게 상서를 올렸다(§ 1). 먼저 일반론으로 충의의 중요성과 이를 표상하는 것은 국가의 의무인데, 아직 포상되지 못한 것에 대해 아쉬움을 표시했다. 이어 김해의 업적을 언급하면서 조부 김연과 회재 이언적, 부 김부필과 퇴계 이황의 관계를 언급하면서 두 선생으로부터 인정받은 인품을 설명했다. 그리고 호 '근시재'가 학문을 하는 방법에서 따온 것임을 밝혀 학문적 위상을 과시하고, 이어 임진왜란 당시 의병장으로 활동한 사실을 상세히 언급해 국가에 대한 '충'을 다했으니 당연히 국가에서 포상해야 함을 역설했다. 그리고 그동안 포상 받지 못한 것이 선생의 공이 작아서가 아니라 겸양으로 드러내지 않은 것에 연유함을 언급해 선생의 자질을 드높이고, 이는 후손들이 개탄하는 것이라고 했다.18) 마지막으로 포상 받지 못한 것이 200여 년이나 되었는데, 선비는 행동으로 '의義'만 실천하면 되고 이름이 드러나는 것에 대해 개의치 않아야 한다고 했다. 그러나 선조의 사적이 인멸되어 전해지지 않으면 도가 쇠퇴하고 있는 현재 상황이 더욱 나빠질 것이므로 도를 회복하기 위해서는 선조의 현양이 필요하기 때문에 임금의 은혜를 바란다는 위험을 무릅쓰고 공론에 따라 호소하며, 이 역시 관에서 마땅히 해야 할 일이라고 끝맺었다. 관찰사는 10일에 "충의지사가 잊히는 것은 있는 일이며 드러나지 않은 것은 개탄할 일이므로 적절히 처리할 것忠義之士 往往有泯 而不顯者 誠可慨歎 從當量處之向事"이라는 제사를 내렸다.

이듬해 1월에 이기순과 김성련 등 경상북도 11개 지역의 선비 170명이 암행어사에게 다시 청원했다(§ 2). 전년과 내용이 거의 비슷하지만 호 '근시재'에 대해서는 퇴계의 세거지인 도산에 가까이 산 것에 연유함을, 즉 퇴계와의 관련성을 강조했고, 또 "태극과 음양의 변, 심상이기의 설은 물론 천문, 역법, 지지, 병사, 사율 등에 관통하지 않은 것이 없으며, 이는

---

18) 이어서 임훌에 대한 내용이 있는데, 생략한다.

모두 '존양存養'을 위주로 한 것으로 퇴계의 '적전嫡傳'"이라며 김해의 학문을 자세히 언급해 '도'를 강조했다. 그리고 임진왜란 당시 의병장 활동 역시 나열하면서 그러한 사실의 증거로 재종제 계암 김령의 『용사기사龍蛇記事』를 제시했다. 그리고 조상들은 회재 이언적과 퇴계 이황의 가르침을 받았으며, 김령은 동계 정온의, 그리고 그의 아들 김광계는 한강 정구와 여헌 장현광의 제자임을 밝혀 김해만이 아닌 가문의 여럿이 학문적 교유가 넓고 수준이 높았고, 후손들도 병자호란이나 무신란 때 의병으로 활동한 일을 들어 김해의 충효가 대대로 이어짐을 강조했다. 끝으로 전년과 같은 내용으로 마무리했다. 암행어사는 이들의 호소를 긍정하면서 "충의의 선비가 포상 받지 못한 것은 국가의 잘못이지만 오래된 일이기 때문에 쉽게 처리할 수 없다"고 해 사실상 거부했다.

그해 5월에 진사 이상발, 유학 신정주와 임직곤 등 경상북도 11개 지역의 선비 98명이 암행어사에게 다시 청원했다(§3). 이번에는 전략을 바꾸어 일반론을 언급한 다음, 바로 포상하지 않는 것은 국가의 실수이며 백성이 억울해하는 것이라고 했다. 이어서 예안과 이황의 관련성을 강조하고 김연부터 이어져오는 성리학적 배경을 나열하고 김해의 학문과 임진왜란 당시 의병장으로 활동한 사실과 주위의 인물평과 후손들의 사적을 언급했다. 또 포상에서 빠진 자를 포상하는 것은 국가의 의무이며, 이 청원은 사정私情이 아닌 공론임을 호소했다. 암행어사의 임무는 이러한 사람을 찾아서 포상하는 것임을 강조하면서 마무리했다. 그러나 암행어사는 일반론으로는 수긍하면서도 역시 오래된 일이기 때문에 신중히 임금에게 계문할 것이라고 해 사실상 거부했다.

김해의 추증을 위해 세 차례 상서에 참여한 인원을 정리하면 〈표 13〉과 같다.

〈표 13〉 참가 인원

지역	순서			인원(명)			계	성씨			계
	①	②	③	①	②	③		①	②	③	
예안	1	1	1	78	74	52	302	8	5	8	37
안동	2	2		49	49			9	7		
영천	3	5		8	6		14	3	3		6
순흥	4	6		7	7		14	3	3		6
풍기	5	7		6	7		13	3	3		6
예천	6	3		5	8		13	2	4		6
용궁	7	4		8	6		14	2	3		5
대구	8		7	5		3	8	3		1	4
칠곡	9		4	6		6	12	5		1	6
성주	10			10			10	4			4
인동	11		6	6		8	14	3		4	7
선산	12		5	6		4	10	3		2	5
상주	13			2			2	2			2
의성	14			11			11	4			4
영해	15	10		6	4		10	4	2		6
경주	16		9	4		6	10	3		2	5
영천	17		11	5		6	11	3		3	6
영양	18	9		3			3	2			2
군위	19		3	3		6	9	2		2	4
진보	20	8		3	5		8	2	2		4
봉화		11			4		4		2		2
청송			8			4	4			1	1
의흥			10			3	3			3	3
합계	20	11	11	231	170	98	499	70	34	27	131

  제1차 상서에는 예안과 안동을 중심으로 20개 지역 70개 성씨의 231명이 참가했지만 갈수록 줄어들어 제2차에는 11개 지역 34개 성씨의 170명이, 제3차에는 11개 지역 27개 성씨의 98명이 참가했고, 특히 예안과

안동을 구분하지 않았다. 그리고 두 지역의 참가 인원이 각각 127명(55%), 123명(72%), 52명(53%)으로 대부분을 차지하고 있다. 특히 참가 지역이 제2차 이후 절반 가까이 줄어들었다. 처음에는 경상북도 일원의 지원을 받았지만 이후 점차 축소되었는데, 명분만으로는 다른 가문의 조상 현양에 적극적으로 나올 동기나 이익이 없었기 때문일 것이다.

(3) 김부필의 현양과 갈등

1816년(순조 16년) 8월 20일[병신]에 이휘정 등 436명이 김부필에게 시호를 하사할 것을 상소했고, 10월 6일[신사]에 예조에서는 정2품이 아닌 자에게 시호를 하사한 관례가 없으므로 증직만 할 것을 주청했다. 1817년(순조 17년) 9월 10일[신해]에 김이교는 위 예조의 의견을 근거로 정경正卿 직을 증직하는 것은 관례가 아니기 때문에 대신들과 논의할 것을 주청했다. 1822년(순조 22년) 1월 14일[경신]에 부응교 이언순이 증직과 시호를 내려줄 것을 상소했고, 3월 7일[임자]에 이조에서는 김이교와 같은 의견을 제시했다.[19] 결국 김부필은 1822년(순조 22년) 윤3월 25일[경자]에 이조판서를 증직받았으며, 1822년(순조 22년) 10월 19일[무인]에 시호로 '문순文純'을 받았다.[20]

후손들은 이에 만족하지 않고 제대로 된 의례까지 원했다. 1825년(순조 25년) 1월에 김제유는 후조당 김부필의 연시례延諡禮를 거행할 때 지패紙牌가 아니라 신주神主를 새롭게 제작할 것을 예조에 청원했다(§ 123). 연시례는 국가의 중대한 행사이며 또 영남 향중의 여론도 지패로 하는 것을 꺼리며 이전에 임금의 재가를 받은 사례가 있음을 들었다. 그리고 친진親盡해 매안埋安한 신주를 국가 허가 없이 사적으로 만드는 것 역시 잘못

---

[19] 이상 『승정원일기』 해당 일자.
[20] 이상 『순조실록』 해당 일자.

임을 호소했다. 예조에서는 이를 수긍하고 또 선례가 있을 뿐만 아니라 예를 강론하는 '공자와 맹자의 고향', 즉 안동의 정론에 따르도록 했다. 여기서는 예의 중요성에 비추어 함부로 만들 수 없는 사정과 관례와 지역의 여론을 근거로 했다.

1822년에 신산 끝에 김부필의 증직과 시호 문제가 일단락되었지만 그의 시호 '문순'이 스승인 퇴계 이황과 같은 것이 발단이 되어 두 가문 사이에 앙금이 생겼다. 먼저 이황의 후손들은 김부필의 세계世系와 그의 적손嫡孫에 대해 의문을 제기했다. 발단은 김부필의 조 김효로로부터 시작되었는데, 가계도는 〈그림 3〉과 같다.21)

〈그림 3〉 가계도

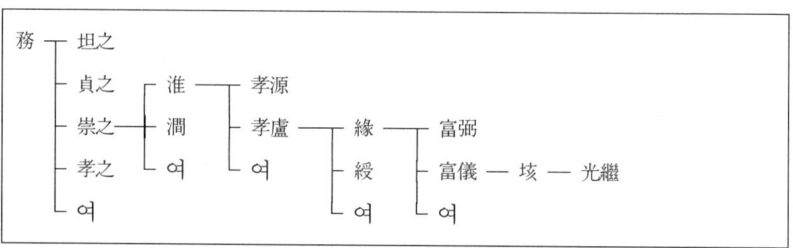

가문을 처음으로 일으킨 김무의 아들 효지는 자식이 없어 효지의 처 황씨는 종손자인 효로를 양자로 삼고 입안까지 받았다. 그러나 이는 '조카 항렬자를 양자로 삼는 법'에 위반되었지만 소급효를 부정해 인정되었다.22) 또 김효로의 장자 연의 장자, 즉 김효로의 종손인 김부필 역시 아들이 없어 당시의 법과 관례에 따르면 '형망제급兄亡弟及'에 따라 장자가 아니라 차자 부의가 가계를 이어야 했다. 그런데 김연의 처 조씨는 부의의 아들 해를 부필에게 입양시켰다. 이 역시 '장자나 독자는 입양할 수 없는

---

21) 문숙자, 앞의 글, 23~26쪽 참조.
22) 정긍식, 「朝鮮初期 祭祀承繼法制의 成立에 관한 硏究」(서울대 박사학위논문 1996년), 197쪽.

법'에 어긋나는 것이었다. 그러나 입후가 제도적으로는 완비되었지만 보편화되지 않은 당시에는 문제 되지 않았다.

퇴계와 같은 시호 '문순'에 반대했지만 좌절된 이구성 등은 시호를 하사한 근거가 허위임을 주장하고 또 '스승과 제자가 시호가 같을 수 없다師弟之不可同諡'며 계속 비난하고 이를 널리 퍼뜨렸다. 그리고 김부필의 시장諡狀 중에 '위사爲嗣'를 빌미로 종통宗統에 대한 문제를 제기했으며 또 족인 김정교 등을 사주해 김부필의 적손은 해가 아닌 다른 후손들로 이어진다고 주장했다.

1826년(순조 26년) 12월에 김양수 등 47명이 연명으로 이를 반박하는 상서를 예조에 올렸다(§ 8). 먼저 일반론으로 조상의 세계世系를 바꾸는 것은 사람으로 할 수 없는 일이라고 호소했다. 또 김정교 등은 어리석으며 이익만 좇는 사람이라고 비난했다. 적손을 사주해 선조를 비난하는 것은 하늘의 도리나 사람의 이치로 참을 수 없어 어쩔 수 없이 선계先系를 바로잡을 수밖에 없는 것이 후손의 도리임을 강조했다.

이어 양부와 생부를 모두 모시고 사후에 봉사한 당시의 상황과 자신들의 주장을 입증하는 증거를 제출했다. 즉 김연에게는 문순공 김부필과 생원 김부의가 있었는데, 김부필이 무후無後여서 김연의 처 조씨가 김부의의 아들 해를 수양해 가문을 잇게以鞠養之恩兼傳系之重했는데, 그에 대한 증거로 김부의의 별급別給 문서와 김부필의 전계傳系문서, '너는 중요한 종사를 이은 것이 명백하니 한결같이 공경해 종사를 받들라汝爲承宗重明白 一心敬承宗祀'를 제시했다. 그리고 퇴계가 손자 순도에 쓴 편지의 '후조당은 아들 해로 하여금後凋翁使其子垓'과 이덕홍의 '김해는 후조당의 아들이다金垓後凋之子' 등 사우師友의 언급을 증거로 제시했다.

나아가 생양가봉사生養家奉祀와 이에 따른 복제와 예제의 정당성을 제시했다. 김부의는 종사宗事를 고려해 '생부'로 자칭했지만 김부필은 동생의 제사가 끊기는 것을 불쌍히 여겨 김해가 종사를 잇도록 하고 자기는 '양부養父'로 종사를 이었으며, 김해는 김부필에 대해 심상心喪 3년을 치르고 양고兩考의 제사를 함께 모시며 4대를 봉사했다고 했는데, 이는 '양육'과 '전중傳重'의 정情과 도道를 겸한 것이라고 했다. 그리고 이의 예학적 근거로 한강, 여헌 그리고 퇴계의 언급을 들고, 근본을 둘로 하는 혐의는 있지만 천륜을 잃지 않았다고 주장했다.

그렇기 때문에 시장의 '위사' 두 글자로 후손을 바꿀 수 없음을 주장했다. 즉 김해는 김부필의 유훈에 따라 심상을 거행했으니 김부필은 종자이며 또 모의 명에 따라 양육했으니 김부필의 적자는 김해임이 분명하다. 더욱이 후손이 아닌 자가 시비를 하는 것은 선조를 무함하는 난륜이다. 또 김정교 등의 조상은 모두 김부필을 방조傍祖로 인정하지 않으며 본인도 그러하니 이는 천지가 용납하지 못하고 왕법이 반드시 죽여야 할 자이지만 이씨들의 사주를 받아 행동한 이들은 불쌍한 존재에 불과할 뿐이다.

이러한 사태는 가문의 큰 변고이며 또 태평성세에 용납하지 못할 일이므로, 예교禮敎를 관장하는 예조에서는 반드시 이를 징치해야 한다고 역설했다. 그리고 증거로 「후조당종계사실後凋堂宗系事實」을 별도로 첨부했는데, 여기에는 「가정 기미[1559년] 읍청공 별급한림공 노비문서把淸公別給翰林公奴婢文書」와 「융경 정묘[1567년] 후조전계 우한림공後凋傳系于翰林公」을 제시했고, 본문에서 언급한 예제의 근거로 여헌 장현광의 질문과 한강 정구의 답변을 '선현문답先賢問答'으로 인용했다.23) 13일 예조에서는 이들의 주장을 모두 수긍하고, 다음의 제사로 상소를 금지했다.

---

23) 이와 유사한 문서로 1830년의 '後彫堂金先生 宗系辨誣 明證'이 남아 있다(기록류 2: 760/463).

가전家傳 문적을 보니 이미 조씨 부인이 인륜을 정했으며, 양자 입장에서는 양부라고, 친자 입장에서는 생부라고 부른다. 계후를 하지 않았는데 양부라고 또 친자에게 생부라고 하는 이치는 없다. 퇴계 선생의 편지에도 부자라고 부른 것이 여럿 있다. 지금 사람이 인륜을 다해도 누가 퇴계 선생보다 앞서겠는가? 그러하니 김해가 문순공의 후사가 된 사실은 성인이 다시 나타나도 쉽게 바꿀 수 없는 일이다. 지금 시끄러운 소리는 모두 불합리한 것으로 저절로 사라질 것이니, 어찌 임금을 번거롭게 하는가?

여기서는 감정적 호소보다는 가전 문적과 당시 주위의 언급 등 증거와 주장을 논리적으로 정당화할 수 있는 근거를 제시하고 있다. 여기서도 분쟁 당사자들의 조상이며 가장 존경받고 있는 이황과 그의 제자들을 언급했으며, 복제와 예제 등을 치밀하게 제시했다. 그리고 이는 종계宗系와 관련되기 때문에 지방관이 아닌 최고의 결정 기관인 예조에 직접 상언했다. 그러나 예조에서는 이미 결정된 것으로 판단해 구체적인 처리 방침은 제시하지 않았다.

1826년(순조 26년) 12월에 향현사와 그 후신인 낙천사에 이황의 조부인 이계양과 김효로의 위패를 함께 모셨는데, 김부필은 제3위였다. 그런데 김부필의 시호 '문순'에 대해 극력 반대한 이씨 가문에서 계현사啓賢祠 곁에 새로 재사를 세워 별도로 모시려고 했다. 김씨 가문에서 조상이 합사한 신주를 후손이 분사分祀한 예가 없다고 반대하자 이씨 가문에서는 물리력을 동원해 강행했다. 이에 김시진 등 36명은 이를 주도한 이노순 등을 징치할 것을 청원했다(§ 4). 김시진 등은 이노순 등의 불법 행동을 상세히 묘사하고, 그것은 선비들 사이에서는 있을 수 없는 변괴로 스스로 막지 못한 것을 자책하면서 법을 엄격히 집행해 대가大家 후손의 악습을 영구히 징치할 것을 청원했다. 4일에 관에서는 겸관으로 처리할 수 없다고 회피했다.

그러자 곧 김시필, 김제녕 등 10명이 다시 청원했다(§ 5). 이 문제에서는 향사 수리보다도 당시 상황에 대한 조사가 중요했는데, 시일을 끌면 증거를 없앨 우려가 있기 때문에 빨리 조사해 수리하고 수호할 수 있는 조치를 요청했다. 7일 겸관은 일단 김시필 등의 주장을 긍정하면서도 한쪽 말만 듣고 겸관으로 처리할 수는 없으며, 수리는 산림의 공론에 따르도록 했다. 얼마 지나지 않아 김시필, 김중교 등이 다시 청원했다(§ 6). 우선 큰 변고를 독단적으로 처리할 수 없는 겸관의 태도를 수긍하면서도 이씨 가문에서 연명으로 상소를 올려 세를 과시했기 때문에 어쩔 수 없이 다시 청원했음을 호소했다. 나아가 이씨 가문에서 적반하장 격으로 나오게 된 것은 수령이 적절히 처리하지 않았기 때문이라고 간접적으로 겸관을 비난했다. 그리고 마지막으로 형리를 보내 현장을 확인할 것을 요청했다. 그러나 17일에 겸관은 이미 제사를 내렸기 때문에 번거롭게 하지 말 것을 명했다.

이 사태는 1827년(순조 27년) 2월에 재론되었다. 김헌교, 김우교 등 81명이 연명으로 신임 예안현감에게 상서를 올렸다(§ 7). 이들은 낙천사에서 일향의 공론으로 3위를 모시기로 한 것은 오래되었음을 설명했다. 그리고 분쟁의 배경에는 김부필의 시호가 스승인 퇴계와 같은 것이 있음을 밝히고, 이씨들의 행동을 나열했다. 그리고 수백 년 동안 합사한 것을 후손들이 바꿀 수 없음을 주장해 정당성을 강조했다. 마지막으로 이씨들이 물리력을 동원해 향사를 철거할 때 상황을 자세히 설명하면서, 이는 사림에 이전에는 없던 변고임을 강조했다. 그리고 신관에게 사풍을 바로잡고 향사를 보존할 수 있도록 간청했다. 신임 현감은 일단 사림의 변고임을 인정하면서도 기간이 경과했음을 이유로 번거롭게 하지 말라고 해 사실상

방치했다.

두 차례 상서에서 김시진 등은 이 사건이 처음 발생하는 변고이며, 후손은 선조들이 한 것을 함부로 고치지 못함을 강조해 역사성을 중시했다. 이어서 증거 보전과 상대의 대응까지 언급해 처리의 시급성과 상소의 긴급성을 호소했다. 그리고 자기들의 이익이 아닌 사풍의 교정 등 보편적 내용을 강조했다.

(4) 관의 지원 요청

1690년(숙종 16년)경에 소봉과 일천 등이 사우 건립에 강제로 동원되었다고 호소했는데, 이에 대해 김상과 금이절 등 41명은 사우의 유래와 중요성을 강조하고 향론에 따라 사우 건립에 인력을 동원한 사실을 인정하고 그에 대한 허용을 청원했다(§ 119). 이들의 이야기는 이러했다. 즉 선조 김효로 등은 퇴계 선생이 지은 묘갈명에 나오며, 3성이 협의해 주위 도움 없이 자발적으로 사우를 건립해 교육에 이용하고 있다. 사우 건립은 선조와 교육을 위한 것이니 선비들은 수령의 미덕을 칭송해야 마땅할 것이다. 즉 선조를 칭찬한 퇴계 선생의 권위와 교육 등의 필요성을 강조하고 이를 완성할 수 있도록 지원한 수령을 칭송하는 방법을 동원했다. 제사가 마멸되어 분명하지는 않지만 수령은 이를 허용했다.

1848년(헌종 14년) 7월에 김중교 등 59명은 관찰사 운암 김연, 문순공 후조 김부필, 한림 근시재 김해, 처사 매원 김광계 등 선조 4위의 분묘에 수호군을 배정해줄 것을 청원했다(§ 102, 103). 분묘의 수호는 자손의 책무지만 사림과 관에서도 관심을 가져야 하는 중요한 일인데, 10여 년 전 흉년으로 주민이 흩어져 부담이 많아졌고 게다가 재노齋奴들조차 침탈을 받아 재사를 수호할 수 없게 된 사정을 호소했다. 그리고 조정에서도 수호군을 배정해 분묘를 수호하게 한 것은 400년이나 지속된 관례인데,

수호군이 없어 묘소가 황폐해지는 것은 인자仁者가 하는 일이 아님을 강조했다. 따라서 수호군을 배정하고 아울러 침탈을 금지할 것을 청원했다. 이에 대해 7월 18일에 안동대도호부사는 관례에 따라 그것을 허용했다(§ 102). 하지만 말뿐이었는지 아니면 보다 확실한 고위층의 확인을 받기 위해서인지 김두상 등 59명은 다시 경상도관찰사에게 청원했다. 먼저 인심이 옛날과 같지 않을 뿐만 아니라 경제 사정 때문에 주민의 도움을 받을 수 없음을 언급하고, 나아가 선조 4위의 행적을 나열했다. 김연은 회재 이언적, 김부필은 퇴계 이황이 언급한 내용을, 김해와 김광계는 이황을 사숙하고 의병으로 활동한 사실을 언급해 중요성을 강조했다. 이어 당연히 해야 하는 이러한 선비의 숭모를 수호군이 없어 못하는 것은 군자가 할 일이 아니라고 했다. 그리고 앞의 제사를 제시하면서 이를 허용한 안동부사를 칭송했다. 이러한 사정을 헤아려 수호군 4명을 배정하고 침탈을 금지하는 '관문關文'을 내려줄 것을 관찰사에게 청원했고, 관찰사는 이를 허락했다(§ 103).

먼저 선조 묘소를 수호하는 것은 후손의 의무라고 해서 책임을 회피하지 않았지만 한편으로는 공동의 책임을 강조하고 인정仁政을 실행하는 관도 이를 실현해야 함을 강조했다. 그리고 안동부사에게는 선조를 간단히 언급했지만 사정을 모르는 관찰사에게는 선조의 사적을 나열하며 회재와 퇴계의 권위를 바탕으로 '도학'과 의병으로 활동한 '충'을 강조했다.

1861년(철종 12년)에 김순교는 낙천향사 소속의 하예에 대한 포역布役이 과중해 분묘를 수호할 수 없어 조상에 대한 제사를 지낼 수 없을 지경이라고 호소하며 2명에 대한 포역의 면제를 청원했다. 이에 대해 관에서는 조상을 공경하는 도리에 장애가 있는 것은 놀라운 일이기 때문에 허용하는 완문을 발급해주었다(완문 1). 1794년 또는 1854년인 갑인년에는 관에서 향현사를 낙천으로 이봉한 후 소속 하예의 연호잡역煙戶雜役을 면제시켜준다는 완문을 발급했는데(완문 2), 소지가 전재되어 있지 않아 내용을 추측할 수 없다.

1863년(철종 14년) 1월에 김낙형 등 18명24)은 참판공 김효로와 관찰사 김연 등 선조 2위와 후손 9위 모두 11위를 모시는 낙천향사에 대해 감세를 요청했다(§ 108). 이들은 모두 퇴계의 문하생으로 도학으로 명망이 높았으며, 향사는 비록 사액서원은 아니지만 향론으로 본 가문과 다른 가문에서도 함께 존숭한 지가 100년이 되어 춘추로 제향할 때 관에서 향촉 등을 제공했음을 밝혔다. 경제적으로 곤궁해 신유[1861]년에는 이포里布를 감당하지 못해 향사 아래 사는 민호들이 도망쳤지만 그때 수령이 이포를 면제해 지금까지 무사히 선조들의 제사를 모실 수 있었으며 관련 문서가 남아 있다고 언급하면서 앞의 주장을 강조했다. 따라서 지금 세를 독촉하는 것은 수령으로서도 어쩔 수 없다는 것은 알지만 세를 납부하면 묘를 수호할 수 없다고 호소했다. 이에 수령은 이포의 면제는 허용했지만 제대로 되지 않아 2월에 김이유 등 10명이25)이 다시 신임 수령에게 청원했다(§ 109). 먼저 면세 처분을 받았지만 서리의 방해뿐만 아니라 독촉이 심한 전후 사정을 보고하고 위의 내용을 반복하면서 부분적으로 전거를 보완했다. 그리고 지세상 곤궁해 수호하기 어려워 1794년(정조 18년)에 하예를 보호하라는 완문을 받아 수호해온 사실을 언급했다. 그런데 근래 주민이 흩어져 결국 부담이 향사에까지 미치게 되고, 이 때문에 향사의 하예들까지 도망쳤는데, 그러한 사정을 방치하는 것은 향사를 보호하는 관의 태도

24) 他姓으로는 權台度, 李相默, 柳楨鎭, 琴樂衡, 李晩杰, 李善河 등이 참가했다.
25) 타성으로는 류치형柳致馨, 박승수朴升壽, 배영만裵永萬, 금성술琴誠述 등이 참가했는데, 앞과 중복되는 사람은 없다.

가 아니라는 것이었다. 앞의 성주가 이포를 면제하는 완문을 발급해주어 향사를 영구히 수호할 수 있었다. 그런데 지금 이포가 다시 부과되었고, 이는 결국 향사의 부담이 되어 향사를 수호할 대책이 없게 될 것이다. 그에 대한 대책을 강구하는 것은 관의 일인데, 이포의 면제를 허용하지 않으면 전 성주가 한 미사美事은 앞으로 들을 수 없게 되리라고 호소했다.

1864년(고종 1년)에 낙천향사 역시 철폐되어 노 1명만 있었다. 하지만 1868년에 이 노 역시 역을 부담할 것을 걱정해 도망쳤다. 김순교 등은 향사를 수호하기 위해 면제를 청원했는데, 수령은 노가 도망간 것을 이유로 면제했다(§ 110). 1900년(광무 4년) 2월에 김제신 등은 김효렴부터 김광계까지 4대의 묘소가 퇴락해 수보하려고 했지만 마을이 쇠락해 인부를 고용할 수 없으니 부근 군정을 하루 동원해줄 것을 청원했다. 안동군수는 농시가 시작되어서 요청한 인원의 반만 허용했다(§ 111).

선조를 모시는 향사에 대한 조세 면제를 청원하며 향사의 유래와 함께 지역 사회에서의 선조의 명망과 위상을 이황의 이름을 빌어 강조하고 있다. 처음에는 사액사원이 아니라는 것을 언급했지만 신임 수령에게는 밝히지 않고 관에서 지원한 사실만 밝혀 불리한 내용은 드러내지 않았다. 또한 100년 동안 향사가 지속되고 부세를 면제받아온 역사성을 강조하고 그 사실을 완문으로 입증했다. 제2차 청원에서는 전임 수령에 비해 더 많은 부담을 지우려고 했다. 그러나 19세기 후반에는 객관적 사실만 밝히고 의례적으로 수령의 은혜로운 처분을 바라는 정도로 그쳤다.

5   맺음말

위에서 예안의 광산김씨 후조당 가문을 중심으로 민원 해결에서 소지가 차지하는 역사적 위상을 살펴보았다. 경상도 전체에서 소지류는 소지, 상서, 등장 등 명칭은 다양했지만 15세기 중엽부터 20세기까지 존속되었다. 이는 민이 민원 해결을 위해 끊임없이 관에 권익을 호소한 사실을 반영하며, 이것은 조선후기로 갈수록 늘어난다. 이것은 문서 보존의 물리적 상황과 함께 민의 권리의식이 성장한 것을 반영한다. 또한 1894~1895년 갑오을미개혁은 소지의 형식과 종류에도 반영되어 신분차별적인 '발괄'이 사라지고 소지로 통일되고 또 청원서나 고소장 등 신식 문서 양식이 등장했다.

후조당 가문에는 15~20세기까지의 문서 1,375건이 소장되어 있는데, 본고에서 다룬 소지를 비롯한 법률 문서는 500건으로 전체의 36%를 차지한다. 시기적으로 오래된 것은 1480년(성종 11년)의 계후입안부터 시작해 1517년(중종 12년)의 노비 결송입안까지 존재한다. 그리고 가장 오래된 소지는 토지 소유권 분쟁과 관련된 1657년(효종 8년)의 것이다. 이 사실은 이 가문이 경제적으로도 부유하며 선조가 퇴계 이황의 제자로 지역에서 명망가였지만 분쟁 등에서 자유롭지 못했음을 은연중에 드러내고 있다.

소지류를 중심으로 경상도 전체에 비하면 '상서'의 비중이 압도적으로 높고 또 시기를 내려올수록 늘어나며 대신 일반적인 '소지'는 줄어들고, 민원 내용이 개인적인 것보다는 집단적인 조상 현양과 산송이 압도적으로 높은 점이 특징이다. 이는 민원의 주 대상이 개인 분쟁에서 조상 현양 및 선조의 분묘를 둘러싼 산송으로 변한 현상을 반영하고 있다. 즉 초기에는 개인 분쟁 중심이었지만 후기로 갈수록 집단 분쟁으로 옮겨가고 있다. 그 결과 한두 사람이 아닌 집단으로 소지 등을 제출하게 되었으며, 전체 청원 인원은 4,207명으로 평균 37.6명이다. 그러나 이러한 흐름은 19세기 전반까지는 증가하다가 19세기 후반에는 감소하는 경향을 보인다.

그리고 이러한 경향을 반영해 주장 자체의 정당성보다는 선조의 위대함, 특히 이황과의 관련성을 강조하면서 지역에서의 위상을 강조하며 상대방이 없기 때문에 수령의 자비를 호소하는 방법을 선택했다.

앞에서는 소지 내용을 권리 수호, 공공성과 부세, 조상 현양, 관의 지원 등으로 구분해 살펴보았다. '권리 수호'는 토지 쟁송과 도매 그리고 그것의 사전적 권리 확보를 위한 것이었다. 이를 위해 주로 단독으로 소지를 올리기도 했지만 선산을 도매한 경우에는 97명이 연명으로 제출했다. 이의 해결은 법과 당시의 관행에 따라 쉽게 해결되었으며, 특히 권리를 확보하려는 경우 적극적으로 다투는 상대방이 없어 관에서는 그대로 인정했다.

'공공성과 부세'에서는 도로 보수와 환곡 요청 및 부세 감면이 있었는데, 도로 보수는 도로 폐쇄에 따른 주민의 불편과 공익 그리고 필요성을 강조하면서 비용까지 언급했다. 환곡과 부세는 경제적 궁핍 등의 필요성을 부각시키고, 수령의 자비에 호소하는 전략을 사용했다. 한편 부세 문제는 서리들과 관련되어 있어 그들을 비난하며 수령이 이를 바로잡아줄 것을 호소했다. 한편 수령이 허용하지 않으면 중앙까지 호소할 것이라는 강온 양면전술을 구사했다. 또한 제도 자체를 비난하지는 않지만 오래된 제도는 폐단이 생기기 마련이라고 해 에둘러 비판하는 기지를 보이기도 했다.

'조상 현양'은 주로 선조 추증과 시호의 요청 등으로, 집단으로 청원해 한 가문의 의사가 아닌 유림의 공론임을 드러내었다. 이를 위해 우선 조상 — 김효로, 김해, 김부필 — 이 그럴 자격을 갖추었음을 설득했다. 거기에는 이들과 퇴계 이황 사이의 직간접적 관련성이 동원되었다. 김효로는 이황의 조부 이계양과 함께 향사되었으며, 김해와 김부필은 이황의 제자임을 주장하고 이를 바탕으로 학문적 연원과 정당성을 확보했다. 나아가 임란과 호란에 의병장으로 활동했음을 언급해 정당성을 '충'에서도 끌어들였고, 또 이황을 이어 학문적으로도 완숙해 '도'까지 갖추었음을 호소했다. 특히 김부필의 시호와 관련해 진성이씨 가문과 낙천사 철폐 때문에 발생한 분쟁에서조차 퇴계의 언급을 전거로 동원하는 이황의 권위는 절대적이었다고 할 수 있다. 마지막으로 선조를 현양하는 것은 후손만이 아니라 유림의 당연한 의무임을 호소했다. 동시에 수령에 대해서는 이를 부인하면 후대의 비난을 받을 것이고, 반대로 허용하면 후대의 칭송을 받을 것이라고 부추기면서 은근히 협박을 가했다. 또한 조상 현양에는 광산 김씨만이 아니라 경상도 전역의 인물이 참여하는 등 그야말로 한 지역의 유림 전체가 동원된 모습을 보였다. 하지만 상서의 횟수가 거듭할수록 당연히 가문과 참여 인원이 줄어드는 모습을 보여주었다.

광산김씨 후조당 가문 소유의 소지를 중심으로 조선후기 민원의 경향과 내용을 살펴보았다. 민원 그리고 그것의 해결 내지 그와 관련된 목적의 달성은 하나의 전략적 과정이다. 토지 분쟁 등 개인 민원은 권리 주장의 정당성과 그것의 근거만으로 해결될 수 있다. 그리하여 간단히 해결될 수 있다. 공공성과 관련된 것은 상대방 없어 간단하게 해결되었지만 다른 한편으로는 관의 부담 등과 직결되는 것이어서 수령은 쉽게 허용하지 않았다. 이에 따라 청원자는 곤궁한 처지를 강조하거나 부모를 위한 '효'를 앞세우거나 수령을 칭송하고 비난하는 등 직간접적인 다양한 전술을 구사했다. 조상 현양에서는 선조 자격을 이황의 권위로 입증하고 또 후손과 유림의 의무임을 강조했다. 그러면서 수령의 자비에 호소해 간접적인 방법을 구사했다. 이는 민원의 내용에 따라 다양한 전술을 동원하는 등 아주 현실적인 방법을 택했다는 것을 알 수 있게 해준다.

앞서 소지의 대부분을 차지하는 산송을 검토하지 않은 것은 큰 한계이다. 또 소지는 제출자와 형식을 나타내는 '기두起頭' 부분과 본문 그리고 최종적으로 수령 등에게 호소하는 '결사結辭' 부분으로 구성되어 있다. 기두와 결사 부분에서는 청원자의 법감정이 잘 나타나 있다. 이에 대해 시론적으로도 언급하지 않은 점 역시 한계임을 자백한다. '첫술에 배부른 법 없다'는 속언으로 위안을 삼으며, 이에 대해 훗날 또는 다른 연구자의 손길을 기대하며 글을 마감한다.

참고문헌

韓國學中央硏究院 편, 『光山金氏 烏川古文書·安東 光山金氏 後彫堂篇, 고문서집성』 1, 1982, 2011.
藏書閣 編, 『古文書集成總目: 第1~100卷』, 韓國學中央硏究院, 2011.
전경목 외 옮김, 『儒胥必知: 고문서 이해의 첫걸음』, 사계절, 2006.

문숙자, 「고문서로 본 烏川 光山 金氏의 家系와 사회적 활동」, 『고문서집성』 1, 韓國學中央硏究院, 2011.
박병호, 『韓國法制史攷』, 법문사, 1974.
심희기, 「18세기초 安東府 田畓決訟立案의 法制的 分析」, 『고문서연구』 9·10, 한국고문서학회, 1996.
정긍식, 『韓國近代法史攷』, 박영사, 2002.
정긍식, 「朝鮮初期 祭祀承繼法制의 成立에 관한 硏究」, 서울대학교 법학박사학위논문, 1996.
정긍식, 「1517년 安東府 決訟立案 분석」, 『법사학연구』 35, 한국법사학회, 2007.

■ 부록: 관련 고문서 목록

I. 경상도 소재 소지

1. 소지류 작성 시기별 통계(건/%)

집성	-16세기	17세기	18세기	19세기 전반	19세기 후반	소계	간지	미상	전체	범위
1		13	10	36	59	118	3	2	123	1657~1905
2	4	11	53	51	45	164	75	42	281	1531~1895
3	8	5	13	2		28		29	57	1552~1835
4	4	11	6	7		28	6	1	35	1537~1822
5	3	4	5	20	49	81	11	2	94	1551~1905
6		8	20	12	45	85		9	94	1663~1909
7			2	4	14	20		1	21	1783~1881
8				1	3	4			4	1852~1906
9		2	7	3	10	22	8	4	34	1631~1900
10	1	20	47	14	15	97	7	1	105	1548~1906
11	1		4	3	28	36			36	1461~1907
12				13	78	91		3	94	1824~1908
13	4	12	35	22	8	81			81	1565~1889
14			4	26	26	56			56	1783~1895
15				5	5	10			10	1832~1903
16		14		3	15	32			32	1604~1900
17	1	2	17	13	12	45	5	3	53	1599~1890
18		1		5	51	57			57	1658~1904
19			14	31	23	68	3	5	73	1718~1906
20		4	1	16	19	40	3	9	52	1664~1902
21					22	22			22	1888~1919
계	26	107	238	287	527	1,185	121	111	1,417	1461~1919

	2.2	9.0	20.1	24.2	44.5					

2. 소지 종류별 통계

집성	상서	소지							등장	첩정 기타	전체
		소지	단자	정사	발괄	의송	입지	소계			
1	76	25			1	3	2	31	11	5	123
2	89	134	19	5	14	4	3	179	5	8	281
3	15	24	1	1	1	6	1	34		8	57
4		15			1	4		20	12	3	35
5	5	73					1	74	8	7	94
6	41	34	3		8		1	46	1	6	94
7		19						19		2	21
8		4						4			4
9	3	24			1			25	3	3	34
10	1	92					2	94	4	6	105
11	17	13				1		14	3	2	36
12	26	45	1					46	17	5	94
13		81						81			81
14		46						46	6	4	56
15	2	8						8			10
16	8	21				1		22	2		32
17		53						53			53
18	27	26						26		4	57
19		37			28	2	2	69		4	73
20		37			10		1	48		4	52
21		4						4		18	22
합계	304 21.5	818 57.9	24 1.7	6 0.4	64 4.5	21 1.5	13 0.9	946 66.9	75 5.3	89 6.3	1,414 100.0

3. 『고문서집성』 목록

1. 光山金氏 烏川古文書・安東 光山金氏 後彫堂篇, 『고문서집성』 1(1982, 2011).

2. 義城金氏篇(川上各派), 『고문서집성』 5, 8(1989).

3. 河回 豊山柳氏篇, 『고문서집성』 15(1994).

4. 慶州 慶州孫氏篇, 『고문서집성』 32(1997).

5. 寧海 載寧李氏篇(I~III), 『고문서집성』 33(1997), 69(2004), 94(2008).

6. 安東 周村 眞城李氏篇, 『고문서집성』 41(1999).

7. 安東 葛田 順興安氏篇, 『고문서집성』 43(1999).

8. 安東 全州柳氏篇 I (水谷宗宅), 『고문서집성』 44(1999).

9. 安東 法興 固城李氏篇, 『고문서집성』 49(2000).

10. 慶州 伊助 慶州崔氏・龍山書院篇, 『고문서집성』 50(2000).

11. 安東 松坡 晋州河氏 河緯地 後孫家篇, 『고문서집성』 56(2002).

12. 慶州 蘇亭 慶州李氏篇, 『고문서집성』 62(2002).

13. 慶州 玉山 驪州李氏 獨樂堂篇, 『고문서집성』 65(2003).

14. 慶州 玉山 驪州李氏 章山書院・癡菴宅篇, 『고문서집성』 66(2003).

15. 義城 鵝州申氏梧峯家門・虎溪家門篇, 『고문서집성』 77(2005).

16. 仁同 仁同張氏旅軒宗宅篇, 『고문서집성』 79(2005).

17. 寧海 務安朴氏篇(I): 武毅公(朴毅長)宗宅篇, 『고문서집성』 82(2008).

18. 尙州 晉州鄭氏 愚伏宗宅篇, 『고문서집성』 88(2008).

19. 漆谷 石田廣州李氏篇(I), 『고문서집성』 92(2009).

20. 星州 碧珍李氏浣石亭宗宅篇, 『고문서집성』 93(2009).

21. 寧海 務安朴氏 忠孝堂篇, 『고문서집성』 99(2011).

II. 오천고문서 소지 등 현황

1. 상서와 소지

순번	연도	작성자	수취인	내용	인원	출전(영/정)
1	1812년: 순조 12	幼學 李基淳 上書	경상도	조상 현양	230	244-5/78

2	1813년: 순조 13	幼學 李基淳 上書	암행어사	조상 현양	174	246-7/80
3	1813년: 순조 13	李祥發 等 上書	암행어사	조상 현양	98	248-9/82
4	1826년: 순조 26	金是珍 等 上書	예안현	조상 현양	36	250/84
5	1826년: 순조 26	金是珌 等 上書	예안현	조상 현양	8	251/84
6	1826년: 순조 26	金是珌 等 上書	예안현	조상 현양	10	252/85
7	1827년: 순조 27	金憲教 等 上書	예안현	조상 현양	79	253/85
8	1826년: 순조 26	金良鏇 等 上書	예조	조 상 현양	47	254-5/86
9	1709년: 숙종 35	金鍒 所志	안동부	權弻明산송	1	256/88
9	1709년: 숙종 35	權弻明 不忘記	김집金鍒	權弻明산송	1	257/88
10	1709년: 숙종 35	金瑾 等 上書	안동부	權弻明산송	68	258/88
11	1709년: 숙종 35	金瑾 上書	안동부	權弻明산송	51	259/89
12	1720년*: 숙종 46	金岱 等#▷	안동부	權弻明산송	58	260/89
13	1767년: 영조 43	金嵩 等 等狀▷	안동부	기타 산송	52	261/90
14	1778년: 정조 2	金廷玉 等 上書	풍기군	기타 산송	42	262/90
15	1782년: 정조 6	金壂 等 等狀▷	안동부	기타 산송	66	263/91
16	1770년*: 영조 46	金嵩 等#	안동부	기타 산송	68	264/92
17	1814년: 순조 14	金是珍 等 所志	안동부	기타 산송	4+	265/92
18	1814년: 순조 14	金正儒 等 所志	안동부	기타 산송	4	266/92
19	1827년: 순조 27	金行教 等 等狀▷	안동부	기타 산송	15	268/93
20	1828년: 순조 28	金行教 等 等狀▷	안동부	琴泰烈산송	18	269/93
21	1836년: 헌종 2	金行教 所志	예안현	琴泰烈산송	1	270-1/94
22	1836년: 헌종 2	金行教 等 所志	예안현	琴泰烈산송	1	272-3/94
23	1836년: 헌종 2	金行教 等 上書	예안현	琴泰烈산송	121	274-5/94
24	1838년: 헌종 4	金斗相 等 上書	경상도	金魯在산송	146	276-7/95
25	1847년: 헌종13	金殷教 等 等狀▷	안동부	金魯在산송	68	278/96
26	1849년: 헌종15	金章儒 等 上書	안동부	金魯在산송	45	279/97
27	1849년: 헌종15	金性教 等 上書	안동부	金魯在산송	45	280/97
28	1852년: 철종 3	金金憲 等 上書	예안현	權豹應산송	19	281/97
29	1852년: 철종 3	金中教 等 上書	예안현	權豹應산송	2	282-3/98
30	1852년: 철종 3	金中教 等 上書	예안현	權豹應산송	2	284/98
31	1853년: 철종 4	金邁儒 等 所志	예안현	權豹應산송	2	285/99
32	1853년: 철종 4	金徽教 等 所志	예안현	權豹應산송	1	286/99
33	1853년: 철종 4	金書教 等 所志	예안현	權豹應산송	2	287/99

34	1854년: 철종 5	金舜敎 等 上書	예안현	權豹應산송	13	288/99
35	1855년: 철종 6	權豹應 侤音	현	權豹應산송	1	289/100
36	1866년: 고종 3	金舜敎 等 上書	안동부	權豹應산송	21	290-1/100
37	1866년: 고종 3	金英根 所志	안동부	權豹應산송	1	292-3/101
38	1868년: 고종 5	金寓敎 等 上書	안동부	기타산송	187	294-5/102
39	1868년: 고종 5	金獻敎 等 所志	안동부	金魯在산송	2	296/103
40	1868년: 고종 5	金寓敎 等 所志	안동부	金魯在산송	2	297/103
41	1868년: 고종 5	金寓敎 等 上書	안동부	金魯在산송	210	298-9/103
42	1868년: 고종 5	金寓敎 等 上書	경상도	金魯在산송	151	300/104
43	1868년: 고종 5	幼學 李基淳 上書	경상도	金魯在산송	146	301/106
44	1872년: 고종 9	金濟明 等 上書	영양현	朱學烈산송	111	302/107
45	1872년: 고종 9	金濟明 等 上書	영양현	朱學烈산송	62	303/108
46	1873년: 고종10	金禹敎 等 上書	영양현	朱學烈산송	2	304/108
47	1873년: 고종10	金濟南 等 上書	예안현	기타산송	56	305-6/109
48	1874년: 고종11	金濟信 等 上書	영양현	朱學烈산송	2	307-8/109
49	1897년: 광무 1	金性敎 等#▷	안동부	權述奉산송	105	309/110
50	1897년: 광무 1	金濟禹 等 上書	경상도	權述奉산송	42	310/111
51	1897년: 광무 1	金濟禹 等 上書	경상도	權述奉산송	43	311/111
52	1897년: 광무 1	金性敎 等#▷	안동군	權述奉산송	10	312/112
53	1897년: 광무 1	金濟禹 等 上書	경상북도	權述奉산송	51	313/112
54	1897년: 광무 1	金性敎 等#▷	안동부	權述奉산송	15	314/113
55	1897년: 광무 1	金鳳相 等 上書	안동부	權述奉산송	12	315/113
56	1897년: 광무 1	金性敎 等 上書	안동군	權述奉산송	14	316/113
57	1897년: 광무 1	金濟禹 等 上書	경상북도	權述奉산송	14	317/114
58	1897년: 광무 1	金性敎 上書	안동군	權述奉산송	14	318/114
59	1897년: 광무 1	金性敎 上書	안동군	權述奉산송	13	319/114
60	1897년: 광무 1	金濟禹 等 上書	경상북도	權述奉산송	18	320/115
61	1897년: 광무 1	金濟禹 等 上書	경상북도	權述奉산송	11	321/115
62	1897년: 광무 1	金濟禹 等 告訴狀	高等裁判所	權述奉산송	2	323-4/115
63	1897년: 광무 1	金濟禹 等 上書	경상북도	權述奉산송	9	324/116
64	1897년: 광무 1	金濟禹 等 上書	안동군	權述奉산송	12	325/117
65	1897년: 광무 1	金濟禹 等 上書	안동군	權述奉산송	14	326-7/117
66	1897년: 광무 1	金性敎 等 上書	안동군	權述奉산송	22	328/118

67	1898년: 광무 2	金濟禹 等 所志	안동군	權述奉산송	2	329/118
68	1898년: 광무 2	金濟禹 上書	안동군	權述奉산송	??	330/118
69	1898년: 광무 2	金濟禹 等 上書	안동군수	權述奉산송	??	331-2/119
70	1898년: 광무 2	金濟禹 等 上書	안동군	權述奉산송	3	333/119
71	1899년: 광무 3	金性教 等 上書	안동군	權述奉산송	19	334/120
72	1899년: 광무 3	金魯憲 等 上書	안동군	權述奉산송	2	335/120
73	1899년: 광무 3	金魯憲 等 上書	안동군	權述奉산송	2	336/120
74	1899년: 광무 3	金魯憲 等 等狀	안동군	權述奉산송	2	337/120
75	1899년: 광무 3	金濟晋 等 上書	안동군	權述奉산송	14	338/121
76	1862년*: 철종 13	광산김씨#	암행어사	金魯在산송	??	339/121
77	1861년*: 철종 12	官題辭	金斗相	권리 확보	1	340-1/122
78	1657년: 효종 8	應男 所志#	관	토지 쟁송	1	342/122
79	1657년: 효종 8	應男 所志#	관	토지 쟁송	1	343/122
80	1657년: 효종 8	尹崇希 告目 招辭	관	토지 쟁송	1	344-5/123
81	1685년: 숙종 11	金恂 等 等狀▷	경상도	權承緖산송	57	346-7/123
82	1687년: 숙종 13	金恂 等 等狀▷	경상도	權承緖산송	53	348-9/124
83	1690년: 숙종 16	金晔 等 等狀▷	경상도	權承緖산송	50	350-1/126
84	1692년: 숙종 18	金晔 等狀▷	경상도	權承緖산송	44	352-3/127
85	1692년: 숙종 18	金理 招辭	안동부	權承緖산송	1	354/129
86	1806년: 순조 6	金行教 等 上書	안동부	金養一산송	68	355/129
87	1806년: 순조 6	金魯翼 等 所志	의성현	金養一산송	2	356-7/130
88	1807년: 순조 7	金星儒 等 所志▷	의성현	金養一산송	56	358/130
89	1829년: 순조 29	金濟寧 等 上書	안동부	토지 도매	95	359-60/131
90	1829년: 순조 29	金昌教 等 上書	성주城主	조상 현양	45	361-2/88
91	1866년: 고종 3	金應翼등 議送#▷	경상도	토지 도매	74	363/132
92	1898년: 광무 2	金廷玉 等 所志	안동군	토지 도매	2	365/133
93	1905년: 광무 9	金厦相 等 上書	안동군	기타산송	47	366/134
94	1807년*: 순조 7	議送	경상도	토지 도매	??	367/135
95	1691년: 숙종 17	金瑺 上書	경상도	조상 현양	69	369/135
96	1691년: 숙종 17	金瑺 上書	안동부	조상 현양	69	370/136
97	1693년: 숙종 19	金瑺 等 上書	관	조상 현양	61	371/137
98	1820년: 순조 20	金是珍 等 上書	경상도	부세	7	372-3/137
99	1820년: 순조 20	金是珍 等 議送	경상도	부세	??	374-5/138

100	1829년: 순조 29	金懿儒 等 所志	예안현	부세	2	376/139
101	1841년: 헌종 7	金斗相 所志▷	예안현	부세	1	377/139
102	1848년: 헌종 14	金中敎 等 上書	안동부	조상 현양	57	378/140
103	1848년: 헌종 14	金斗相등 等狀# ▷	경상도	조상 현양	55	379/140
104	1860년: 철종 11	金頤儒 等 上書	예안현	부세	2	380/141
105	1860년: 철종 11	金冕敎 等 上書	예안현	부세	2	381/141
106	1860년: 철종 11	金舜敎 等 上書	예안현	부세	2	382/142
107	1863년: 철종 14	金頤儒 等 上書	예안현	부세	2	383/142
108	1863년: 철종 14	金樂衡 等 上書	겸관	조상 현양	18	384/143
109	1863년: 철종 14	金頤儒 等 上書	예안현	조상 현양	9	385/143
110	1868년: 고종 5	金舜敎 等 上書	예안현	조상 현양	2	386/144
111	1900년: 광무 4	金濟信 等 上書	안동군	조상 현양	2	387/144
112	1693년: 숙종 19	金瑞 所志	안동부	권리 확보	3+	388/144
113	1806년: 순조 6	金行敎 等 所志	안동부	金養一 산송	3	389/145
114	1806년: 순조 6	金行敎 等 所志▷	안동부	金養一 산송	88	390/145
115	1829년: 순조 29	예안현 所志 立旨	金濟謙	권리 확보	1	391/146
116	1773년*: 영조 49	예안현 所志 立旨	영암	권리 확보	32	392/146
117	1693년: 숙종 19	金瑞 等 上書	예안현	조상 현양	49	393/147
118	1693년: 숙종 19	金純義 所志	예안현	권리 확보	1	394/147
119	1690년*: 숙종 16	金瑞 #▷	예안현	조상 현양	41	395/147
120	1703년: 숙종 29	金純義 白活	성주	부세	1	396/148
121	1817년: 순조 17	金行敎 等	예안현	공공	7	397/148
122	1817년: 순조 17	金道弘 等 上書	안동부	공공	15	398/148
123	1825년: 순조 25	金濟儒 所志	예조	조상 현양	1	399/149

2. 관련 문서

종류	연도	작성자	수취인	내용	인원	출전[영/정]
完文2	1854년*: 철종 5	官	낙천향사	조상 현양	??	120/13
完文1	1861년*: 철종 12	官	낙천향사		??	119/13
다짐2	1861년*: 철종 12	朴昌大	안동부사	권리 확보	1	404/149
다짐1	정해丁亥	姜朱璜	김金		1	403/149

*는 추정 연도이다.

명칭은 문서 첫머리이며, '#'는 마멸, '▷'는 제출자 명단이 뒤에 있는 것이다.
안동부: 안동부, 안동대도호부.
안동군: 안동군, 안동군수.
경상도: 경상도, 경상도순찰사.